U0732833

编　委　会

主　审：赵为民　汪小根

主　任：戴春平

副主任：张谦明　喻　宁

编　委：（按姓氏笔画排序）

王少静　尹　逸　刘文平　许意平　李辰慧

李利花　李　剑　李　莉　李　雪　何文斐

张乐吟　张敏怡　陈拥珊　郑婷菲　郑镇宁

钟优军　高　艺　郭静玉　黄秋妹　崔丽净

梁炳进　彭胜华　焦豪妍　谭剑音　谭　新

翟　培　薛　雪

■ 广东食品药品职业学院广东省课程思政示范高职院校建设成果系列

戴春平

张谦明

喻宁◎主编

课程思政教学设计研究与实践

暨南大学出版社
JINAN UNIVERSITY PRESS

中国·广州

图书在版编目（CIP）数据

课程思政教学设计研究与实践 / 戴春平，张谦明，
喻宁主编. -- 广州 ： 暨南大学出版社，2024. 12.
ISBN 978-7-5668-4077-6

Ⅰ．G711

中国国家版本馆 CIP 数据核字第 2024YP4355 号

课程思政教学设计研究与实践
KECHENG SIZHENG JIAOXUE SHEJI YANJIU YU SHIJIAN
主　编：戴春平　张谦明　喻　宁
....

出 版 人：阳　翼
责任编辑：冯　琳　陈皓琳　王燕丽
责任校对：许碧雅　黄子聪
责任印制：周一丹　郑玉婷

出版发行：暨南大学出版社（511434）
电　　话：总编室（8620）31105261
　　　　　营销部（8620）37331682　37331689
传　　真：（8620）31105289（办公室）　37331684（营销部）
网　　址：http：//www. jnupress. com
排　　版：广州尚文数码科技有限公司
印　　刷：广东信源文化科技有限公司
开　　本：787mm×1092mm　1/16
印　　张：15. 25
字　　数：291 千
版　　次：2024 年 12 月第 1 版
印　　次：2024 年 12 月第 1 次
定　　价：72. 00 元

（暨大版图书如有印装质量问题，请与出版社总编室联系调换）

前　言

2022 年 10 月，习近平总书记在党的二十大报告中明确指出："教育是国之大计、党之大计。培养什么人、怎样培养人、为谁培养人是教育的根本问题。育人的根本在于立德。全面贯彻党的教育方针，落实立德树人根本任务，培养德智体美劳全面发展的社会主义建设者和接班人。"这是以习近平同志为核心的党中央对新时代教育事业的总体战略部署。课程是实现教育目的的重要途径，是组织教育教学活动的最主要依据，是集中反映教育思政和教育观念的重要载体，要落实立德树人的根本目标，就是要强化课程教育核心地位的作用。高等职业院校作为培养高素质技术技能人才的重要载体，就是要在课堂教学中注重寓德于技，培养受教育者的品德、公德、大德和职业道德及执着专注、精益求精、一丝不苟、追求卓越的精神。中共中央办公厅、国务院办公厅《关于深化新时代学校思想政治理论课改革创新的若干意见》、教育部等八部门《关于加快构建高校思想政治工作体系的意见》及教育部《高等学校课程思政建设指导纲要》等文件的出台，为高职院校课程建设、课堂教学改革指明了方向。

广东食品药品职业学院作为国家优质专科高等职业院校、中国特色高水平高职学校和专业建设计划项目（"双高校"）立项建设单位、教育部现代学徒制试点单位、第一批国家示范性职业教育集团培育单位、广东省示范性高职院校、广东省一流高职院校、广东省课程思政示范高职院校立项建设单位、广东省五一劳动奖状获得单位、广东省绿色学校，长期以来，始终坚持以党建为引领，以立德树人为根本，以教育教学为中心，走内涵式发展的办学路线。进入新时代以来，学校牢记习近平总书记办人民满意教育的殷殷重托，认真落实全国高校思政政治工作会议、全国职业教育大会精神，落实国家相关工作部署，围绕"大健康"特色，秉承"明德精业、惟民其康"校训，完善工作机制，强化团队建设，以社会主义核心价值观引领人才培养，挖掘课程中蕴含的思想政治元素，深化课程设计和课堂教学改革，成立了课程思政工作领导小组，设立了课程思政教学研究中心，"一中心三平台"的课程思政运行机制、"三维五横七纵"课程思政育人新范式（课程思政"13357"工作体系）逐步形成。随着工作的推进，学校各相关部门间分工合作、齐抓共管的"五横"联动机制作用发挥越来越好，课程思政育人的理念深入人心，"学校有氛围、部门有分工、院（群）有特色、专业有特点、课程有品牌、门门有思政、品牌有示范"的课程思政育人大格局正在形成，"守好一段渠，种好责任田"成为广大教职员工的共识，"春风化雨""润物无声"的课程育人效果得到充分的体现和落实。

2016年，习近平总书记在全国高校思政政治工作会议上指出："高校立身之本在于立德树人。"高职院校要全面推进课程思政建设，落实立德树人根本任务的战略举措，就必须切实提高政治站位和思想认识，充分发挥教师队伍"主力军"、课程建设"主战场"、课堂教学"主渠道"作用。围绕课程思政建设总体部署，学校制定和出台了一系列制度和文件，开展了一系列丰富多彩的活动。2020年以来，学校深入实施课程思政"七个一"工程，通过"设立一个教改专项""建设一批示范课程""打造一批示范课堂""完善一项培训制度""构建一套考评体系""选树一批优秀教师""开展一系列主题宣传"活动，将课程思政建设推向一个新的高度。在这一系列活动中，一些好的做法、好的经验得以形成。

为更好地将建设成果在全校范围内推广应用，2023年，学校举办了"第三届课程思政大赛（教学设计专题赛）"，13个教学单位组织教师参加了比赛，覆盖学校当年开设的全部课程（不含思政课），80%的专任教师参加了比赛，最终从进入校级决赛的71件作品中评选出获奖作品46件。为进一步巩固课程设计成果，推动全校课程思政建设工作高质量发展，学校优选了来自20个专业的25个优秀成果编辑成册，以期发挥成果的示范引领和带动作用，最大化提升学校课程育人的成效，形成"学校有氛围、学院有特色、专业有特点、课程有品牌、讲授有风格、教师有榜样、成果有固化"的"七有"育人环境，实现"知识传授、技能培养"与"价值引领"的有机统一。同时，将相关成果向国内同级同类院校推广辐射，也为国内同行提供工作借鉴和参考。

超星泛雅集团资深课程顾问罗兰苹为本书相关案例提供了有益的数据，并参与了本教材的编写。

戴春平　张谦明

2024年10月于广州

目　录

前言／1

上　编　　　　　　　　　　　　　　　　　**药类与医械类课程设计**

中药学专业"基础化学实训"课程教学设计／1

药品经营与管理专业"实用药物商品知识"课程教学设计／10

药品经营与管理专业"药品市场营销技术"课程思政教学设计／21

食品质量与安全专业"食品安全快速检测技术"课程教学设计／33

药学专业"医院药学实务"课程教学设计／46

中药制药专业"中药制剂检测技术"课程教学设计／58

药品质量与安全专业"药物检验技术"课程教学设计／66

中药学专业"药用植物识别技术"课程教学设计／74

医疗器械维护与管理专业"医疗器械注册管理实务"课程教学设计／83

智能医疗装备技术专业"医用 CT 设备技术"课程教学设计／89

中　编　　　　　　　　　　　　　　　　　**医卫健康类课程设计**

护理专业"儿童保健与护理"课程教学设计／100

健康管理（中外合作）专业"Healthcare English"（大健康英语）课程教学
　设计／110

针灸推拿专业"中医基础理论"课程教学设计 / 118

医学美容技术专业"中医美容养生技术"课程教学设计 / 128

生物医学工程（4 + 0 应用本科）专业"单片机原理与应用"课程教学
　设计 / 136

药学专业"实用医学概要"课程教学设计 / 146

卫生信息管理专业"医院信息系统管理与维护"课程教学设计 / 157

下 编　　　　　食品与其他类课程设计

软件技术专业"jQuery 技术应用"课程教学设计 / 164

化妆品技术专业"职业英语（下）"课程教学设计 / 174

餐饮管理专业"营养配餐设计与实践"课程教学设计 / 185

药品经营与管理专业"职业英语（下）"课程教学设计 / 194

生物制药（中外合作）专业"Healthcare English"（大健康英语）课程教学
　设计 / 203

餐饮智能管理和烹饪工艺与营养专业"面点制作工艺"课程教学设计 / 213

移动应用开发专业"Java 高级程序设计"课程教学设计 / 222

中药学专业"职业发展与就业指导"课程教学设计 / 231

上编 药类与医械类课程设计

中药学专业 "基础化学实训" 课程教学设计

依托专业名称：中药学

依托课程名称：基础化学

一、 课程定位

本课程是中药学专业（群）开设的专业群平台课程，为中药学专业必修课程。该专业属于国家"双高计划"中药学高水平专业群，是省重点专业。

根据人才培养方案、课程标准、中药质量检验岗位典型工作任务、《中华人民共和国药典》药品质量标准，将本课程重构为五个学习模块（如图1），本教学设计内容选自"模块五 实践项目"，共20学时，8个实训项目。

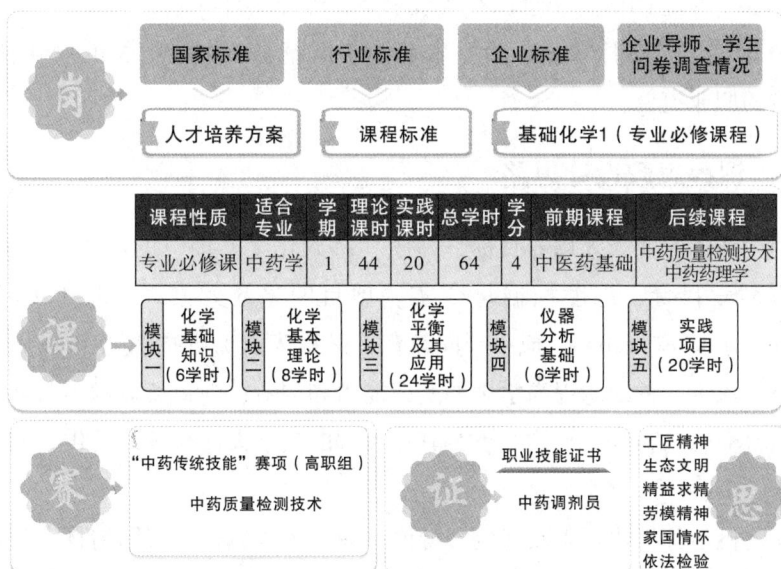

图1 课程定位

二、 课程目标

中药学专业旨在培养中药调剂员、中药检验员等应用型、创新型、复合型高素质技术技能人才，要求学生掌握中药饮片生产、中药成分提取与分离、中药制剂生产、中药制剂质量分析等岗位技能。"基础化学实训"包括无机与分析化学，根据人才培养方案、课程标准，结合中药质量检验岗位典型工作任务要求，确定实践项目模块的知识目标、能力目标、素质思政目标。本实训模块要求学生具备化学分析检测基础知识、基本操作技能和数据处理能力，旨在培养学生规范操作、依法检验等职业素养和实事求是、精益求精的工匠精神。

1. 知识目标

（1）基础定量分析仪器的操作。

（2）常规定量分析方法及其应用。

（3）分析数据的处理、表达和评价。

2. 能力目标

（1）能够正确使用定量分析仪器。

（2）能够正确应用定量分析方法测定有关物质含量。

（3）能够正确计算分析结果。

3. 素质思政目标

（1）培养学生分析问题、解决问题的能力。

（2）培养学生团队合作意识及实事求是、严谨求真的职业素养。

（3）培养学生尊标守德、精益求精的工匠精神，为民把关的职业使命感，依法检测的职业道德。

三、 课程思政设计思路

根据中药学专业人才培养目标、高职"基础化学实训"的课程性质和特点，围绕课程教学目标，深度挖掘每个实验项目的思政元素，并基于 OBE 理念（Outcomes-based Education，成果导向教育，又称为能力导向教育）采用混合式教学，努力探索一种既能提高学生的实践能力和创新精神，又能增强其职业使命感和民族自豪感的新方法，同时也为其他课程的教学设计与实践提供一定的理论参考依据。

建立无机与分析化学思政案例资源库，建设内容包括：家国情怀、生态文明建设（实验室的安全知识、环境保护、节约试剂、节约资源等）、劳动精神和劳模精神、创新意识、科学精神、工匠精神、尊标守德、团结合作精神等。将思政案例融入微课、闯关小游戏、虚拟仿真动画等，实现思政的全方位渗透。将近期中药检测、化学分析、实验室或中药专业相关的热点案例、企业前沿技术、新规范、微课二维码、技能大赛项目、各项目思政案例等编入活页式教材，并应用于线上线下混合式教学中，实现线上、线下思政教学，让思政元素扎根于学生心中，实现"教技能"与"育匠人"的有机融合。

四、 课程内容

表1 "基础化学实训"课程内容

项目	主要内容	思政元素及资源	教学组织与实施
项目一：粗食盐的提纯	称量、研磨、溶解、过滤（普通过滤、热过滤、减压过滤）、重结晶等	思政元素： 民族自豪感和社会责任感； 透过现象看本质，培养同学独立思考的能力； 实验安全意识； 团队合作精神。 思政资源： "学习通"微课； 《化学检验实训》活页式教材、《化学家的故事》、《化学史话》； 思政案例库、《大国工匠》纪录片	1. 案例导入：了解我国古代灿烂的盐业文明发展历史，激发学生的民族自豪感。对比粗食盐和精制食用盐，引出教学内容，并讲述中国近代工业技术的落后，激发学生的社会责任感； 2. 小组探究学习：通过小组讨论每一个实验步骤的原理，培养学生的探究精神；实验变化是表面现象，本质是发生了化学反应，透过现象看本质，培养学生辩证思维； 3. 互拍互评：通过小组互拍互评，引导学生积极思考，培养学生团队合作精神； 4. 实验安全意识培养：通过酒精灯安全注意事项微课学习、酒精灯安全事故展示，培养学生实验安全意识

（续上表）

项目	主要内容	思政元素及资源	教学组织与实施
项目二：溶液的配制	1. 电子天平的使用； 2. 容量瓶的使用； 3. 溶液的配制	思政元素： 爱国情怀； 为民把关的社会责任感； 精益求精、一丝不苟的工匠精神； 生态文明精神。 思政资源： "学习通"微课； 《化学检验实训》活页式教材、《化学家的故事》、《化学史话》； 思政案例库、《大国工匠》纪录片	1. 案例导入：我国古代各种秤的介绍，培养学生的爱国情怀与民族自豪感； 2. 问题探究：通过不同精密度的天平应用范围分析，培养学生分析问题的能力；通过电子天平的维护，培养学生爱护公共仪器设备的社会责任感； 3. 实操练习：通过反复练习，夯实基本技能，培养学生勤动手、不怕苦、不怕累的劳动精神和良好的职业素养； 4. 实验垃圾分类，培养学生爱护环境、维护绿色发展的 HSE（健康、安全、环保）意识
项目三：滴定操作练习	1. 移液管的使用； 2. 滴定管的使用； 3. 酸碱滴定练习	思政元素： 科学探索精神； 严谨的科学态度； 不怕苦、不怕累的劳动精神； 注意细节、精益求精的工匠精神； 生态文明的社会责任感。 思政资源： "学习通"微课； 《化学检验实训》活页式教材、《化学家的故事》、《化学史话》； 思政案例库、《大国工匠》纪录片	1. 案例导入：讲述罗伯特·波义耳发现酸碱指示剂的故事，激发学生科学探索精神； 2. 实操演示：教师实操演示，引导学生思考操作细节对实验结果的影响，培养学生勤思考、精益求精、严谨细致的科学精神； 4. 通过数据分析让学生明白化学分析检测的严谨性，理解实验数据差之毫厘，谬以千里，培养学生善于分析的职业素养； 5. 在实验中做到垃圾分类、节约试剂，培养学生爱护环境、维护绿色发展的 HSE（健康、安全、环保）意识

（续上表）

项目	主要内容	思政元素及资源	教学组织与实施
项目四：维生素C的含量测定	1. 维生素C含量测定的原理及其意义； 2. 用直接碘量法进行维生素C的含量测定； 3. 实验数据的记录及计算	思政元素： 敬畏生命、珍爱生命； 关注细节、精益求精的工匠精神； 透过现象看本质的辩证思维； 团队合作意识。 思政资源： "学习通"微课； 《化学检验实训》活页式教材、《化学家的故事》、《化学史话》； 思政案例库、《大国工匠》纪录片	1. 案例导入：讲述大航海时代水手们得坏血病的故事，引出维生素C对人体的重要性，明白生命的脆弱和不易，进而激发学生珍爱生命、敬畏生命之情； 2. 分组讨论：以生活中的水滴例子介绍实验误差要求，引导学生在操作过程中养成精益求精、严谨细致、实事求是的科学精神； 3. 互拍互评：实验操作过程中，通过互拍互评培养学生观察探究能力及团队协作意识； 4. 情景式教学：以药品检验岗位任务"维生素C的含量测定"为案例，指导学生作为药品质检员如何正确选用仪器，如何配试剂，通过对学生方案指导，引导学生按需配试剂，节约试剂，课后做好废液回收，培养学生爱护环境、维护绿色发展的HSE（健康、安全、环保）意识
项目五：氢氧化钠标准溶液的标定	1. 氢氧化钠标准溶液标定的原理； 2. 氢氧化钠标准溶液的标定； 3. 数据的记录及计算	思政元素： 爱国情怀与民族自信； 诚实守信的职业素养； 透过现象看本质的辩证思维； 爱护环境的社会责任感。 思政资源： "学习通"微课； 《化学检验实训》活页式教材、《化学家的故事》、《化学史话》； 思政案例库、《大国工匠》纪录片	1. 案例引入：通过观看我国化工奠基人侯德榜发明"联合制碱法"的艰辛历程的视频，激发学生的爱国情怀与民族自信； 2. 任务驱动：通过实训项目的任务，引发学生独立思考，做到理论联系实际； 3. 数据分析：如实记录和处理实验数据、规范书写实验报告，培养学生实事求是、诚实守信的职业素养； 4. 探究学习：注意观察终点颜色变化，透过现象看本质； 5. 实验垃圾分类，培养学生爱护环境、维护绿色发展的HSE（健康、安全、环保）意识

（续上表）

项目	主要内容	思政元素及资源	教学组织与实施
项目六：自来水总硬度的测定	1. 自来水总硬度测定的原理； 2. 用配位滴定法进行自来水总硬度的测定； 3. 数据记录并计算分析	思政元素： 生态文明的社会责任感； 为民把关的使命感； 分析问题、解决问题的科学精神； 严谨细致、精益求精的工匠精神。 思政资源： "学习通"微课； 《化学检验实训》活页式教材、《化学家的故事》、《化学史话》； 思政案例库、《大国工匠》纪录片	1. 案例引入：讲述环境水污染故事，强调水质安全的重要性，帮助学生理解生态文明概念。设计探究生活场景中"烧水壶的水垢如何产生"，提高学生学习兴趣，激发学生的求知欲望与探究精神； 2. 动画教学：通过动画方式讲解测定的原理，学生能直观理解铬黑T指示终点的原理，激发学生学习的兴趣； 3. 观察讨论：通过滴定终点颜色的变化，透过现象看本质，培养学生分析问题、解决问题的能力； 4. 实验数据分析：培养学生分析问题、解决问题的能力，以及实事求是、精益求精的精神
项目七：过氧化氢溶液的含量测定	1. 用高锰酸钾法进行消毒液中过氧化氢含量的测定； 2. 数据记录并计算分析	思政元素 遵纪守法、尊标守德、质量第一； 注意细节、精益求精的工匠精神； 实事求是、严谨细致、精益求精的科学品质。 思政资源： "学习通"微课； 《化学检验实训》活页式教材、《化学家的故事》、《化学史话》； 思政案例库、《大国工匠》纪录片	1. 案例导入：展示"过氧化氢在抗疫中的作用"的视频，加深学生对过氧化氢的认识，增强学生的公共卫生意识； 2. 对接岗位与行业标准：项目来源于企业真实项目，且来源于《中华人民共和国药典（2020年版）》的"过氧化氢溶液"质量标准，根据药典含量测定要求，引导学生树立尊标守德、质量第一的职业精神； 3. 问题探究：溶液颜色变化过程是由有色到无色，再到终点颜色出现的过程，各有其原因； 4. 结果分析：引导学生正确认识极差和相对极差，理解事物的相对性与绝对性；规范做好数据记录及分析处理，培养学生严谨求实的科学精神

（续上表）

项目	主要内容	思政元素及资源	教学组织与实施
项目八：分光光度法测定水中微量铁的含量	1. 分光光度法测定的原理； 2. 吸收曲线的制备； 4. 标准曲线的制备； 5. 样品溶液的含量测定	思政元素： 人与自然和谐共生，绿水青山，美丽中国； 分析问题能力，以及科学探索精神； 业贵于专、技贵于精的职业理念； 爱护环境，维护绿色发展的HSE（健康、安全、环保）意识。 思政资源： "学习通"微课； 《化学检验实训》活页式教材、《化学家的故事》、《化学史话》； 思政案例库、《大国工匠》纪录片	1. 案例导入：通过交警查酒驾用的酒精测试仪的工作原理视频引入，使教学内容更贴近生活，激发学生学习兴趣，同时引导学生遵纪守法； 2. 实操投屏：通过教师示范操作并投屏的方式教学，讲解操作的重难点，引导学生规范操作，培养学生注意细节、精益求精的工匠精神； 3. 答题闯关游戏：以"仪器操作细节失误的影响"为主题，进行小组答题闯关游戏，小组认真观察讨论并答题，培养学生分析问题能力、科学探索精神、团队合作精神； 4. 小组讨论：小组讨论标准曲线法的细节要求，培养学生业贵于专、技贵于精的职业理念； 5. 实验垃圾分类，培养学生爱护环境、维护绿色发展的HSE（健康、安全、环保）意识； 6. 课后拓展：通过"大学生创新创业训练计划项目""攀登计划"等申报、研究等，增强学生的创新创业能力

五、 教学创新与特色

1. 将思政元素融入数字化教学资源建设并应用于实验教学中，实现"教技能"与"育匠人"相结合

建立化学思政案例库，将思政元素、技能大赛元素、实验室安全元素等融入微课、虚拟仿真软件、活页式教材等数字化教学资源包建设中，通过信息化平台将教学资源包应用于线上线下混合式实验教学，突破时间和空间的限制，提升学生学习的自主能动性；将思政元素贯穿于实验全过程，利于提升学生的职业素

7

养，实现"教技能"与"育匠人"相结合。

2. "岗课赛证思创"融通，彰显职业教育特色

"以岗定课、以赛促课、以证融课、思政渗透课程、创新创业提升课程"的"岗课赛证思创"融通方式进行教学设计。采用情景式教学方式，选择企业真实项目"维生素 C 的含量测定"，与企业导师深度合作，参与教学及指导技能大赛；将大赛内容"配位滴定法""分光光度法测定水中微量铁的含量""溶液的配制"等与课程教学内容进行结合；教学内容对接职业技能等级证书（中药调剂员等）；将思政案例库有机融入课程教学；鼓励学生通过所学知识参加大学生创新创业训练项目，真正实现"岗课赛证思创"融通，彰显职业教育特色。

3. 全方位、立体化的育人模式，筑牢药品质量把关人的信念

"春风化雨，润物无声"的全方位思政渗透，形成以世界观方法论引领、国家价值引领、中药学特色引领、生态文明引领、学生关切引领"五引"为导向的思政育人方案。根据此方案进行实训项目课程思政建设，把思政元素和课程内容有机融合。采用"产教融合、虚实互补、线上线下混合、大赛融合、创新创业贯穿"的立体化育人模式，积极推进"三全育人"。注重岗位知识技能培养与职业素养养成有机结合，筑牢药品质量把关人信念。

六、 课程成效与评价

1. 课程评价

本课程依托超星"学习通"平台、虚拟仿真平台、课堂现场情况评价，采用全过程、多维度、多主体评价，探索增值评价。

全过程：对课前预习、课中实操技能掌握、课后巩固拓展情况进行全过程评价。

多维度：结合全国职业院校技能大赛"化学实验技术"的评价标准，对学生的实验操作、数据记录处理、职业素养等进行评价。

多主体：从教师、学生、企业导师、用人单位多主体评价学生的知识技能掌握情况及职业素养提升情况。

2. 教学成效

（1）数字化赋能，提升教学效果，有效达成教学目标。

将数字化教学资源应用于线上线下混合式实验教学，形式多样化，突破时间和空间的限制，有利于学生利用碎片化时间进行学习，提升学生的学习兴趣，调动学生学习的自主能动性，提高学生分析问题与解决问题的能力，有效提高教学

效果，达成教学目标。

（2）课程思政多方式无痕渗透，学生素养全面提升。

建立化学思政案例库，将思政元素融入无机与分析化学微课、虚拟仿真动画、活页式教材、PPT 等资源建设及实验教学中，实现线上、线下思政教学，让思政元素扎根学生心中，实现"教技能"与"育匠人"相结合。

（3）校企深度合作，共建教学资源，推进"三教改革"和"实训基地"建设。

与企业联合开发微课、虚拟动画、小游戏、活页式教材等教学资源，将资源包应用于线上线下混合式教学，提高学生学习自主能动性，提高实验教学质量；也将其应用于比赛，提升学生"化学实验技术""中药调剂员"技能大赛水平，助力教师教学能力比赛取得更优异成绩及增强社会培训服务，推进"三教改革"和"实训基地"建设。

药品经营与管理专业"实用药物商品知识"课程教学设计

依托专业名称：药品经营与管理

依托课程名称：实用药物商品知识

一、 课程定位

本课程为药品经营与管理专业核心课程，以培养学生"问病、荐药、指导、宣教"能力为核心，为培养中药店药师、医药电商客服、药品营销人员等核心岗位人才提供有力支撑。课程着眼于"岗课赛证"融通，重构教学内容，依据医药商品购销员（岗）国家职业标准，明确目标岗位群工作领域，分析各岗位所需的职业岗位能力；依据1＋X药品购销职业技能等级证书考核标准，确定职业技能点和对应的职业技能要求；有机融入全国医药行业特有职业技能竞赛内容。课程基于岗位真实工作任务进行模块化设计，按照"疾病询问—药品推荐—用药指导—患者教育"的主线重构教学内容，如图1所示。

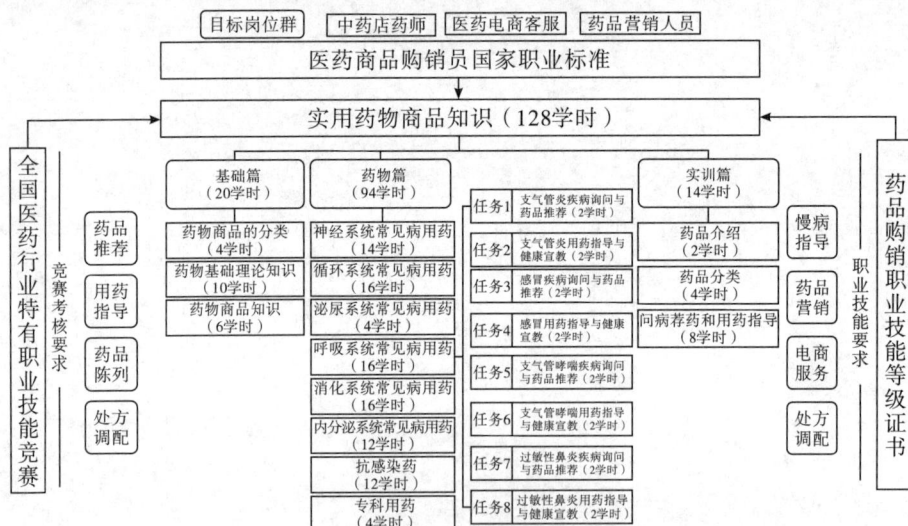

图1 "岗课赛证"融通教学内容设计

二、 课程目标

根据学情分析，结合工作岗位任务所需"问病、荐药、指导、宣教"能力，对接国家职业标准和1＋X药品购销职业技能等级证书要求，融合全国医药行业特有职业技能竞赛考核标准，确定以下教学目标与重难点（如图2）。

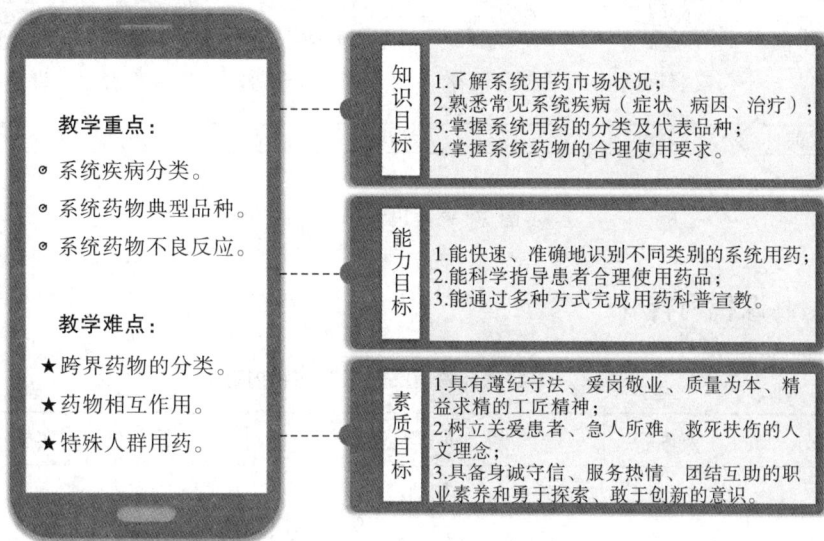

教学重点：

- 系统疾病分类。
- 系统药物典型品种。
- 系统药物不良反应。

教学难点：

- ★ 跨界药物的分类。
- ★ 药物相互作用。
- ★ 特殊人群用药。

知识目标
1.了解系统用药市场状况；
2.熟悉常见系统疾病（症状、病因、治疗）；
3.掌握系统用药的分类及代表品种；
4.掌握系统药物的合理使用要求。

能力目标
1.能快速、准确地识别不同类别的系统用药；
2.能科学指导患者合理使用药品；
3.能通过多种方式完成用药科普宣教。

素质目标
1.具有遵纪守法、爱岗敬业、质量为本、精益求精的工匠精神；
2.树立关爱患者、急人所难、救死扶伤的人文理念；
3.具备身诚守信、服务热情、团结互助的职业素养和勇于探索、敢于创新的意识。

图2　教学目标与重难点

三、 设计思路

依据药学服务人员工作流程，课程团队设计"三阶四步"进阶式能力提升教学模式。"三阶"指学生课前完成基础理论和基本操作预习，归纳总结出预习中遇到的疑难问题；课中以教师为主导、学生为主体，在丰富教学资源支持下，采用翻转课堂的教学方法使学生真正成为学习的主体，提升学生的理论水平和实操能力；课后要求学生了解医药行业最新动态，查找新理论、新品种、新工艺、新剂型等，培养学生自我学习和终身学习习惯以及创新意识，拓展学生知识面。"四步"指"疾病询问、药品推荐、用药指导、患者教育"，通过逐渐进阶方式完成教学目标，阶段式提升学生能力。在提升学生技能同时，有机融入道德素养、职业素养、劳动精神和人文精神等思政元素，培养学生良好药学服务规范意识和为人民健康服务的职业精神。（如图3）

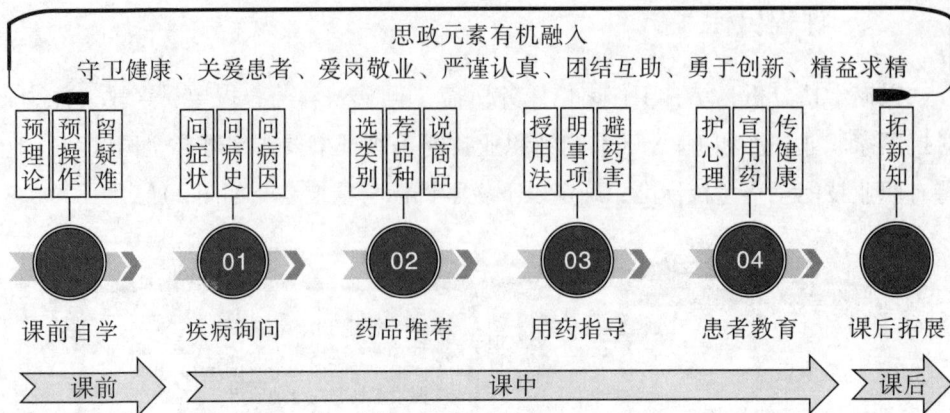

图3　课程设计思路

四、课程内容

表1　"实用药物商品知识"课程内容

章节	主要内容	思政元素及资源	教学组织与实施
基础篇			
第1章 绪论	药品特殊性	思政元素：遵纪守法，尊重生命。 思政资源：电影节选《我不是药神》	引导学生通过民生热点问题，诠释医药行业领域伦理准则
第2章 药物商品的分类	特殊药品	思政元素：遵纪守法，爱岗敬业。 思政资源：新闻节选——药店违规销售处方药	播放视频，引导学生认识合法合规销售药品对保护人民健康的重要性
第3章 药理学基础知识	心理因素对药物作用影响	思政元素：关爱患者，守卫健康。 思政资源：纪录片《同心战"疫"》节选——武汉"封城"抗疫中医护工作者给予焦虑患者心理疏导	通过案例，引导学生理解乐观积极心态对疾病康复和药物疗效的积极意义
第4章 药物商品的合理使用	药源性疾病	思政元素：关爱患者，守卫健康。 思政资源：公益广告——儿童不慎用药导致药物性耳聋	引导学生认识到爱岗敬业，有高度的责任心，才能为人民健康提供充足保障

（续上表）

章节	主要内容	思政元素及资源	教学组织与实施
第5章 药物商品的质量、包装、标签和说明书	药物商品的质量、包装、标签和说明书	思政元素：质量为本，爱岗敬业。 思政资源：药盒、药品说明书、标签	布置任务，学生搜集资料，完成药品说明书解读，帮助患者正确使用药物
第6章 处方及处方调剂	处方调剂的基本程序及注意事项	思政元素：安全用药，守卫健康。 思政资源：不合理处方案例	通过处方分析，加强《处方管理办法》中基本理论要点学习，掌握扎实专业技能，提高药学服务质量
第7章 药物商品的储存	药物商品的保管方法	思政元素：爱岗敬业，守卫健康。 思政资源：未按要求存放药品导致的药物失效案例	通过案例，掌握扎实专业药品养护技能，保障药品质量与人民用药安全
药物篇			
第8章 抗微生物药	青霉素类	思政元素：勇于创新，爱岗敬业。 思政资源："顶住外国嘲笑、冲破技术封锁"——中国第一支青霉素诞生	引导学生理解老一辈科研工作者爱国精神，厚植爱国主义情怀，坚定"四个自信"
	头孢菌素类	思政元素：勇于创新，精益求精。 思政资源：头孢研发历程	运用唯物主义发展观来看待新事物发展，药物研发非一蹴而就，通过不断尝试，经历漫长曲折过程，理解科学家精益求精工匠精神
	氨基糖苷类	思政元素：爱岗敬业，守卫健康。 思政资源：《千手观音》领舞者邰丽华幼时使用链霉素丧失听力	引导学生认识所从事岗位的重要性，认识合理安全用药关系到人民健康和家庭幸福
第9章 抗寄生虫药	抗疟药	思政元素：勇于创新，精益求精。 思政资源：屠呦呦与青蒿素研发	学习科学家严谨认真、执着专注、精益求精的工匠精神

（续上表）

章节	主要内容	思政元素及资源	教学组织与实施
第 10 章 麻醉药	麻醉药	思政元素：安全用药，守卫健康。 思政资源：社会热点——N_2O（笑气）、氯胺酮（K 粉）、丙泊酚（牛奶）滥用危害	讨论麻醉药品与毒品区别，加强"珍爱生命，远离毒品"法制安全教育
第 11 章 解热镇痛抗炎、抗痛风药	解热镇痛抗炎药	思政元素：安全用药，合理用药。 思政资源："夺命退烧药"尼美舒利药害事件	引导学生从"药学社会"的角度全面评估药物的利弊，从而增强学生的法律意识和社会责任感
第 12 章 神经系统用药	抗痴呆药	思政元素：开拓进取，勇于创新。 思政资源：中国研发原创抗阿尔茨海默病新药，填补该领域十余年空白	引导学生了解在"健康中国"服务方面，我国药学工作者艰苦努力，看到进步和努力方向，坚定"四个自信"
第 13 章 治疗精神障碍药	抗精神病药	思政元素：尊重患者，科学求实。 思政资源：氯丙嗪——精神病治疗的第一道曙光，赶走对精神疾病不科学的解释，拓展医学治疗思路	引导学生理解科学家不断创新、不断开拓、反对守旧、反对因循的科学精神和悲天悯人、关爱生命的医学人文情怀
第 14 章 心血管系统用药	调脂及抗动脉粥样硬化药	思政元素：勇于创新，精益求精。 思政资源：微课"为了不同的需求——他汀类调脂药的研发"	运用唯物主义发展观来看待新事物发展，药物研发非一蹴而就，通过不断尝试，经历漫长曲折过程，理解科学家精益求精工匠精神
	抗心绞痛药	思政元素：安全用药，守卫健康。 思政资源：微课"硝酸甘油——救命药还是害命药"	利用微课和学生直播启发式讲授、互动式交流，帮助学生了解救命药硝酸合理使用的重要性，保障人民用药安全

（续上表）

章节	主要内容	思政元素及资源	教学组织与实施
第15章 呼吸系统 用药	平喘药	思政元素：安全用药，守卫健康。 思政资源：微课动画——平喘药与"瘦肉精"	通过微课，引导学生加强药品的法制安全教育
第16章 消化系统用药	抗酸及抗溃疡病药	思政元素：严谨认真，勇于创新。 思政资源：视频——科学家发现幽门螺杆菌导致胃炎和消化性溃疡疾病的故事	引导学生学习医药科研工作者坚持执着、追求真理的大无畏科学精神
第17章 泌尿系统用药	良性前列腺增生用药	思政元素：勇于创新，精益求精。 思政资源：偶然的发现，必然的结果——非那雄胺研发故事	运用唯物主义发展观来看待新事物发展，药物研发非一蹴而就，通过不断尝试，经历漫长曲折的过程，理解科学家精益求精的工匠精神
第18章 血液系统用药	抗血小板药和抗凝血药	思政元素：勇于创新，精益求精。 思政资源：抗血栓药研发历史	运用唯物主义发展观来看待新事物发展，药物研发非一蹴而就，通过不断尝试，经历漫长曲折的过程，理解科学家精益求精的工匠精神
第19章 激素及影响内分泌药	糖皮质激素用药	思政元素：安全用药，守卫健康。 思政资源：新闻视频——"'激素男孩'的故事"	引导学生认识药学服务岗位重要性，认识到合理安全用药关系到人民健康和家庭幸福
第20章 抗变态反应药	抗组胺药	思政元素：勇于创新，精益求精。 思政资源：抗组胺药研发历程	运用唯物主义发展观来看待新事物发展，药物研发非一蹴而就，通过不断尝试，经历漫长曲折的过程，理解科学家精益求精的工匠精神

（续上表）

章节	主要内容	思政元素及资源	教学组织与实施
第21章 抗肿瘤药	抗肿瘤药	思政元素：关爱患者，守卫健康。 思政资源：热点新闻——《抗癌药进医保，患者不再望"药"兴叹》	国家为便民惠民，降低药价，制定各项政策措施，引导学生理解何为"更高层次的人文，是在科学的基础上加上体制的温情"
第22章 免疫系统用药	免疫抑制剂	思政元素：严谨认真，勇于创新。 思政资源：我国免疫抑制剂研究和使用现状	引导学生比较我国药物研发的进步，看到努力的方向，理解社会对医药研究工作从业人员的期待和要求
第23章 维生素、矿物质及肠外营养药	肠外营养药	思政元素：关爱患者，守卫健康。 思政资源：我国首例依靠肠外全营养治疗存活的"无肠女"周绮思的故事	引导学生了解医药工作者为人民生命健康所作出的不懈努力，以及关爱生命的医学人文情怀
第24章 调节水盐、电解质及酸碱平衡药	水盐、电解质平衡调节药。	思政元素：勇于创新，守卫健康 思政资源：巴基斯坦难民营暴发霍乱，利用口服补液盐使病死率从30%降至1%以下	引导学生学习科学家缜密而大胆的科研思维方式，对患者救死扶伤的宝贵品质
第25章 解毒药	解毒药	思政元素：关爱患者，守卫健康。 思政资源：国家基本医疗保险药品职业中毒、解毒药的采购案例	引导学生了解该类药物"少了不行，多了没用，用则急需"的特点，加强特殊类别药品管理，保证药品质量与供给，保障公众用药安全和合法权益
第26章 生物制品	常用疫苗	思政元素：尊重生命，人文关怀。 思政资源：以乙肝疫苗为例，我国疫苗实施对疾病预防的巨大成功	引导学生理解何为"更高层次的人文，是在科学的基础上加上体制的温情"

（续上表）

章节	主要内容	思政元素及资源	教学组织与实施
第27章 放射诊断用药	胆系、泌尿系、胃肠道对比剂	思政元素：尊重生命，勇于创新。 思政资源：造影剂的发展历史沿革	引导学生理解科学的精神就是"尊重事实、尊重真理、反对迷信、反对盲从；就是不断创新、不断开拓、反对守旧、反对因循"
第28章 计划生育用药	口服避孕药	思政元素：尊重生命，守卫健康。 思政资源：口服避孕药研发及人们对其存有误解的历史	引导学生理解科学的精神就是"尊重事实、尊重真理、反对迷信、反对盲从；就是不断创新、不断开拓、反对守旧、反对因循"
第29章 消毒防腐药	消毒防腐药	思政元素：尊重生命，守卫健康。 思政资源："科学的洗手革命""产妇的死亡之谜"	引导学生理解科学的精神就是"尊重事实、尊重真理、反对迷信、反对盲从；就是不断创新、不断开拓、反对守旧、反对因循"
第30章 专科用药	皮肤科用药	思政元素：安全用药，合理用药。 思政资源：新闻热点视频"一个女孩的非正常死亡"	引导学生认识掌握扎实的专业知识，为人民提供合理、安全用药关系到人民健康和家庭幸福
实训篇			
新药介绍	新药介绍	思政元素：严谨认真，精益求精。 思政资源：中国知网数据库	设计安排新药介绍任务，通过新药资料整理收集，了解目前该药品所属类别的技术创新重点方向，具有在今后学习工作中对药品知识进行自我更新的能力

（续上表）

章节	主要内容	思政元素及资源	教学组织与实施
药品陈列	药品陈列	思政元素：严谨认真，爱岗敬业。 思政资源："药品消消乐"游戏、用药分类软件、模拟药店（各类药品盒子、药品分类标签）	线上（手机小程序、电脑软件）、线下（模拟药店）相结合，利用药品消消乐游戏、用药分类软件和模拟药店现场分类陈列，引导学生积极参与和体验，了解专业基本功对于工作的重要性
问病荐药与用药指导	用药指导	思政元素：严谨认真，爱岗敬业。 思政资源：模拟药店、合作企业教师点评、疾病用药交互式动画小程序	利用交互式动画小程序和模拟药店现场拍摄，"内化于心，外化于行"，引发学生为人民健康事业服务的情感共鸣，激励学生产生学习内动力

五、 教学创新与特色

1. 深度挖掘课程思政要素，多元赋值学生

专业知识讲授和技能操作的同时，有机融入道德素养、职业素养、劳动精神和人文精神等思政教育元素，培养学生良好的药学服务规范意识和崇高的为人民健康服务的职业精神。深度挖掘、提炼专业知识体系中所蕴含的思想价值和精神内涵，将其与教学内容相融合，如教学设计的用药案例均来源于药店实例，在问病用药情境实施过程中，除了考查学生对药品的作用机制、适应证、不良反应及相关注意事项等知识点的掌握之外，还巧妙融入遵纪守法、质量为本、人文关怀、开拓创新等思政要素，拓展专业课程的广度、深度和温度。

2. 紧跟行业新业态、新技术，课岗对接，校企融合

紧跟大健康产业发展趋势，以线上科普、电商直播为抓手，对接行业前沿，引入企业真实工作任务，精心创设典型教学情境，教学实训任务与岗位工作任务一致，实训场所与企业真实工作环境一致，课岗对接、校企融合，做到了理论和实际一体化、训练岗位化，培养学生胜任未来岗位工作的真实能力。

3. 信息化教学手段丰富，助学效果突出

教学团队成员自主研发多个软件系统，方便学生利用"碎片"时间学习，提升学习效率和学习效果，增加学习趣味性，变枯燥学习为乐在其中，同时也加强对学生合理使用药物能力的培养。此外，丰富线上教学资源、人体解剖虚拟仿真软件等信息化教学手段应用，也使教学效果得到了质的提升。

4. 优化考核评价，融入课程思政元素

本课程采取多维考核评价体系，过程评价和结果评价并重，考核标准融入国家职业标准、1+X药品购销职业技能等级证书要求和国家竞赛标准。借助信息化手段和学习平台评分，将学生学习成果和课堂表现有机结合，即时掌握教学效果，即时记录课程数据。学习过程中设计分阶段考核目标，考查学生学习过程中的成长情况并给予增值性评价赋分，激励学生不断进取，培养学生自信心。（如图4）

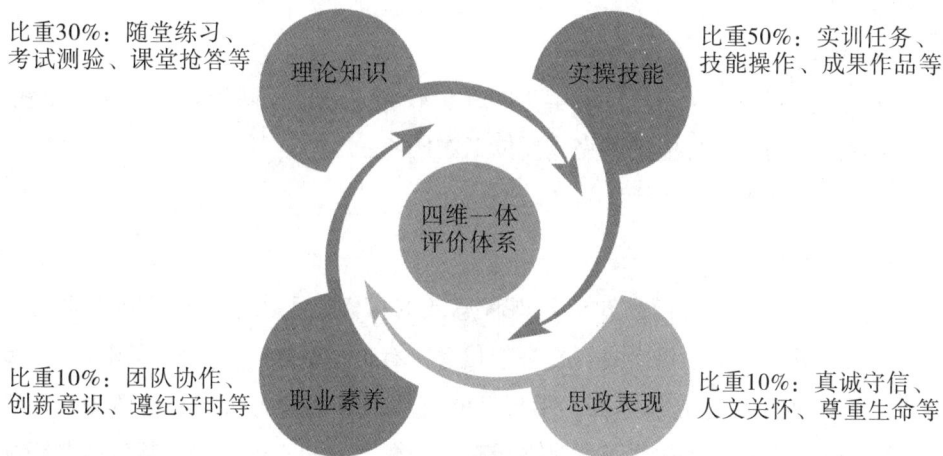

比重30%：随堂练习、考试测验、课堂抢答等 理论知识

比重50%：实训任务、技能操作、成果作品等 实操技能

四维一体评价体系

比重10%：团队协作、创新意识、遵纪守时等 职业素养

比重10%：真诚守信、人文关怀、尊重生命等 思政表现

图4　课程考核评价

六、 课程成效与评价

（一）课程评价

1. 学生收获评价

（1）教学过程记录。

以问病用药实训为例，学生能参考医药商业服务规范的准则，制定出相关的岗位规范条例。学生在实训中分组合作，比如根据心血管系统用药知识特点设计"真心队""初心队""爱心队""匠心队"队名及口号，通过隐性教育，强化职业意识，渗透职业理念。

（2）学生行为观察。

通过反复教学强化，能明显感觉到无论是在校内模拟药店还是校外实习企业药店的实训操作中，学生能有意识地严格遵守行业规范条例，努力做到上课如上岗，从日常生活、学习的点滴之中，塑造良好的礼仪形象。实地考察药店工作人员的行为规范，通过以人为鉴，换位思考，学生感悟到该职业的真谛，升华职业观念，形成良好的职业风范，做到真正专业、"有温度"的服务。

（3）学生心得体会。

课程思政元素融入教学后，学生总体评价良好，相当一部分学生反映《实用药物商品知识》课程实用性强。在药品使用及管理日益严格细化的今天，课程讲授不仅专业性强，而且尤其需要尊重患者、珍爱生命、热爱祖国、爱岗敬业等正能量的注入。

2. 企业评价

在毕业实习中，实习单位对学生的评价较高，总体反映较好，学生上手快，能够很快进入角色，并能圆满完成岗位工作任务。

（二）改革成效

1. 提升教师思政意识

通过对"实用药物商品知识"课程思政的探索，大力推进课程师资队伍建设，根据习近平总书记提出的"有理想信念、有道德情操、有扎实学识、有仁爱之心"的"四有"好老师标准，用自己的行动倡导社会主义核心价值观，用学识点燃学生对真善美的向往，润物细无声地浸润学生的心田，增强其价值判断能力、价值选择能力、价值塑造能力，引领学生健康成长。课程组 2021 年、2023 年均获得广东省职业院校信息化教学大赛二等奖，2022 年获得广东省职业院校信息化教学大赛一等奖。

2. 提高思政育人成效

学生在有效学习的同时，各方面综合素质也得到显著提升，2018—2022 年本专业学生获得全国医药行业特有职业技能竞赛"药品购销员"工种个人二等奖 2 项、三等奖 2 项，团体三等奖 2 项。

药品经营与管理专业 "药品市场营销技术" 课程思政教学设计

依托专业名称：药品经营与管理

依托课程名称：药品市场营销技术

一、 课程定位

本课程由专业教师、行业专家、思政教师协同合力根据《高等职业学校专业教学标准（食品药品管理类）》等要求，对接药品购销等岗位职业标准和 1 + X 药品购销和数字营销技术应用标准，结合职业院校技能大赛市场营销技能赛项内容，适应现代医药行业的转型升级需求，将典型药品营销工作任务划分出五大模块（药品市场营销综述、药品市场调研技术、药品市场开发技术、药品市场渠道设计技术、药品市场促销技术），各模块间相对独立又互相渗透，实践性、应用性强，致力于为规模超万亿元、增速飞快的医药行业培养和输送优秀的复合型技能技术人才。

本课程作为药品经营与管理专业的专业基础课（60 学时），开设在大二上学期，前期课程奠定了扎实的理论基础和良好的岗位技能基础，随后本课程与其他同期课程、实训课程一道发挥承上启下作用，持续提升专业理论储备和学生实操技能水平，为后续课程的衔接做好准备。

二、 课程目标

依据"大卫生"产业转型升级和建设"健康广东"的需要，秉持"明德精业、惟民其康"的校训，本课程担负着为人类大健康事业的药品经营、服务等环节培养具备良好药品市场营销理论素养和销售技能的复合型高素质人才的使命；因此，在课程中开展"课程思政"，可以使学生在学习专业知识的同时，树立正确的价值观和人生观，引领学生成为具有家国情怀、人文素养、职业素养的高素质营销人员，对提升学生综合素质、满足社会对高素质药品营销人才的需求具有

21

十分重要的现实意义。（如图1）

图1 课程目标

三、 课程思政设计思路

结合学情和认知规律，按"学思践悟"思想划分教学单元来构建教学内容，以达成学思结合、知行合一。

重点围绕"学"——强调学生对专业知识的学习和掌握，做到真听真学、真懂真用，不仅"知其然"还"知其所以然"，强化理论知识基础。

学中要带问题"思"——所习得的知识经过思考加工方更入脑入心，所以"学""思"单元在课堂实践中往往相互融合、互为补充，激发学生自主思考，提升学生发现和解决问题的能力。

学、思要落脚于"践"——将经过思考的知识应用于实践中，做到学以致用，实现内化于心、外化于行，训练基本岗位技能、提升专业实践能力、检验所学所思。

践后要升华"悟"——在知识、实践与身边事例的结合中升华感悟，领悟正确的世界观、人生观和价值观，实现学生动脑、动手同时动心的"三动"效果。

四、 课程内容

课程内容为省级高水平专业群专业、省二类品牌专业、省级示范建设专业、省级重点专业、省级精品资源共享课程——"药品市场营销技术"，结合中央重要指示精神和学科建设目标，笔者在课程内容中挖掘、提炼了课程中所蕴含的思政教育元素，各模块间相对独立又互相渗透，实践性、应用性强。（如表1）

（注：课程资源依据具体内容总体上会用到以下资源，如教材、教学课件、案例视频/动画、"学习通"App、微知库平台、自编活页式工作手册、微课视频、智慧课室、模拟药店等）

表1 "药品市场营销技术"课程内容

章节	主要内容	思政元素及资源	教学组织与实施
药品市场营销综述	1. 药品市场营销基础知识	思政元素：树立爱岗敬业，坚守初心，牢记使命的职业精神。思政资源：分享新时代楷模牛玉儒始终将人民的利益放在首位的先进事迹	综合运用讲授教学法、案例教学法，提出问题、自主探究、自主思考，通过岗位引导，清晰知晓从事哪些营销岗位，树立爱岗敬业职业精神
	2. 药品市场营销核心概念及营销观念	思政元素：诚信经营、公平交易。思政资源：讲述范蠡"忠以为国、智以保身、商以致富、名扬天下"的故事	综合运用讲授教学法、案例教学法，引用并通过线上学习通，引出古代范蠡、白圭等商人的事例，突出营销需要诚信经营、公平交易
	3. 药品市场概述	思政元素：社会主义核心价值观。思政资源：通过新闻片段导入新医改变化和发展，解决老百姓"看病难、看病贵"的问题	综合运用讲授教学法、案例教学法和自主探究教学法，重点讲述药品与人类健康的关系，以及政府为保障群众利益做出的努力，呼应社会主义核心价值观

（续上表）

章节	主要内容	思政元素及资源	教学组织与实施
药品市场营销综述	4. 市场营销新模式	思政元素：树立科学发展观。 思政资源：导入习近平总书记2022年环境日活动亲致贺信内容	综合运用讲授教学法，通过宣扬习近平总书记"为子孙后代留下天蓝、地绿、水清的美丽家园"的思想，体现绿色营销符合社会福利和消费者长期利益的可持续发展战略
	5. 药品市场营销管理过程	思政元素：培养学生逐步养成未雨绸缪的全局思维。 思政资源：王老吉策划的促销活动	综合运用讲授教学法、案例教学法和自主探究教学法，通过对医药企业营销计划制订各环节的学习，引用医药企业策划的SP活动例子，培养学生逐渐养成全局思维
一、药品市场调研技术	1. 撰写调研方案	思政元素：培养学生科学严谨的探究精神。 思政资源：屠呦呦的先进事迹和实验精神	综合运用案例教学法、同侪互助教学法，引用诺贝尔生理学或医学奖获得者屠呦呦的先进事迹和实验精神，强调实验调研的重要性，以及科学严谨、求真细致的研究精神在岗位中的重要性
	2. 调研前的准备	思政元素：倡导用事实说话，鼓励学生树立不怕困难、迎难而上、吃苦耐劳的劳动精神。 思政资源：讲述雷军现场开展调研遭拒的事例	运用体验式教学法、任务驱动法，播放历代伟人的调研主张，以及雷军调研遭拒的视频，倡导用事实说话，鼓励学生不怕困难，培养学生吃苦耐劳的劳动精神
	3. 实施调研	思政元素：培养学生团队执行力与协作力，面对困难不逃避、勇于挑战的工作作风。 思政资源：回顾众志成城抗疫的艰苦历程	运用体验式教学法、任务驱动法，在社会实践活动中依然保有热情、有礼貌，养成勇于挑战的工作作风

（续上表）

章节	主要内容	思政元素及资源	教学组织与实施
一、药品市场调研技术	4. 整理与分析调查数据	思政元素：求真务实，倡导"实践出真知"精神。思政资源：陈薇率领团队成功研制出新冠疫苗的先进事迹	综合运用任务驱动法、案例教学法、同侪互助教学法，在充分掌握理论基础后，带领学生从课上走到课外，运用"问卷星"等互联网工具开展实地调研，将脚踏实地的科学探究精神外化于身、内化于心，达到知行合一
	5. 撰写市场调查报告	思政元素：建立团队合作意识，增强心理素质，提升抗压能力。思政资源："一带一路"合作共赢的事例	综合运用任务驱动法、同侪互助教学法，陈述调查报告，复盘调研过程，学生通过亲身经历，和教师、同学们一起面对困难、解决问题，感悟团队的重要性
二、药品市场开发技术	1. 药品市场环境分析	思政元素：带领学生将食品药品的"四个最严"牢记于心。思政资源：落实食品药品安全"四个最严"要求的新闻	综合运用讲授教学法、对分课堂教学法。医药行业营销受多方面影响和制约，特别关乎生命，企业要坚决按"四个最严"进行营销活动，保证人民的生命安全
	2. 市场需求分析与预测	思政元素：引导学生树立健康理性的消费观。思政资源：引入某明星代言产品"翻车"事件	综合运用讲授教学法、案例教学法、自主探究教学法，通过明星代言的乱象案例，引发学生思考明星在营销中的作用，共同探讨健康理性的消费观
	3. 市场细分	思政元素：养成学生积极阳光的生活习惯，企业要打造先进的企业文化，坚持"四个自信"，把优质的产品传递给消费者。思政资源：曹德旺对民营企业家的"四个自信"要求	综合运用讲授教学法、案例教学法，面对如今市场细分的细化和小众化，更看重生活方式、行为习惯、文化习俗等之间的差异，企业需要打造先进的企业文化，坚持"四个自信"，把优质的产品传递给消费者

（续上表）

章节	主要内容	思政元素及资源	教学组织与实施
二、药品市场开发技术	4. 目标市场选择	思政元素：引导学生认识自己、认识市场，尽早做好职业生涯规划和人生定位。 思政资源：2014年，习近平总书记关心、勉励青年，"好儿女志在四方，有志者奋斗无悔"	综合运用讲授教学法、案例教学法，引入不同的模式好比不同的职业方向，导入共和国勋章获得者陈薇事迹，讲述人生规划与选择，鼓励学生尽早为自己的人生设定目标
	5. 市场定位	思政元素：勉励青年奋发向上，选择符合时代要求的方向前进。 思政资源：分享习近平总书记高度肯定了学生到边疆基层工作的选择的回信	综合运用讲授教学法、案例教学法，导入2020年习近平总书记高度肯定了学生到边疆基层工作的选择，并对广大高校毕业生提出殷切期望："希望全国广大高校毕业生志存高远、脚踏实地，不畏艰难险阻，勇担时代使命，把个人的理想追求融入党和国家事业之中，为党、为祖国、为人民多作贡献"
	6. 产品定位	思政元素：鼓励学生培养创新思维，创新才是发展的硬道理。 思政资源：讲述新药的诞生	综合运用讲授教学法、案例教学法，医药企业只有不断致力于开发新产品，满足瞬息万变的市场，才能保证企业立于不败之地，需要营销人员具有创新精神、钻研精神
	7. 品牌	思政元素：激发学生爱国主义情怀，支持民族品牌。 思政资源：讲述中医药产品"三药三方"	综合运用讲授教学法、案例教学法，导入中药品牌的发展，尤其是中医药产品"三药三方"，让学生认识品牌的同时更加热爱祖国，为祖国的强大而自豪，激发学生爱国主义情怀

（续上表）

章节	主要内容	思政元素及资源	教学组织与实施
二、药品市场开发技术	8. 价格定位及包装	思政元素：引导学生珍惜生命、感恩社会，深入理解医保制度的重要性。 思政资源：导入电影《我不是药神》，引出我国多年来持续将抗癌药物纳入医保目录来减轻患者的负担	综合运用讲授教学法、案例教学法，通过电影《我不是药神》引出我国多年来持续将抗癌药物纳入医保目录来减轻患者的负担，加深学生对医保目录的理解
	9. SWOT 分析	思政元素：培养学生辩证分析事物的能力。 思政资源：讲述中美史克PPA事件	综合运用讲授教学法、任务驱动法、同侪互助教学法。医药企业要产业升级、科学规划、加强监管，增加药品安全的宣传力度
	10. STP 设计	思政元素：打造独一无二的市场，发扬工匠精神，提高职业素养。 思政资源：讲述"白加黑感冒片"打造独一无二的医药市场的案例	综合运用讲授教学法、任务驱动法、同侪互助教学法，引入"白加黑感冒片"打造了独一无二的医药市场的案例，宣传大国工匠，弘扬工匠精神
	11. 品牌设计	思政元素：激发学生爱国主义情怀，支持民族品牌。 思政资源：讲述民族品牌"广药集团白云山"的故事	综合运用讲授教学法、任务驱动法、同侪互助教学法，通过引入民族品牌"广药集团白云山"，介绍其在广州，甚至全国的知名度和美誉度，激发学生爱国主义情怀，支持民族品牌
	12. 价格定位	思政元素：引导学生珍惜生命、感恩社会，深入理解医保制度的重要性。 思政资源："药品降价令"解决老百姓难题	综合运用讲授教学法、任务驱动法，导入国家医保局与医药企业谈判的新闻片段，使学生了解药物纳入医保的价格的由来，加深学生对医保目录的理解

（续上表）

章节	主要内容	思政元素及资源	教学组织与实施
三、药品市场渠道设计技术	1. 制订渠道设计方案	思政元素：让学生养成遵守法律法规的习惯和契约精神。 思政资源：强调直销和传销的区别	综合运用讲授教学法、情境教学法、案例教学法，接入求职情景，让学生理性冷静地了解招聘企业，通过对直销企业的学习与了解，能够辨别非法传销组织，避免误入歧途，同时在合法前提下，遵守彼此的约定
	2. 渠道成员类型与选择	思政元素：培养学生务实的职业素养，不必一味求大，树立遵守契约的职业精神。 思政资源：导入国家医保局与医药企业谈判的新闻片段	综合运用讲授教学法、情境教学法、案例教学法，导入合作伙伴的选择标准，培养学生务实的职业素养
	3. 设计渠道管理方案	思政元素：制度自信、爱国情怀。 思政资源：结合疫情防控期间我国医药类产品的分销渠道管理与调整	综合运用讲授教学法、案例教学法、合作进阶法，设计规划企业的渠道方案，重点结合疫情防控期间我国医药类产品的分销渠道管理与调整，鼓励学生参与其中，谈谈自己的理解和看法
四、药品市场促销技术	1. 药品促销方案设计	思政元素：培养学生礼貌待人、诚实守信的职业道德。 思政资源：导入国家医保局与医药企业谈判的新闻片段	综合运用体验式教学法、讲授教学法、案例教学法、角色扮演法，畅谈销售人员的服务态度和职业素养
	2. 人员推销	思政元素：培养学生诚信务实、不做虚假宣传的职业素养。 思政资源：明星推销"翻车"事件	综合运用情境教学法、任务驱动教学法，通过角色扮演，小组为所选产品模拟大卖场推销，最后组组互评，培养学生诚实守信的职业道德，不做虚假宣传的职业素养

（续上表）

章节	主要内容	思政元素及资源	教学组织与实施
四、药品市场促销技术	3. 营业推广	思政元素：意识到广告违法的严重后果，树立自觉守法意识。 思政资源：导入违法 OTC 或者保健品广告案例	综合运用讲授教学法、案例教学法、自主探究教学法，通过导入违法 OTC 或者保健品广告案例（夸大宣传或者不实宣传），帮助学生树立自觉守法的意识
	4. 公共关系	思政元素：培养学生爱国主义情怀。 思政资源：导入"广药集团白云山"在疫情防控期间赠药事件	综合运用讲授教学法、案例教学法，重点围绕疫情面前我国各医药企业所表现出的爱国为民的社会担当与企业责任感
	5. 制订促销策划方案	思政元素：培养学生忧患意识。 思政资源：我国高新技术在艰难的国际局势中自主创新、砥砺前行的发展历程	综合运用任务驱动法、案例教学法、角色扮演法，秉承可持续发展理念，掌握冷静、妥当应对企业公关危机的方法

五、 教学创新与特色

1. 同向同行，协同并进

将课程有机融入思政教育，使专业理论、思政教育、岗位技能协同育人。（如图2）

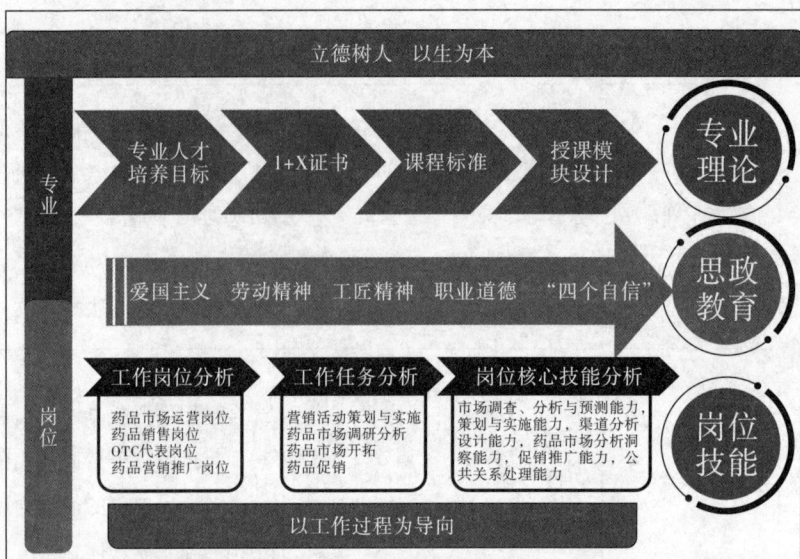

图 2　课程思政育人

2. 言传身教，潜移默化

据调查，学生反感被动式学习，更侧重于形成自己的感想感悟，所以将思政内容化为一个个案例、一个个主题讨论，让学生参与其中，引导学生生发情感，此时无声胜有声，润物细无声。

3. 本土案例，思政载体

图 3　思政本土化

六、 课程成效与评价

(一) 校内外课程评价

学生对该课程的思政效果表示认可，在期末的问卷调查中，问卷重点围绕思政事例的影响程度、新颖程度、启发程度以及受欢迎程度进行调查，获得了100%正面反馈结果，且大部分学生反映正面影响程度较大。同时，学生自发在"学习通"平台上留下了对课程的真实评价，99%学生给课程打出了全5分的高分。

此外，课程获得广东省高职教育商贸类专业教学指导委员会秘书长，广东大方医药有限公司市场经理等企业领导，以及学校思政领域研究专家等的一致好评，众多领导专家认为课程的思政效果发挥了示范引领作用。

(二) 课程教学成效

许多价值引领目标属于内隐性成果（如文化素养、职业素养、价值观等），传统的考试、测验较难清晰测量成效，因此课程教学采取定量与定性相结合的方式综合评估学习效果，从学生的知与行全面评估课程成效，具体评估指标如表2所示：

表2　课程教学成效评估

评价维度	思政素养目标	知识与技能目标
定量分析	问卷调查、考勤情况、各项赛事获奖情况、社会实践活动参与度以及入党申请情况	随堂测验，期末考试
定性分析	课堂参与情况、课堂行为观察、学生自评、师生访谈、App平台评价、学生干部工作情况	

1. 课程参与情况

据观察，学生考勤率上升，课堂抬头率和注意力集中时间也明显上升，学生纷纷加入课堂互动和讨论。例如，在讲到一些动人事例，尤其是疫情中的感人事迹时，不少同学感动不已。

2. 学生实践情况

课程鼓励学生走出课室，鼓励学生在实践中体会理论知识、积累实践经验，将所学所得积极回馈社会。受到课堂潜移默化的影响，学生参与校内外实践活动的人数和次数也在增长，收获了社会各界的赞扬，也带来了良好的社会效应。同

时，学生干部的形象、修养和工作方法均有明显提升，责任意识、担当精神、组织管理能力和团结协作能力有所加强。（如图 4）

图 4　学生参与实践风采

3. 各项赛事获奖情况

在"以史为镜、以史明志、知史爱党、知史爱国"方面，2021 年 12 月广东食品药品职业学院中共学院在党校"传百年薪火，谱百年华章"党史知识竞赛中获三等奖。在专业技能领域，学生也不断取得佳绩。课程改革以来分别获得省级职业院校技能大赛学生专业技能竞赛市场营销技能赛项（高职组）一等奖和二等奖的好成绩。

食品质量与安全专业 "食品安全快速检测技术"课程教学设计

依托专业名称：食品质量与安全

依托课程名称：食品安全快速检测技术

一、 课程定位

"食品安全快速检测技术"课程是高职食品专业基础平台课程，可作为食品质量与安全、食品检验检测技术等专业核心课，也可作为餐饮管理、烹饪工艺等食品相关专业的专业选修课程。食品质量与安全专业于第三学期开设。

根据《食品专业群食品质量与安全专业人才培养方案》，本课程主要对学生食品安全控制与管理职业能力培养起重要支撑作用。为学生今后从事相关工作及日常生活提供食品安全快速检测基础知识和基本技能，以学生成为食品行业安全管理人员为目标，为学生的可持续性发展服务。（如图1）

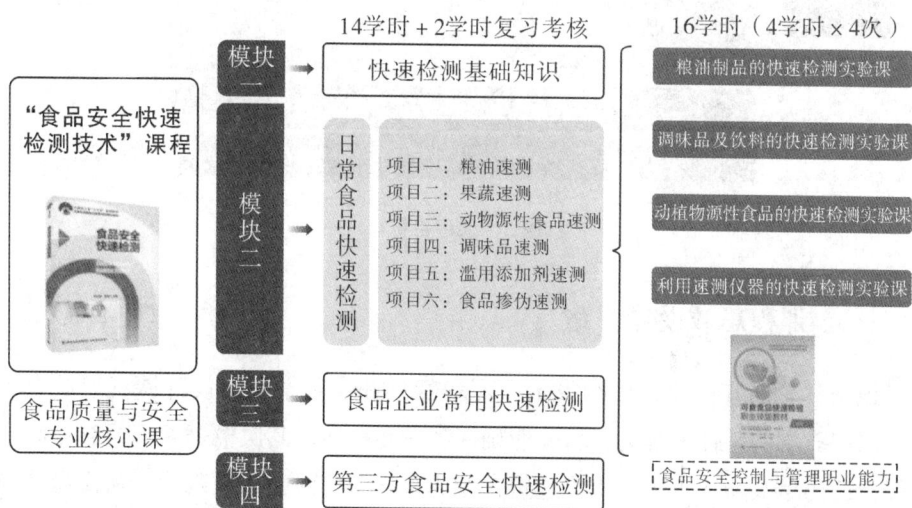

图1 课程定位

二、 课程目标

课程以食品安全快速检测技术为主线，以培养学生"完善安全意识，熟练快检技术，严谨求实，公正合规"的职业能力和"爱岗敬业，吃苦耐劳，勇于担责"的素质能力，帮助学生成为具有民族自豪感和社会责任感的新时代食品专业技术技能人才为目标，拓宽学生对食品安全性的认识，培养学生的速测能力，提高食品质量安全检测从业人员的职业综合能力。通过依托学校"国家双高计划校""省示范校"背景，以国家级"食品质量与安全专业教学资源库"和多个省级、市区级、校级教改科普项目为支撑，联系企业，面向社会，开展高职食品安全管理检测技能型人才培养，最终帮助学生达到"明确食品人担当，完善食品安全意识，强化规范标准职业素养，提升社会责任感，具备探索精神和创新能力"的水平。（如图2）

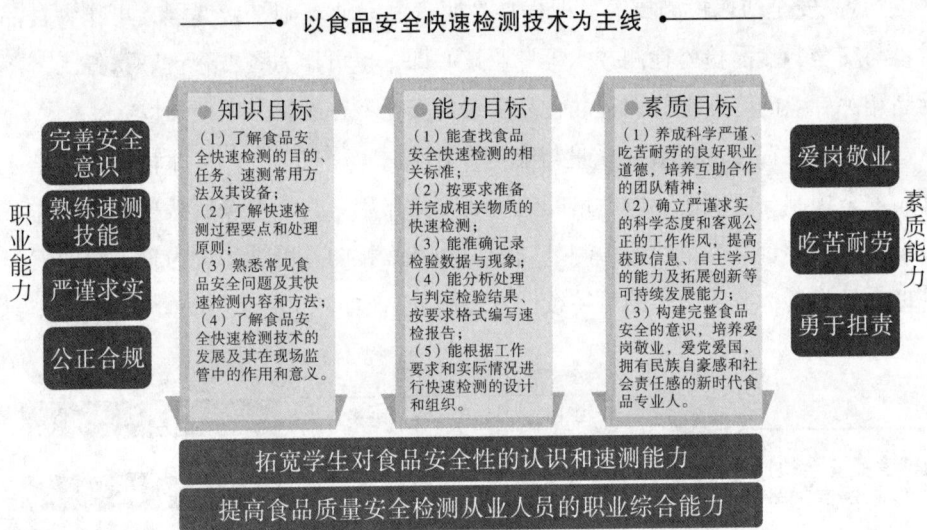

图2　课程目标

三、 课程思政设计思路

根据"食品安全快速检测技术"课程特点和实际情况，设计课程思政有效融入课程教学的整体流程为：首先明确课程思政目标；其次根据课程内容和特点选择合适的思政切入点；再次构建符合专业和学情的课程思政载体；从次设计和实施课程思政教育形式思政融入教学形式并实施；最后多角度进行课程思政效果考核和反思，由此反馈进行整体课程思政的调整和进一步建设。（如图3）

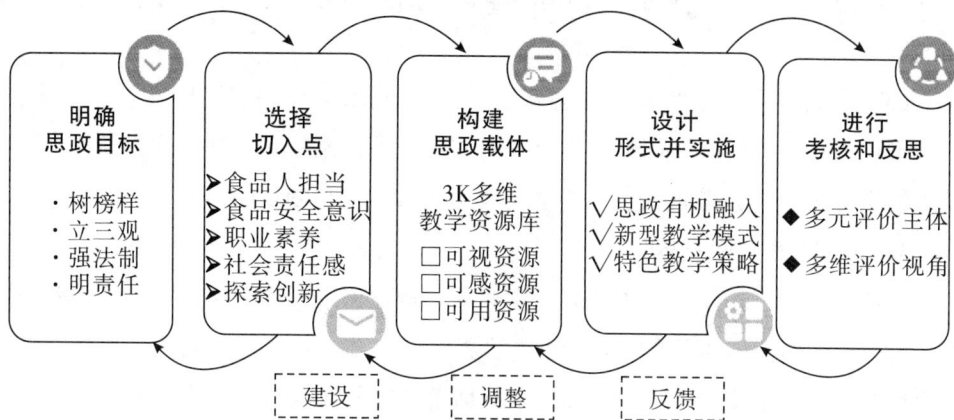

图3　课程思政设计整体流程

1. 明确课程思政目标

本门课程的思政目标是通过教育和引导让学生树榜样、立三观、强法制、明责任，配套课程总体教学目标，完成教育目标。

2. 选择合适的思政切入点

根据思政目标，确定课程思政的切入点：

（1）思考关于食品人的担当：成为一名食品人，学习了食品安全快速检测技术，我们可以利用这些食品专业知识对个人、家庭、集体、社会、国家、世界做些什么？引导学生思考，树立人生榜样和正确三观。

（2）完善食品安全意识：自我认知，清晰定位，从学生时期作为纯粹食品消费者进而思考今后实习就业成为食品生产经营者，进一步发展成为食品安全监管者分别需要具备什么样的食品安全意识，要建立这些安全意识。通过课程的学习，学生逐步从知识技能的学习者变为食品安全检测者，最终成为食品安全问题解决者，通过引导学生对于自我的认知和个人定位的变化，从而帮助学生提升学习内驱力，激发学习热情，在学习中不断完善个人食品安全意识，进一步明确食品人的责任和义务。

（3）培养规范标准职业素养：教学过程中通过真实工作任务，以引入案例、参考标准、操作规范、检测判断、结果处理，让学生深入感受食品安全快速检测的"以法规为界，以标准为规"，构建法规意识，严格遵照标准操作，按照法规处理结果，培养规范标准、公平公正的食品人职业素养。

（4）多方构建实质化社会责任感：充分发挥食品安全快速检测课程的实用性，充分利用校内校外、线上线下各种活动和实践，让学生学以致用，利用学习到的速测技能服务社会，切实感受作为食品人的社会责任，将社会责任感变为真实的学习工作任务。

（5）结合速测技术特点培养创新能力：快速检测技术的产生就是充分利用一切可以缩短检测时间、简化操作流程的方法条件，鼓励学生通过食品快速检测技术的学习感受培养勇于创新、敢于突破的探索精神和创新能力。

3. 构建课程思政载体

创建、整合、拓展、完善现有教学资源，构建可助力完成进阶翻转课堂教学模式的可视、可感、可用的 3K 多维教学资源库。其中可视指学习者在学习过程中可以直观看到的文字、图片、动画、视频等专业知识技能可视资源；可感指可以引导学习者从"食品消费者""食品生产者"到"食品监管者"定位变化，进行个人能力和责任思考的体验任务、真实案例、思政案例、监管记录表、企业工作单等提升思想感受、促进内驱力完善的资源；可用指可让学习者对所学知识技能进行操作和应用的可用资源，包括课内课外、线上线下、校内校外等仿真互动软件、设备设施、专业科普推广微信平台、公益宣教活动和见习实习机会等。

4. 设计和实施课程思政教育形式

（1）新型教学模式：针对课程特点和目标，创新性构建新型 SPKJ 教学模式。教师通过课前、课中、课后教学安排，利用明确任务要求，让学生主动学习和操作，从体验、探索到意识构建和展示应用，逐步掌握食品快速检测专业知识和技能，并逐步构建完整的食品安全意识和食品人责任，适应社会及岗位的职业素养要求，提升食品专业人才的培养质量。（如图 4）

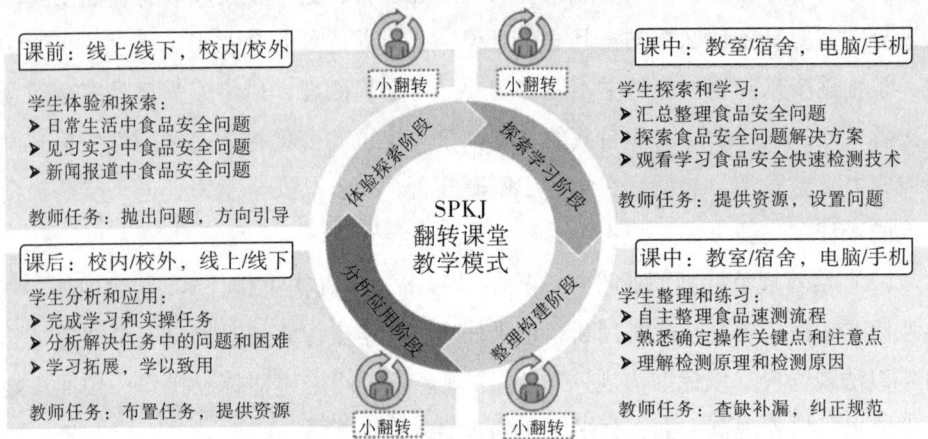

图 4　新型 SPKJ 翻转课堂教学模式

（2）思政有机融入：根据思政目标，针对不同课程项目任务特点挖掘思政元素，采取多种思政载体，思政内容结合课程特点有机融入。围绕思政目标，配套与课程内容相关的榜样人物、道理故事、相关法规、社会现状为思政元素，以视频、二维码文章、网站链接、手机端推送等多种信息化手段为思政载体，以课前学生了解、课中教师讲解、课后实践感受为思政教育方式，构建完整系统课程思政体系，切实完成课程目标。

（3）特色教学策略：根据课程目标和思政目标，深化"任务驱动，体实结合，六环四节，逐项提升"教学策略。以食品安全快速检测项目为导向，以食品安检人员进行食品安全现场筛查的真实任务为导向，围绕食品快速检测职业素养的具体要求，充分利用国家级专业教学资源库、省级教改项目成果、市区级科普项目资源、课程网站和移动端平台等优质资源开展教学，借助真实生活环境和校内外食品相关教学实训条件，采取体验学习结合的方式，通过新型 SPKJ 教学模式开展"六环四节"共进的教学活动。（如图 5）

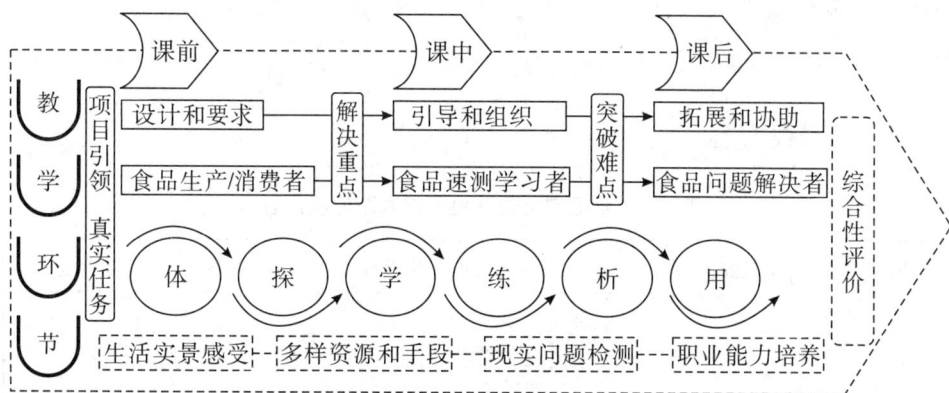

图 5　特色教学策略

5. 进行课程思政效果考核和反思

（1）遵循"以学生为中心"的教学理念，以多元评价主体、多维评价视角开展课程思政效果评价。对接行业标准制定考核标准，组建校内教师、行业导师、学生、平台等多元评价主体，根据教学任务多层次设计学生安全意识、技能掌握、任务完成、职业素养等多维评价视角，根据任务具体内容，设计评价分数，利用多方评价，发挥评价的激励与促进作用。

（2）课程思政考核促进课程思政有机循环建设。思政效果考核方案包括思政内容点击量和观看时间考核、思政任务上传和有效性考核以及线下社会活动参加积极性考核。教师根据思政目标收集思政元素，上传课程网站，引导学生课前课后点击观看；课中发布课程任务引导学生有意识收集、汇总、整理相关的思政元素，以任务作业形式上传网站，教师评价并筛选合适的思政元素完善思政教学资源库；对学生参加与课程思政相关的活动的次数和承担的工作进行思政附加分评价。通过"思政内容展示应用—思政资源学习融入—思政任务接受完成—思政元素收集整理—思政成果有效筛选"构建一个完整的有机循环思政资源库，配套教学模式中的"体、探、学、练、析、用"六环和教师的评价与应用，形成思政资源和教育有机自生的循环圈。（如图 6）

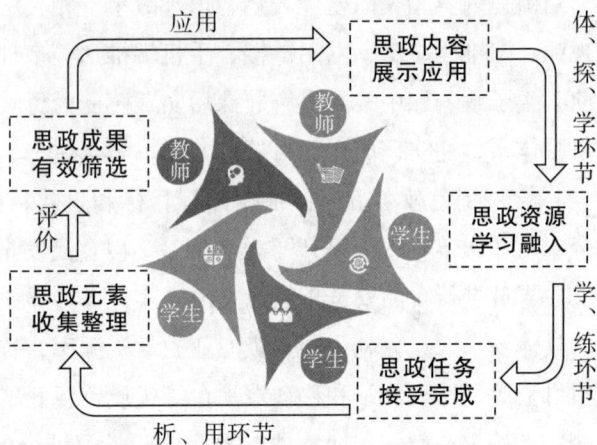

图 6　课程思政有机循环

四、课程内容

表 1　"食品安全快速检测技术"课程内容

模块	主要内容	思政元素及资源	教学组织与实施
模块一基础知识（2 学时）	任务一　食品安全快速检测现状； 任务二　食品安全快速检测常用技术； 任务三　食品安全快速检测样品的采集和制备； 任务四　食品安全快速检测的数据处理	思政元素： ①爱国主义教育； ②梦想精神； ③科学家精神。 思政资源：食品安全快速检测概念动画、食品检测视频、食品安全案例。 通过观看视频、案例分析和教师讲解，引导学生完成课程任务的同时，让学生了解我国食品安全监管和快速检测应用现状，建立社会主义荣辱观，感受民族自信、自强，对国家未来发展的展望，同时在进行样品采集制备以及数据处理任务过程中培养学生求真务实，注重细节的科学家精神	课前：课程网站及资源库提供丰富资源，发布体验参与任务。 课中：教师利用新闻案例、视频动画进行现状及常用技术讲解介绍，引导学生针对采样及数据处理对检测影响展开思考讨论。 课后：查找收集案例

（续上表）

模块	主要内容	思政元素及资源	教学组织与实施
模块二 项目一 粮油的快速检测 （2学时）	任务一　大米及其制品质量与安全问题的快速检测； 任务二　面粉及其制品质量与安全问题的快速检测； 任务三　食用油质量与安全问题的快速检测	思政元素： ①食品安全意识； ②袁隆平精神； ③社会责任教育。 思政资源：食品安全案例、袁隆平事迹、食品快检操作视频。 通过观看视频、案例分析和教师讲解，引导学生完成课程任务的同时，让学生了解粮食安全，国之根本，在学生了解粮油安全和快速检测技巧时，介绍袁隆平精神，引导学生构建社会责任感，切实体会社会责任和义务	课前：课程网站及资源库提供丰富资源，发布体验参与任务。 课中：教师引入案例，布置任务，用视频动画进行流程及重难点讲解，利用问题讲解，深化问题，引导思考；学生观看视频动画熟悉操作，了解实际操作细节和注意事项，进行实践成果展示和讨论。 课后：实地考察和活动拓展，引导思考，深化教育目标
模块二 项目二 果蔬的快速检测 （2学时）	任务一　蔬菜中农药残留的速测； 任务二　蔬菜中重金属的速测	思政元素： ①食品安全意识； ②社会责任教育； ③创新探索。 思政资源：食品安全案例、食品快检操作视频、食品法律法规。 通过观看视频、案例分析和教师讲解，引导学生完成课程任务的同时，让学生了解农药使用对生态环境的影响；通过案例和操作讲解提醒学生注意单一环节问题都会影响整体安全，利用试剂盒设计引导学生构建食品安全意识和社会责任感，培养探索创新意识	课前：课程网站及资源库提供丰富资源，发布体验参与任务。 课中：教师引入案例，布置任务，用视频动画进行流程及重难点讲解，利用问题讲解，深化问题，引导思考；学生观看视频动画熟悉操作，了解实际操作细节和注意事项，进行实践成果展示和讨论。 课后：实地考察和活动拓展，引导思考，深化教育目标

（续上表）

模块	主要内容	思政元素及资源	教学组织与实施
模块二 项目三 动物源性 食品的快速 检测 （2学时）	任务一　肉及肉制品安全问题的快速检测； 任务二　水产品安全问题的快速检测； 任务三　鸡蛋质量与安全问题的快速检测； 任务四　乳及乳制品质量与安全问题的快速检测	思政元素： ①社会责任教育； ②创造精神； ③辩证唯物主义。 思政资源：食品安全案例、食品快检操作视频、食品法律法规。 通过观看视频、案例分析和教师讲解，引导学生完成课程任务的同时，让学生了解人与自然的关系，能够对于食品动物进行人文关怀，同时在学习速测技术的同时了解我国食品检测技术的创新发展；通过案例和操作讲解提醒学生辩证看待问题，在食品添加过程中过量和不足都会导致安全隐患，引导学生培养社会责任，灵活创造应对问题，同时建立正确的唯物主义世界观	课前：课程网站及资源库提供丰富资源，发布体验参与任务。 课中：教师引入案例，布置任务，用视频动画进行流程及重难点讲解，利用问题讲解，深化问题，引导思考；学生观看视频动画熟悉操作，了解实际操作细节和注意事项，进行实践成果展示和讨论。 课后：实地考察和活动拓展，引导思考，深化教育目标
模块二 项目四 调味品的 快速检测 （2学时）	任务一　食盐质量与安全问题的快速检测； 任务二　酱油质量与安全问题的快速检测； 任务三　食醋质量与安全问题的快速检测	思政元素： ①法律法规意识； ②科学家精神。 思政资源：食品安全案例、食品快检操作视频、食品法律法规。 通过观看视频、案例分析和教师讲解，引导学生完成课程任务的同时，让学生熟悉食品安全国家标准以及食品添加剂使用标准，明确遵循法律法规，履行义务、行使权利的重要性；通过案例和操作讲解提醒学生在食品安全管理过程中需要全面细致地思考探索，才能保证食品安全，引导学生构建法律法规意识和科学家精神	课前：课程网站及资源库提供丰富资源，发布体验参与任务。 课中：教师引入案例，布置任务，用视频动画进行流程及重难点讲解，利用问题讲解，深化问题，引导思考；学生观看视频动画熟悉操作，了解实际操作细节和注意事项，进行实践成果展示和讨论。 课后：实地考察和活动拓展，引导思考，深化教育目标

（续上表）

模块	主要内容	思政元素及资源	教学组织与实施
模块二 项目五 滥用添加剂的快速检测/ 项目六 食品掺伪的快速检测 （2学时）	任务一 食品中色素的快速检测； 任务二 食品中防腐剂的快速检测； 任务三 食品中甜味剂的快速检测； 任务四 常见食品掺伪的快速检测	思政元素： ①企业家精神； ②法律法规意识； ③食品安全意识。 思政资源：食品安全案例、食品快检操作视频、食品法律法规。 通过观看视频、案例分析和教师讲解，引导学生完成课程任务的同时，让学生熟悉食品安全法规，了解企业运作也需要诚实守信，不投机取巧。以食品安全标准为食品安全红线，通过案例和操作讲解引导学生构建法律法规意识和食品安全意识，并为今后进入工作时预先建立企业家精神	课前：课程网站及资源库提供丰富资源，发布体验参与任务。 课中：教师引入案例，布置任务，用视频动画进行流程及重难点讲解，利用问题讲解，深化问题，引导思考；学生观看视频动画熟悉操作，了解实际操作细节和注意事项，进行实践成果展示和讨论。 课后：实地考察和活动拓展，引导思考，深化教育目标
模块三 项目一 食品理化指标的快速检测/ 项目二 食品微生物快速检测/ 项目三 原料中生物毒素的快速检测 （2学时）	任务一 水分的快速检测； 任务二 蛋白质的快速检测； 任务三 菌落总数和大肠菌群的快速检测； 任务四 食品原料中常见生物毒素的快速检测	思政元素： ①社会责任教育； ②科学家精神。 思政资源：食品安全案例、食品快检操作视频、食品法律法规。 通过观看视频、案例分析和教师讲解，引导学生完成课程任务的同时，让学生熟悉食品企业常规理化检测和微生物检测的速测方法，了解企业运作食品人责任以及利用速测技术可以改变的传统工作方式。通过案例和操作讲解引导学生注意不忽视细小甚至看不见的问题，关注微生物实验操作安全性	课前：课程网站及资源库提供丰富资源，发布体验参与任务。 课中：教师引入案例，布置任务，用视频动画进行流程及重难点讲解，利用问题讲解，深化问题，引导思考；学生观看视频动画熟悉操作，了解实际操作细节和注意事项，进行实践成果展示和讨论。 课后：实地考察和活动拓展，引导思考，深化教育目标

（续上表）

模块	主要内容	思政元素及资源	教学组织与实施
实验一 粮油制品的快速检测（4学时）	①米面制品中含铝添加剂的速测；②面制品中溴酸钾速测；③食用油中矿物油的速测；④劣质油（地沟油）的速测	思政元素： ①食品安全意识； ②实验安全教育； ③科学家精神； ④社会责任教育。 思政资源：食品快检操作、食品法律法规。 在预习熟悉的课前基础下，进行任务讲解和安排，让学生分组完成实操任务的同时，培养学生团结协作、集智探索的能力，教育学生在面对实验结果结论时尊重数据、实事求是，在实操过程中应勇于直面问题、注重细节	课前：课程网站及资源库提供丰富资源，预习实操任务及实地考察体验。 课中：教师布置任务，讲解重难点；学生实际操作及记录，进行实践成果展示和讨论。 课后：实地考察和拓展，引导思考，深化教育目标
实验二 调味品及饮料的快速检测（4学时）	①食醋中游离矿酸的速测；②酱油中总酸和氨基酸态氮的速测；③饮料中糖精钠的速测；④冷饮中菌落总数的速测	思政元素： ①食品安全意识； ②实验安全教育； ③科学家精神； ④社会责任教育。 思政资源：食品快检操作视频、食品法律法规。 在预习熟悉的课前基础下，进行任务讲解和安排，学生分组完成实操任务的同时，培养学生团结协作、集智探索的精神，教育学生在面对实验结果结论时尊重数据、实事求是，在实操过程中应勇于直面问题、注重细节	课前：课程网站及资源库提供丰富资源，预习实操任务及实地考察体验。 课中：教师布置任务，讲解重难点；学生实际操作及记录，进行实践成果展示和讨论。 课后：实地考察和拓展，引导思考，深化教育目标

（续上表）

模块	主要内容	思政元素及资源	教学组织与实施
实验三 动植物源性食品的快速检测（4学时）	①果蔬及茶叶中重金属铅试剂盒的速测；②水产品孔雀石绿（胶体金）速测；③水发产品中二氧化硫的速测；④肉丸中的硼砂试剂盒的速测；⑤肉制品新鲜度（pH试纸、奈斯勒试剂）的速测	思政元素：①食品安全意识；③实验安全教育；④科学家精神；⑤社会责任教育。思政资源：食品快检操作视频、食品法律法规。在预习熟悉的课前基础下，进行任务讲解和安排，学生分组完成实操任务的同时，培养学生团结协作、集智探索的精神，教育学生在面对实验结果结论时尊重数据、实事求是，在实操过程中应勇于直面问题、注重细节	课前：课程网站及资源库提供丰富资源，预习实操任务及实地考察体验。课中：教师布置任务，讲解重难点；学生实际操作及记录，进行实践成果展示和讨论。课后：实地考察和拓展，引导思考，深化教育目标
实验四 利用快速检测仪的快速检测（4学时）	①快速检测技能强化；②面粉中过氧化苯甲酰的速测（仪器）；③蔬菜农药残留的速测（仪器法）；④肉制品中亚硝酸盐的速测（仪器法）	思政元素：①食品安全意识；②实验安全教育；③科学家精神；④社会责任教育。思政资源：食品快检操作视频、食品法律法规。在预习熟悉的课前基础下，进行任务讲解和安排，学生分组完成实操任务的同时，培养学生团结协作、集智探索的精神，教育学生在面对实验结果结论时尊重数据、实事求是，在实操过程中应勇于直面问题、注重细节	课前：课程网站及资源库提供丰富资源，预习实操任务及实地考察体验。课中：教师布置任务，讲解重难点；学生实际操作及记录，进行实践成果展示和讨论。课后：实地考察和拓展，引导思考，深化教育目标

（续上表）

模块	主要内容	思政元素及资源	教学组织与实施
复习与测试（2学时）	对整学期学习内容进行整理	思政元素：①食品安全意识；②社会责任教育。思政资源：食品快检知识点思维导图、食品法律法规。通过对课程知识点和技能点的串联整合，培养学生全面的食品安全意识和社会责任感、使命感	以食品安全热点事件或实际食品安全案例为题，安排学生利用所学进行问题筛查和解决

五、 教学创新与特色

1. 创建符合课程特点的课程思政设计流程，让思政教育有机融入课程教学

根据课程特点和实际情况，设计课程思政有效融入课程教学的整体流程为：首先明确课程思政目标；其次根据课程内容和特点选择课程思政切入点，进而构建符合专业和学情的课程思政载体；再次设计课程思政融入教学形式并实施；最后多角度进行课程思政效果考核并反思，由此反馈进行整体课程思政的调整和进一步建设。

2. 利用3K多维教学资源库为课程思政载体，构建完整系统课程思政体系，切实完成思政目标

针对食品的特殊性，充分利用现有条件和环境，把真实生活体验和仿真任务要求相结合，配套新一代信息化技术，构建可助力完成进阶翻转课堂教学模式的可视、可感、可用的3K多维教学资源库。

3. 创新探索实践新型教学模式和教学策略，强化学生学习主体能动性

构建的课前、课中、课后大翻转课堂配套颗粒化知识点小翻转课堂的SPKJ翻转课堂教学模式，配套"六环四节"教学策略，适应"互联网＋课程"新要求。

4. 提出"自我定位"变化推动"学习阶梯"上升的学习力内驱动教学方法

引导学生从"食品消费者""食品生产者"到"食品监管者"定位变化进行

个人能力和责任的思考，进而不断提高自身对知识、技能的需求，思考自身责任和义务，由此构建学生学习内驱动力。

六、 课程成效与评价

1. 准确的思政切入点和思政载体有效促进教学效果提升

针对课程特点的思政切入点，让学生在课程学习过程中，学习内驱力建立，提升学习兴趣和主动性。通过不断丰富的教学资源、线上线下、校内校外的体验感受式教学环境，超过85%的学生课后知识测评成绩达到优秀；学生学习兴趣明显提升，课堂参与度提高，课堂讨论参与率可以达到95%以上，每次课程签到参与率均为100%；学生参加课程1＋X职业资格证书考核通过率达到99%，学生组队参加全国快速检测技能竞赛获多个优秀奖。

2. 有效课程思政设计配套新型教学模式，能力培养成绩体现

课程思政与教学模式相辅相成，帮助学生熟练掌握速测知识技能，增强总结分析能力，培养探索精神和创新能力，从2018年开始，学生组队参与各项创新创业比赛和项目的比例由原来不到总人数10%上升到近80%，学生和教师从食品安全快速检测技术课程相关内容出发多次参与创新创业竞赛和项目，其中获得省级奖励项目2项，省级项目2项，市区级科普项目2项，学校奖励项目3项，学校项目3项。

3. 思政浸润效果体现在职业素养提升和社会责任承担

课程思政贯穿教学全过程，针对课程特点，明确食品专业学生定位，有意识、有目的地全面培养学生法治意识和食品安全意识，以课内外实践活动为契机，组织学生定期参与各项企业、社会食品安全活动，积极联系广东电视台、广州食安科技股份有限公司、广州每周一检食品药品安全研究所、广东省食品质量安全协会、广州天河区龙洞街道等企业、社会团体和街道，多年来不间断组织教师和学生参与食品安全科普节目录制，食品安全进社区，各级食品安全科普周宣传，食品安全"三下乡"等各项活动，学生真实体会食品专业人士的责任和义务，切实完成"学以致用，服务社会，将社会责任转化成为学习动力"的课程目标，同时也受到媒体单位、政府部门以及相关企业的肯定。

药学专业 "医院药学实务"
课程教学设计

依托专业名称：药学

依托课程名称：医院药学实务

一、 课程定位

"医院药学实务"是高职药学专业以医院药学工作任务为载体，以提升学生药学服务能力为目标的重要职业素养课程。根据药学专业的培养目标及岗位职业能力的要求，涵盖了医院药学各个部门的具体工作职责与内容，掌握医院药学工作流程与工作要点，在具体工作中强化学生服务意识的提升和职业素养的提高，正确处理好药患、药医、药护之间的关系，借助医院药学培训平台，综合提升学生的药学专业综合能力，并能胜任医院药房、社会药房、医疗机构等相关工作，成为从事药学服务工作的高等应用型专门人才。

二、 课程目标

通过对医院药学部门典型工作任务的分析，确立本门课程主要培养学习者药物调配、用药指导、药品保管养护、静脉药物配制、药品不良反应监测、药学信息服务等各项技能。同时培养学习者热爱本职工作，救死扶伤、大爱无疆的药师职业道德；坚持药品质量第一，有强烈的药品安全使用意识；具备较强的团队协作和创新能力，能以患者为中心实施主动服务，使学习者能真正适应各级药房的岗位需求。根据学校办学定位、专业特色和课程特点，结合课程思政设计理念，制定课程目标。

1. 素质目标

（1）具有爱国爱党情怀、坚定为中国特色社会主义事业奋斗终身的理想信念。

（2）使学生以社会主义核心价值观为取向，以职业道德为依托，担负起民族复兴伟大使命。

（3）以马克思主义唯物辩证法为指导，养成科学思维方式。

（4）培养学生良好的药业道德和高尚的品德修养及工作情操。

（5）使学生不单单掌握药学技术知识，还包括一个知识系统，使他们成为管理型、知识型、技术型、科研型、社会型的人才。

2. 知识目标

（1）熟悉医院药学的内容和任务，了解医院药学的发展现状。

（2）掌握处方的基本知识、《处方管理办法》，熟悉门诊处方调配的基本流程、住院药房调剂的配方形式。

（3）熟悉药品采购与仓储的管理。

（4）了解医院制剂制备与质量控制方法。

（5）了解静脉用药调配中心建立的意义，了解静脉用药调配中心的工作流程。

（6）了解治疗药物的临床评价内容及常用方法。

（7）掌握药品不良反应的概念，熟悉药品不良反应的报告和监测。

（8）掌握合理用药的概念、药学计算、应用抗菌药物的基本原则、抗菌药物的分级管理。

（9）了解治疗药物监测的概念、必要性、工作流程。掌握药学信息归纳整理方法。熟悉药学信息服务的特点与方式。

3. 能力目标

（1）能够对不同类型处方进行辨认、审查、管理和调配。

（2）能够对不同药品进行分类、贮存和管理。

（3）能够正确填写"药品不良反应/事件报告表"。

（4）能够与医生、护士和患者进行有效沟通和交流。

（5）能够对药学信息进行有效归纳、总结和传播。

（6）能够对药物使用进行有效的指导。

三、 课程思政设计思路

本课程以药学部门岗位为导向，以药学工作者开展的实践工作为标准分为不同的教学模块。（如图1）

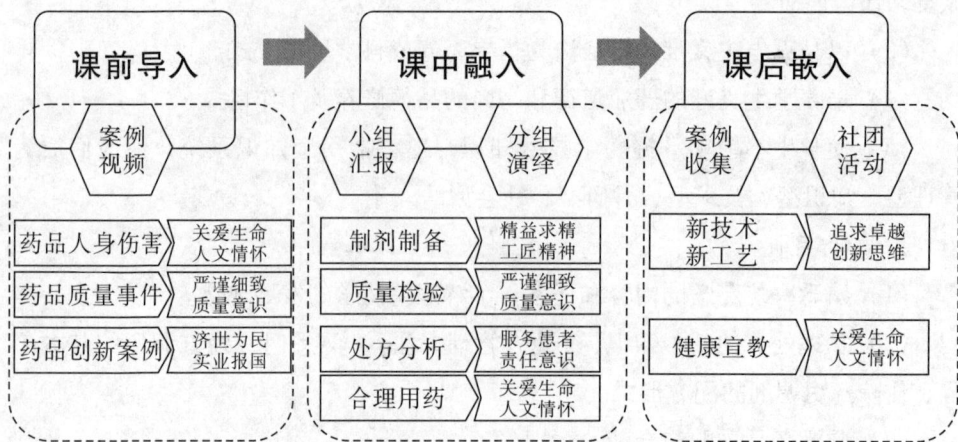

图1 课程思政设计思路

1. 以"明理精用、怀德善创"为课程思政目标

从课程的内涵看出，本门课程属于创新性、实践性强的综合性课程，是"医"与"药"良好融合的思政教育载体，既结合了医者济世为怀、甘于奉献的仁爱之德，又融合了药者安全至上、创新超越的德育价值，因此课程团队将"医"与"药"所应有的职业道德、职业精神和职业规范思政教育有机融入课程教学过程中，把"明理精用、怀德善创"确立为本门课程思政目标。

2. 以"社会热点案例、志愿公益活动、仿真技能训练"为思政培养载体

教学团队构建线上线下、课内课外两课堂，通过引入药学服务领域热点案例、优秀事迹等思政教育素材，志愿服务活动，合理用药技能训练等载体，创设层层递进的思政教学环节，着力培养学生安全至上的质量意识、关爱生命的人文情怀、甘于奉献的职业精神、创新报国的职业追求。

四、 课程内容

表1 "医院药学实务"课程内容

章节	主要内容	思政元素及资源	教学组织与实施
1	医院药品调剂	新华医院"阿糖胞苷"事件让学生了解到处方审核的重要性,只有不断学习、努力提高知识和技术水平,才能守好安全用药的第一道门。 海恩法则:每一次审核处方都不能掉以轻心,要认真细致,将可能发生的错误杜绝在萌芽中	课前:线上发布任务,主题讨论思政案例。 课中:线上线下结合,重点讲解处方审核要点,引入海恩法则,审方药师确保患者用药安全。提出问题,观看视频,分组探究,重难点讲解,知识点梳理,随堂练习。 课后:反思感悟,提交处方审核作业,牢记药方药师的职责。 课外:鼓励学生参加药学技能比赛,切实提高职业素养,更加准确有效审核处方,关爱患者
2	医院药品仓储管理	2007年,"甲氨蝶呤"事件;2009年,"刺五加注射剂"事件。药品仓储质量的优劣和食品安全直接影响到公众的生命健康	课前:线上发布任务,药品储存测试。 课中:以激发学生质量意识、人文情怀为目标,以表演体会情境,如扮演药品仓保人员,培养安全至上的质量意识,以药品使用情景剧模拟表演演绎营销咨询环节,培植学生关爱生命的职业情怀。 课后:练习药房管理虚拟实训系统中药库的工作流程,深化对理论学习部分的理解。 课外:让学生平时关注居家药品的正确储存方式

（续上表）

章节	主要内容	思政元素及资源	教学组织与实施
3	医院制剂配置	疫情防控期间，国家卫生健康委和国家中医药管理局联合推荐的治疗新冠感染的清肺排毒汤，即由张仲景相关经方融合创新而成，此方为麻黄汤、五苓散巧妙相合。 作为一名未来的药师，应坚定中医药文化自信，深入发掘中医药的瑰宝，充分发挥中医药的独特优势	课前：线上发布任务，搜索、回忆见过的医院制剂。 课中：线上线下结合，分享医院制剂的名称、适应证，重难点讲解医院制剂特点、分类以及GPP（优良药房工作规范）要求，在特色中药制剂中引入汤剂以及疫情防控期间的医院制剂，让学生对中药文化产生民族自豪感。 课后：反思感悟，总结医院制剂的特点。 课外：可寻找生活中被商品化的医院制剂，思考为何被商品化？利用药物制剂技术专业知识，多方获取信息了解我国医药行业的现状，提升自己对新药（制剂）开发的兴趣，学好专业知识，将来为我国生物医药的做大做强而做出贡献
4	医院制剂的检验	举例"硫酸庆大霉素"事件、国内生猪养殖的"瘦肉精"事件、三鹿奶粉的"三聚氰胺"等案例。药品质量的优劣和食品安全直接影响到公众的生命健康	课前：学生查阅资料，了解相关的法律法规。（结合同步药物检验技术课程） 课中：教师讲解，强调依法检验的重要性，并组织学生分组讨论。增强学生的团队合作意识，知识点重点讲解医院制剂常用检验方法，以具体实例分析，深化检验流程步骤。 课后：完成习题，强化学生依法检验的概念。 课外：建议学生签署《诚信公约》

（续上表）

章节	主要内容	思政元素及资源	教学组织与实施
5	静脉用药集中调配	2022 年 9 月 3 日，严重医院感染事件。体会无菌技术是多么重要，健康所系，生命相托。 TPN 在缩短手术愈合时间、提高疾病治愈率、促进患者早日康复或提高生存质量等方面具有极其重要的意义。作为未来的药学工作者，应时刻谨记造福人类健康的使命	课前：线上发布任务，回顾药品调配的流程。 课中：线上线下结合，提出问题，分组探究，重难点讲解，知识点梳理；随堂练习，知识点重点讲解静配中心工作流程，静配中心无菌操作规程（教学视频），结合思政案例。 课后：反思感悟。 课外：鼓励学生有机会参观医院静配中心，静脉用药配制对无菌操作、用药配制操作有严格要求，需要学生具备精益求精的精神
6	常见疾病合理用药指导（感染类疾病）	中国古代种痘预防天花开创了人类天花预防之先河，激发学生强烈的民族自豪感和爱国热情。 在《新型冠状病毒感染诊疗方案（试行第十版）》中使用的中成药连花清瘟胶囊，汇集了东汉、明代、清代 3 个朝代治疗外感热性病的方剂，在疫情防控中发挥了巨大作用，从而引导学生了解中医药在中华民族历史上的重要地位，增强文化自信	课前：分任务小组，布置任务。 课中：以项目驱动法为贯穿课堂始终的教学方法，真实模拟药学服务岗位的操作并实战演练，在提升学生药学服务岗位的实践能力和专业素质的同时，培养学生敬佑生命的职业情怀、严谨务实的职业操守和勇于创新的职业能力。 课后：项目评价。 课外：积极参加社会性科普比赛以及社区药学服务志愿活动。践行以民为本、主动服务的精神和质量至上的安全用药理念

（续上表）

章节	主要内容	思政元素及资源	教学组织与实施
7	常见疾病合理用药指导（消化性溃疡）	消化系统药物，引出我国药典委员会委员侯雪梅，打破进口垄断，研制出我国消化领域首款新药"艾普拉唑"的事迹，引导学生树立正确的人生观、价值观，培养学生的家国情怀	课前：分任务小组，布置任务。 课中：①图片讲述消化性溃疡的发病机制，提出药物治疗策略；②讲授消化性溃疡药物（引入思政元素），案例讨论消化性溃疡用药指导；③总结各药物特点。 课后：思辨课堂，根据描述选择哪位药师方案？ 课外：积极参加社会性科普比赛以及社区药学服务志愿活动。践行以民为本、主动服务的精神和质量至上的安全用药理念
8	常见疾病合理用药指导（糖尿病）	结合胰岛素的发现，介绍1965年，我国科学家不懈奋斗，人工合成了结晶牛胰岛素，这是世界上首次人工合成多肽类生物活性物质，这一突破为糖尿病患者带去福音，提升民族自豪感	课前：分任务小组，布置任务，制作糖尿病用药情景剧排演脚本。 课中：①讲述消化糖尿病的发病机制，提出药物治疗策略；②讲授治疗糖尿病（引入思政元素），案例讨论用药指导（用药有规，关爱无限）；③小组讨论胰岛素使用注意事项；④总结各药物特点。 课后：思辨课堂，根据描述选择哪位药师方案？ 课外：积极参加社会性科普比赛以及社区药学服务志愿活动。践行以民为本、主动服务的精神和质量至上的安全用药理念

（续上表）

章节	主要内容	思政元素及资源	教学组织与实施
9	常见剂型的合理使用	幼儿误服泡腾片，窒息死亡案例。"剂型虽小，生命无价"，心系生命健康，保障用药安全；掌握职业技能，实现职业使命	课前：分任务小组，布置任务。 课中：分析案例，回答因剂型错误导致用药事故悲剧谁来负责，详细介绍每种剂型正确使用方法、注意事项，动画播放各种剂型使用要求。 课后：项目评价。 课外：鼓励学生参加科普比赛，以专业社团为载体，分组分批组织学生利用周末时间在社区普及安全用药知识。培养学生大爱无疆的人文情怀的同时，融入劳动教育
10	特殊人群用药指导	妊娠期妇女合理用药时，引导学生感悟伟大母爱。孕妇用药关系到下一代的健康，药师应严格遵守岗位职责	课前：学生查阅资料，了解相关的法律法规。 课中：教师讲解原来分散于各系统疾病合理用药的老年人、儿童、妊娠期及哺乳期妇女、肝肾功能不全患者、驾驶员等特殊人群的用药指导，从基层药学岗位工作任务出发，基于药动学、药效学及患者工作性质等考虑，归纳为老年人合理用药、小儿合理用药、妊娠期及哺乳期妇女合理用药、肝肾功能不全患者合理用药和驾驶员合理用药等项目，便于学生灵活掌握特殊人群的合理用药规律。采用分组情景模拟、角色扮演，让学生体会药师服务特殊群体时的沟通技巧。 课后：完成课后习题，分析妊娠期妇女用药案例。 课外：以专业社团为载体，分组分批组织学生利用周末时间在社区普及特殊人群安全用药知识。培养学生大爱无疆的人文情怀的同时，融入劳动教育

（续上表）

章节	主要内容	思政元素及资源	教学组织与实施
11	临床用药评价	为了实现"患者有药用、企业有回报、医保可控费"的三方共赢目标，国家医保局应用药物经济学的理论和方法，对医保药品目录进行了调整和完善，并进行了具有中国特色的探索与实践	课前：线上布置任务，学生查阅资料（酮康唑口服制剂退市折射出什么药品评价问题）。 课中：根据课前任务讨论，讲解药物评价内容、药物经济学研究（结合医保目录的调整）以及药物利用研究。 课后：根据"国产药"和"进口药"孰优孰劣的话题，思考作为药师应给予患者什么样的用药选择
12	治疗药物监测	新技术在个体化给药方案中的应用，不仅体现了药学人员"以患者为中心"的价值追求，更反映了药学工作者精益求精、不断超越的创新精神。 药物联用易导致相互作用，尤其是联用的药物中有需要进行TDM的药物时更须谨慎	课前：线上布置任务，学生查阅资料（诺氟沙星与氨茶碱相互作用导致药物中毒事件），发布主题讨论。 课中：根据课前任务讨论，讲解药物检测的重要意义，作为未来的药学工作者，应时刻谨记：药品是一种特殊的商品，和老百姓的生命息息相关。结合当前监测新技术，讲解药物监测常用方法以及注意事项。培养学生严谨务实的工作作风、精益求精的工作态度和全心全意为患者服务的工作意识。 课后：采用公益活动和反思作业进行课程思政教育。培养学生协作共进的团队合作精神，养成合理、有效、安全至上的用药理念

（续上表）

章节	主要内容	思政元素及资源	教学组织与实施
13	药品不良反应监测	美国食品药品监督管理局评审员凯尔西女士负责沙利度胺在美国上市审批，她通过客观严谨的分析，认为沙利度胺若用于治疗妊娠呕吐症，因其致畸性而将会导致数以万计残疾新生儿出生，最终沙利度胺未能进入美国市场。利用此案例让学生对用药安全有更深刻的认识，增强用药安全意识，同时明白药品不良反应监测的重要性。沙利度胺的申报资料中存在诸多不足，使美国成为"反应停海豹胎"事件中的幸运儿。通过科学家鲜活的故事，传递给学生探索真理的职业精神	课前：教师展示"海豹肢畸形"图片，提出问题，询问学生的感想。课中：从不良反应的分类，不良反应监测报告如何填写，切入我国对药物学发展做出的贡献，增强学生的文化自信和民族自豪感。通过重点内容总结、"学习通"App抢答做课堂小结。课后：分组完成不良反应监测报告表，上传"学习通"App。课外：通过广泛的基层药学服务调研，使学生对基层用药不良反应有更加深入的了解，增强自身的责任感和使命感
14	药学信息服务	《麻醉药品和精神药品管理条例》对特殊药品的使用有着严格规定。作为"药学人"应熟知特殊药品的成瘾性，严格遵守相关法律法规，知法守法。为患者和同行提供药学服务，推荐更新、更有效和毒副作用更少的药物	课前：分任务小组，布置任务，完成任务。课中：网络检索，应具"火眼金睛"。分析案例，讲解药学信息的获取工具、具体药学信息服务的实施。小组讨论如何网络检索，得出结论：在互联网时代，我们在网络信息检索时应理性辨别信息来源及内容。课外：作为未来的药学工作者，获取药学信息是为了更好地传播和宣传药学信息，因此对网络的药学信息一定要学会科学地辨识。鼓励学生发现生活中网络上的药学信息，并正确传播

五、 教学创新与特色

1. 以学生为中心，构建项目内容与思政教育内容

根据项目导向的教学模式、学生学情等进行翻转课堂教学形式设计，将课程分为十一个模块，实现从单项技能到综合技能的能力提升，最终完成从关注疗效到关注生命的转变。让学生通过模块化教学，实现会调配—能指导—善评价的技术进阶，同时体会药者安全至上、创新超越的德育价值，医者济世为怀、甘于奉献的仁爱之德。真正做到知使命，学知识，促健康。

2. 课程内容的设计

按"以人才培养目标为导向、以职业技能为根本"的思路进行设计。（如图2）

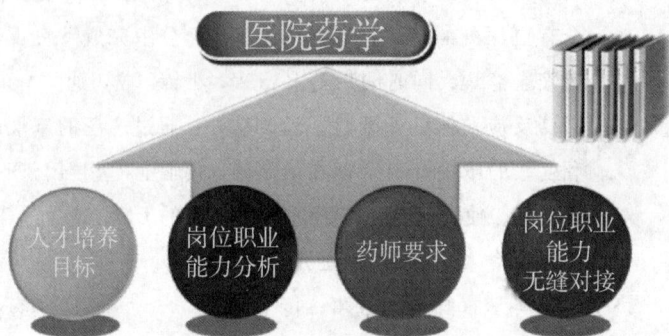

图2　课程内容序化与重构

3. 课程思政特色与创新

（1）思辨性——热点辨学明晰方向，达到内化于心。

引入药学服务领域热点案例，引导学生在复杂的情境中进行辨析，做出正确的选择。

（2）实践性——志愿服务实践育人，达到外化于行。

在实践中通过对行为的反思强化道德的融入，达到外化于行。如在实训评价中设置药德相关的评价内容，融入思政教育；同时通过周末时间安排学生在社区普及安全用药知识，培养学生关爱生命的人文情怀和安全至上的质量意识，提升社会担当。

（3）时代性——行业最新理念融入，达到发之于中。

如何联系行业发展现状，融入时代精神也是教学团队思政教育的重点。例如为患者服务，缩小每位患者等候取药的时间已成强化药学服务的新趋势、新理念。在药房调配的模拟实训中,把准确和效率作为学生技能评价的主要指标,要求学生在准确严谨的基础上讲求效率,缩小患者等候时间,培养学生精益求精的职业素养的同时,强化服务患者的职业精神的培养。

六、 课程成效与评价

1. 课程考核评价

把职业素养评价纳入课程考核,依据过程与成果并重、在线课程平台计分和教师评价结合的原则,构建了包括知识目标达成度评价(线上资源学习、随堂测验、讨论发帖等,形成性考核占比50%)、技能目标达成度评价(操作考核、素养评价,形成性考核占比30%)和素质目标达成度评价(课后反思作业、课外志愿服务活动,形成性考核占比20%)的三维评价方案。

2. 学生和校外同行评价

学生评价:该门课程教学资源丰富有趣,教学方法新颖,运用小组竞技、情境体验式教学方法让人耳目一新,不仅增加了学习兴趣,而且潜移默化中让大家学会了如何关心、爱护患者并树立了合理用药意识。

校外同行评价:该课程在教学中充分运用启发性思维,选择热点问题,通过设置学生可能面临的医药职业中的道德两难问题进行价值导向抉择,使学生产生深刻的体验和感悟,在思辨中达到思想升华。

3. 课程思政教学改革成效、示范辐射等

(1)由课程团队组建的公益社团参加各种医药科普。如积极参加由课程组教师主导的美国医药百科微信公众号的编写和维护更新工作,积极参与广东药品科普创作大赛。关注国家药品政策,更加深刻地理解执业药师职业道德和责任意识。参加社会服务实践活动,每年暑假"健康药学知识进社区"的"三下乡"实践活动已然成为药学院对外服务的一张名片,广受百姓和中小学生的欢迎。

(2)参加行业"药学服务技能大赛"。药学教研室教师带领药学专业学生荣获2022年度广东省"药学服务技能大赛"一等奖,2023年度全国"药学服务技能大赛"二等奖。

(3)团队致力于课程思政教学效果的理论总结,撰写并发表了多篇思政论文。

中药制药专业 "中药制剂检测技术" 课程教学设计

依托专业名称：中药材生产与加工；中药制药；药品质量与安全

依托课程名称：中药制剂检测技术

一、 课程定位

"中药制剂检测技术"是以现代分析理论为基础，运用各种分析方法和技术对中药质量进行检测的一门专业课。中药制剂检测是一项专业性、技术性很强的工作，本课程以检测中药制剂质量为中心进行课程内容设计，使教学贴近中药质量检测工作实际，培养学生树立"质量第一、依法检验"等职业道德观念和"实事求是、科学严谨"的工作作风；要求学生掌握中药质量检测知识和操作技能，能够根据药品质量标准对中药及其制剂进行检验和分析。希望通过本课程的教学，学生能够掌握中药质量检测的基本理论知识和实践操作技能。本课程适合各类医药企业、医疗单位和药检部门从事中药制剂质量检验技术工作的高等应用型专门人才。

"中药制剂检测技术"是中药材生产与加工、中药制药、药品质量与安全等专业的必修课。该课程开设于第 3 学期，授课对象是高职中药专业三年制大二学生，占 3 个学分，总学时 50，其中理论部分为 26 学时，实践部分为 22 学时，其他部分为 2 学时。其前期课程有"基础化学""中药学""中药鉴定技术"等，同步课程有"中药贮存与养护""中药制剂生产"等。

二、 课程目标

本课程基于"中药制剂检测技术"实验课程内容，通过优化顶层设计，进一步统筹实验教学内容，利用好课堂教学的主渠道，以"传授理论与实践知识 + 思想政治教育"有机融合的模式进行教学，在原课程教学目标的基础上增加思政育人目标，在教学中将知识传授、技能培养与思政育人相结合。

1．知识能力目标

（1）通过各项实验，进一步理解杂质检查、薄层色谱鉴别、高效液相色谱法、分光光度法等理论知识点。

（2）通过各种实验仪器和设备的使用，掌握高效液相色谱仪、紫外－可见分光光度计、纳氏比色管等仪器的使用方法，培养独立操作与动手的能力。

（3）能够利用《中华人民共和国药典》（以下简称《药典》）查阅药品的质量标准，理解药品质量标准的内容。

（4）能正确书写药品检验原始记录和报告书。

2．思政育人目标

（1）将"中药制剂检测技术"实验课程的内容与中华传统文化、中药检验技术发展史、优秀著作相结合，增强学生的民族自豪感，培养学生的文化自信、爱国情怀，发扬广东食品药品职业学院"明德精业、惟民其康"的校训精神。

（2）将课程教学内容与先进人物、科学家的正能量事迹相结合，培养学生的工匠精神、科学探究精神、创新精神。

（3）将课程教学内容与科技前沿、工作岗位、新闻案例等相结合，树立药品安全意识，增强学生的专业认同感、职业道德、法治精神等。

（4）在实验过程中，普及实验安全原则及绿色环保发展理念。

三、 课程思政设计思路

（1）本课程主要采用讲授法、案例引入法、示范教学法、任务驱动等教学方法。

（2）通过讲述我国中药发展史、人物事迹、中医药在疫情防治中发挥的重要作用，让学生认识到中医药传统文化的博大精深，激发学生的爱国情怀和自豪感，树立文化自信。

（3）通过典型的药物不合格案例所带来的深远负面影响，培养学生的职业素养和责任感，树立药品"质量第一、依法检验"的法治观念。

（4）通过高校实验室典型事故案例，教育学生重视实验室安全原则。

（5）通过绿色消费的法律制度和政策导向，引导学生树立绿色环保的实验理念。

四、 课程内容

表1 "中药制剂检测技术"课程内容

章节	主要内容	思政元素及资源	教学组织与实施
一、绪论	实验动员/绪论	思政元素：爱国主义、文化自信、校风校训、专业认同感、职业道德、实验室安全原则、环保和绿色发展理念。 思政资源： 1.《神农本草经》《本草纲目》等中医药著作。 2. 华佗、扁鹊、张仲景、李时珍等中医药传承重要人物典范。 3. 顾方舟、屠呦呦等中国医药学家的杰出事迹。 4. 新冠疫情期间，中医药发挥的重要作用。 5. 药品安全：亮菌甲素注射液事件、茯苓山药片假药事件、辽宁依生生物制药疫苗不合格事件。 6. 实验室安全：北京某大学实验室爆炸事件、广东某大学实验室烧伤事件、广州某高校浓硫酸伤人事件	1. 主要采用讲授法和案例引入法。 2. 通过讲述我国中药发展史、人物事迹、中医药在疫情防治中发挥的重要作用，使学生深刻地认识到中华优秀传统文化的博大精深，激发学生的爱国情怀和自豪感，树立文化自信。 3. 通过典型的药物不合格案例所带来的深远负面影响，让学生们直观感受到职业的责任感；培养学生药品"质量第一"的意识和依法进行药品检验的职业道德。 4. 通过高校实验室典型事故案例，教育学生重视实验室安全原则
二、实训项目一	芒硝的重金属检查	思政元素：依法检验、法治意识、诚信检验、辩证发展观、职业道德、工匠精神。 思政资源： 1. 以《药典》为基本准则，体现依法检验的法治精神。 2. 实验室的废液、重金属等的排放会造成大气污染和水质污染，给学生介绍废液废渣的分类和处理办法	1. 主要采用任务驱动法、课堂提问法、分组训练法，利用信息化资源，如"学习通"App、微课视频、动画、教学课件、思维导图等。 2. 每个实验都必须以《药典》为基本准则，体现依法检验的法治精神。以《药典》的不断发展和改进历程，引导学生思考"发展是永恒的"这一辩证观点。 3. 以绿色消费的法律制度和政策为导向，结合实验室"三废"排放问题，引导学生树立绿色实验理念

（续上表）

章节	主要内容	思政元素及资源	教学组织与实施
三、实训项目二	薄层色谱鉴别	思政元素：抓住主要矛盾、理论联系实际、具体问题具体分析、实践是检验真理的唯一标准、绿色实验、环境保护。 思政资源：根据实际情况对《药典》的实验条件进行合理调整；选板原则；废液的合理处置	1. 主要采用任务驱动法、课堂提问法、分组训练法，利用信息化资源。 2. 薄层板的选择，遵循"厚薄一致，中间平整"的原则，要求学生学会抓住主要矛盾。 3. 展开剂按《药典》要求，根据实际情况微调整，引导学生理论联系实际，具体问题具体分析，明白实践是检验真理的唯一标准。 4. 使用展开剂时会产生挥发性有机气体，要求学生在通风柜操作，废弃的展开剂要按要求回收。通过实验专业知识与安全环保意识的有机结合，让学生体会到化学实验专业知识与环境保护之间的紧密联系，养成良好的实验习惯，在给学生传递知识和培养实践能力的同时，培养学生的环保意识和绿色发展理念
四、实训项目三	小儿百部止咳糖浆中黄芩苷含量的测定	思政元素：职业能力、职业道德、职业自信、科技强国、制度自信。 思政资源：高效液相色谱仪的发展历程	1. 主要采用任务驱动法、案例引入法、课堂提问法、分组训练法，利用信息化资源。 2. 随着科学技术的发展，仪器分析也逐步趋于多样化、智能化，灵敏度、准确度也有了较大提升。结合本节课所用到的高效液相色谱仪，谈及大型精密仪器的使用为中药发展带来的新机遇，引导学生认识创新是发展的核心，科技是强国的根本

（续上表）

章节	主要内容	思政元素及资源	教学组织与实施
五、实训项目四	汉桃叶片中总黄酮的测定	思政元素：整体与部分的关系；抓住主要矛盾，透过问题现象挖掘本质根源；学思结合、知行统一、勇于探索的创新精神，善于解决问题的实践能力。 思政资源：本实验所用试剂多，步骤烦琐，等待时间长，引导学生注意细节，培养学生耐心细致的态度	1. 主要采用任务驱动法、案例引入法、课堂提问法、分组训练法，利用信息化资源。 2. 本实验所用试剂多，步骤烦琐。教学过程中引导学生注意每个步骤都需要在前一步骤基础上进行，其中每一步都有可能出现异常，导致整个实验失败。因此引导学生从整体考虑，认识整体和部分的关系，从小处着手，步步推进。 3. 本实验等待时间较长，培养学生耐心细致的实验态度

五、 教学创新与特色

1. 以"传授理论与实践知识＋思想政治教育"有机融合的模式进行教学

本课程在建立和发展的过程中，有丰富的科学史实故事，可从这些事迹中凝练思政元素：一方面，通过将科学技术的发展与国家民族的兴亡以及文化的传承联系起来，培养学生的历史使命感、责任心以及家国情怀；另一方面，强调由古至今，科学家们孜孜不倦地探索药物的药效、追求药物质量和安全，而在当代，药品检验技术的学习，正是为药物质量和安全把关的重要武器，以此增强广大学生的专业自豪感，鼓舞他们认真学习，勇于承担，不断为之奋斗。另外，学习过程中涉及大量定律知识，抽象难懂，将其与人生哲理和思政元素相结合，既可以帮助学生更好地理解知识点，又可以增加课堂的趣味性，同时还能达到润物细无声的育人效果。

2. 以"传统课堂＋在线开放课程平台"混合式教学模式进行教学

传统的实践教学中，学生处于被动学习地位，不利于培养学生独立思考、自主学习的能力。本课程基于微课的教学模式，将传统课堂与在线开放课程平台融合，通过各种信息技术将抽象、客观的理论知识形象化、生动化，激发学生自主学习的兴趣，提高学生的学习效果。另外，课程利用"学习通"App、"两微一端"等网络平台上传学习资料，学生可以通过电脑、手机等智能终端设备随时随地进行自主学习，激发学生学习的积极性和主动性，从"要我学"转变为"我要学"，有利于学生实践能力的提高。

3．思政元素具有潜隐性、亲和性、针对性，能引导学生建立情感态度和价值观

本课程在知识的教学过程中，灵活融入中国传统中药知识、杰出科学家的主要贡献与研究历程、科技前沿内容等，在短时间内激发学生学习兴趣，变被动学习为主动学习。同时，教师在尊重学生学习需求、成长规律和认知习惯的基础上，科学地设计教学内容和方式，重点关注学生从高中时代向大学时代的过渡性思维转变，进行学习方法点拨，引导学生由浅入深地掌握课程知识点，为后续相关专业课学习打牢基础，用思政教育打造出有深度、有内涵、活泼生动的专业课课堂。

4．创新教学组织和方法，以教师为主导，以学生为中心，实现全方位培养

课程坚持以学生为中心，注重学生科学素养、创新意识和团队协作能力的培养，培养德才兼备的高素质人才。在教学过程中，教师采用任务驱动法、案例引入法、课堂提问法、演示法、分组训练法等教学方法。课前，教师在"学习通"App上发布预习任务，要求学生查询《药典》、制订实验方案、撰写预习报告。课中，教师讲解，学生相互讨论，促使学生由"被动学"转为"主动学"，学生通过参与乐在其中。由于场地的限制和仪器操作的复杂性，本课程实验不适合单人独立操作，因此一般采用小组合作的方式，以保证教学效果。通常2~4人/组进行实验，每个学生在完成自己任务的同时，还要与团队协同操作，教师监测考核评分的同时保障实验安全。不管是思政教育还是实验知识，学生都会乐于接受和吸收，以此全方位培养学生的专业能力和思政素养。

5．教学考核与思政考核融合，多维度评价学习成效

为了更好地对课程思政的教学成果进行评价，课程对实验考核方式进行改进，将思政贯穿于实验教学的整个过程。在实验课程的成绩考核中，除了对学生专业知识与实验技能的考核外，还增加了课程思政教育的考核内容，学生每个实验项目的最终成绩由"实验考核成绩＋思政考核成绩"两部分按一定比例组成，其中思政考核内容涉及学生自学能力、实验态度和良好习惯、分析总结能力和拓展学习能力等多维度的评价。（如表2）

表 2　课程评价与考核

阶段	考核内容	占比（%）
实验前预习 （25 分）	实验考核（预习报告）	15
	思政考核（自学能力）	10
实验中学习 （45 分）	实验考核（操作和现象记录）	30
	思政考核（实验态度和良好习惯）	15
实验后复习 （30 分）	实验考核（实验报告）	20
	思政考核（分析总结能力和拓展学习能力）	10

六、 课程成效与评价

1. 学生的思政收获评价

本课程在教学过程中，通过收集学生心得体会、记录教学过程、观察学生行为、发放问卷调查等方式，了解学生的思政收获。学生普遍认为：本课程专业教学内容与思政教育结合严密，思政元素丰富；思政素材与专业课程匹配度高，内容充实，重点突出，讲清难点，思路清晰；课程思政教学方法灵活有效，学习方法丰富多样；任课教师鼓励学生积极参与课堂活动，能给予学生思考、联想、创新的启迪，学生能在专业学习中培养学习意志、学习兴趣，调节学习情绪；引入课程思政教学内容，注重现代教育技术与专业课教学内容的整合，课件质量高，信息量大。通过学习，学生表示能在专业学习中树立专业自信，思政教育内容很有价值，收获很大。

2. 校内外同行评价

本课程在教学实施过程中，邀请校内外教师听课，通过对授课教师的课堂教学进行点评、讨论、反思，授课教师的教学技能和水平得到了提高。校内外同行普遍认为：①思政融入方面，课程能结合人才培养目标，有课程思政的目标及思政教学内容，能挖掘课程教学内容和教学方式中所蕴含的思政元素，并把思政元素巧妙地融入教学过程中，提高教书与育人的融合度。②教学目标方面，以能力培养为中心，融专业能力、方法能力和社会能力于一体，目标描述明确、具体、可检测。③教学设计方面，能根据高职特点和职位岗位要求精选教学内容，教学内容的选择重在培养学生解决实际问题的能力；有学习任务设计，注重任务驱动，科学设计学习型工作任务，任务编排合理。④教学实施方面，能以学生为主体，精讲多练，注重课堂教学互动；教学方法灵活多样；善于运用现代教育技术优化教学过程。

3. 课程思政教学改革成效

本课程从课程教学目标、实验教学活动和课程教学成果评价三个方面出发，探索"传统课堂＋在线开放课程平台"混合式教学模式、"传授理论与实践知识＋思想政治教育"有机融合教学模式，建成了全员全程全方位育人的中药检验实验课程思政教学体系。实践结果表明，课程采用丰富的信息化教学手段，提高了学生的学习主动性；采用任务式教学法，让学生每完成一个任务就有成就感；采用贯穿课前、课中、课后的教学评价方式，让教师对学生的评价更完善。思政元素的融入，使学生对课程思政有了认同感，改变了学生对思政教育的刻板印象，让思政教育不再是枯燥的理论灌输，而是将生动实例融入实验教学中。课程思政激发了学生的爱国之情和文化自信，增强了学生学习的主动性和专业认同感，使学生树立了正确的世界观、人生观和价值观。教师也通过教学设计和实践，对课程思政的内涵有了更深入的理解和认识，为相关课程思政的落实积累了经验，尝试探索了融合思政教育理念的实验教学模式，共同落实了立德树人的根本任务。

药品质量与安全专业 "药物检验技术" 课程教学设计

依托专业名称：药品质量与安全

依托课程名称：药物检验技术

一、 课程定位

依据《药品质量与安全专业人才培养方案》，本课程主要培养药物质量检测与控制工作的应用型、创新型、复合型高素质技术技能人才，要求学生掌握药物检验岗位技能、具备药品质量检验的能力。

本课程要求学生树立全面药物质量控制的观念，掌握药品质量控制的基本理论和实践操作技能，培养能够胜任药物检验工作的，能满足各类医药企业、医疗单位和药检部门需求的，能从事药物质量检验和质量控制技术工作的高等应用型专门人才。具体课程定位如图 1 所示。

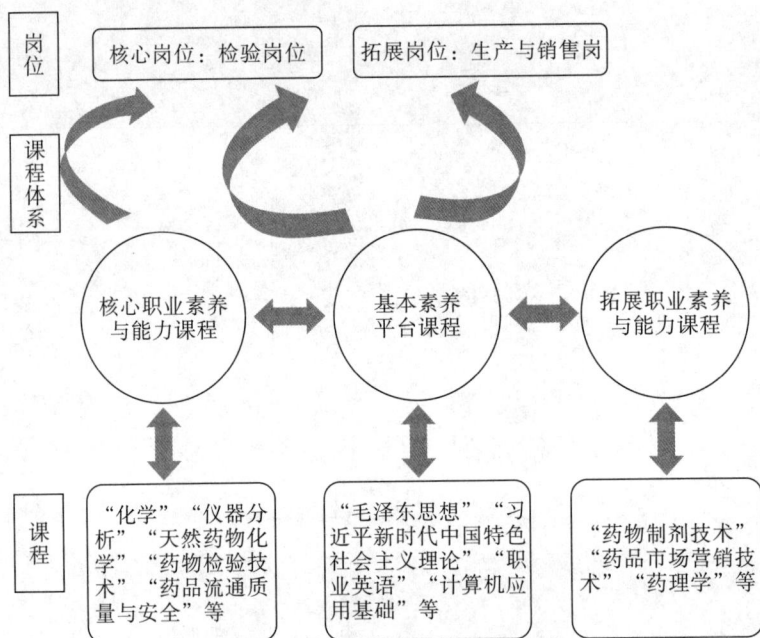

图 1 "药品检验技术" 课程定位

二、 课程目标

1. 知识目标

（1）了解行业发展现状、药物检验的新技术及发展趋势。

（2）熟悉药品质量标准的分类及其制定和修订的原则，熟悉《中华人民共和国药典》（以下简称《药典》）的基本结构和主要内容。

（3）掌握药品检验工作的基本程序和相关行业要求。

（4）掌握药物性状观测、鉴别、检查及含量测定的常用方法。

（5）掌握代表性药物的质量检验方法和药品检验操作技能。

2. 能力目标

（1）培养学生树立比较完整的药品质量观念和意识。

（2）能够利用《药典》查阅有关药品的质量标准，能正确阅读和理解药品质量标准的内容。

（3）掌握药品检验工作的基本程序，熟悉药品检验原始记录和报告书的书写格式和要求。

（4）掌握药物质量检验的各项专业技术。

（5）能根据药物质量标准对样品进行简单的质量检验，并根据实验过程和实验结果书写药品检验原始记录和报告书。

（6）培养学生具有一定的分析问题和解决问题的能力，能够初步解决检验过程中出现的异常情况。

（7）在药品生产、流通和使用的过程中，能够运用药品检验知识全面控制药品质量，以保证用药的安全有效。

3. 素质目标（"一三九"模式）

总目标：以习近平新时代中国特色社会主义思想为指导，坚持知识传授与价值引领相结合。将课程思政目标总结为三个方面，分别是：家国情怀、科学观和医药职业素养。

（1）家国情怀：通过典型案例的讲解，培养学生爱党爱国的意识，渗透社会主义核心价值观、民族精神和时代精神，提升对优秀的中华传统文化的认同感。

（2）科学观：在检验方法和技术的学习过程中，注重学生认识论和方法论的培养，以及对开拓进取、钻研毅力、创新意识和学术诚信的精神品质的锻炼与培养。

（3）医药职业素养（重点）：

①药品质量不仅关乎患者的生命，也关乎药品企业的生命，培养学生树立敬畏生命的理念，药品检验人员始终要怀以敬畏之心，做好药品质量检测工作，以保证患者用药的安全和有效。

②培养学生树立依法检验的观念，严格遵照法律法规和质量标准规定的指标和检验方法进行检验，保证药品质量可控。

③培养学生诚实守信、严谨求实的道德品格和职业素养，保证药品检验工作真实有效。

三、 课程思政设计思路

本课程从药物检验技术岗位出发，依据药物检验工作者应具备的职业素养，进行课程思政设计和思政元素凝练。课程思政总体思路为"一三九"模式："一"为一个中心，即以立德树人为根本宗旨；"三"为三种维度，即"医药职业素养""家国情怀"和"科学观"；"九"为九大核心要素，包括敬畏生命、依法检验、求真务实、爱党爱家、传统文化、社会主义核心价值观、认识论和方法论、钻研毅力、创新意识。

其中，医药职业素养为主要思政目标，贯穿课程始终，为课程思政的主线。结合每堂课的具体内容，以家国情怀和科学观为辅线，培养学生的科学精神和社会责任感。（如图2）通过讲授点拨、案例穿插、角色扮演、新闻例证、专题嵌入、讨论辨析、对比联想、隐形渗透等多种方式，将思政元素融入教学。

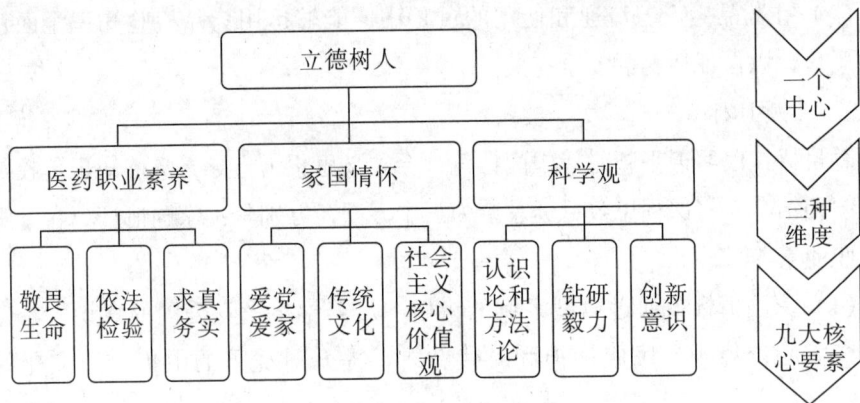

图2　课程思政设计思路

　　为保障实施效果，学校加强师资培训、完善教学资源，并全程跟踪教学过程。采取多元教学方法，教学组织灵活融入课程思政，改变传统教学方式，将课内课外、校内校外、线上线下相结合，创新推进思政进课堂，将教书与育人有机融合。课程有效引导学生积极参与和体验，引发学生的情感共鸣，激励学生产生学习内动力。

四、 课程内容

表1　"药物检验技术"课程内容

章节	主要内容	思政元素及资源	教学组织与实施
一、绪论	1. 药物检验的性质与任务； 2. 药品质量标准； 3.《药典》	思政元素：依法检验的观念，平等、公正、法治、诚信（社会主义核心价值观）。 思政资源：《中华人民共和国药品管理法》《药品生产质量管理规范》《药物非临床研究质量管理规范》《良好药品供应规范》《中华人民共和国计量法》《中华人民共和国药典》等法律法规	课前：学生查阅资料，了解相关的法律法规。 课中：教师讲解，强调依法检验的重要性，并组织学生分组讨论。 课后：完成习题，强化学生依法检验的观念
二、药物检验基础知识	1. 药物检验工作的基本程序； 2. 药物检验工作的机构设置； 3. 检验误差与有效数据	思政元素：敬畏生命、诚实守信、爱岗敬业、工匠精神。 思政资源："假疫苗"事件、"亮菌甲素注射液"事件、"甲氨蝶呤"事件	课前：学生网络查询，了解"亮菌甲素注射液""假疫苗""甲氨蝶呤"等案例始末。 课中：教师结合知识点，提出如果检验员诚实守信，完全可以避免事件的发生，由此引起学生强烈的责任感，强调要诚实守信。 课后：完成习题，强化学生诚实守信的观念

（续上表）

章节	主要内容	思政元素及资源	教学组织与实施
三、药物的鉴别	1. 药物的性状； 2. 化学鉴别法； 3. 光谱鉴别法； 4. 色谱鉴别法	思政元素：社会责任感、行业操守和良好的职业素养、钻研精神、创新意识。 思政资源："海豹肢畸形儿"事件	课前：学生查阅资料，了解"海豹胎"事件。 课中：教师通过事例分析，说明从事医药行业需要有强烈的社会责任感、坚定的行业操守和良好的职业素养，在课堂上还原这些内容，能够使学生在构建知识体系的基础上，产生情感上的共鸣和道德标准的认同。 课后：完成习题，强化学生的社会责任感和职业操守
四、药物杂质检查	1. 一般杂质检查； 2. 特殊杂质检查	思政元素：敬畏生命、依法检验、职业道德、诚实守信、学习热情、爱党爱国意识。 思政资源："欣弗"事件	课前：学生分组查阅资料，了解杂质的危害和杂质检查的重要性及案例。 课中：学生展示分享，教师以此案例教育学生作为一名药物检验工作者，一定要恪守职业道德，对药品杂质进行严格的质量控制，由此引起学生强烈的责任感。激发学生的学习热情，提高学生的主动性。 课后：完成习题，强化学生职业道德
五、制剂的检查	1. 制剂的主要检查项目； 2. 制剂通则	思政元素：诚实守信、科学观、价值观。 思政资源："四环素"事件、"梅花K黄柏胶囊"事件	课前：学生查阅资料，了解相关的法律法规。 课中：教师讲解，强调依法检验的重要性，并组织学生分组讨论。 课后：完成习题，强化学生依法检验的观念

(续上表)

章节	主要内容	思政元素及资源	教学组织与实施
六、含量测定技术	1. 容量分析法; 2. 光谱分析法; 3. 色谱分析法	思政元素:富强民主、科技创新力量、爱国热情、民族自豪感、自信心、社会主义核心价值观。 思政资源:药物检验手段的发展	课前:学生查阅资料,了解前沿的仪器检验技术。 课中:教师讲解国内外检验技术的发展,重点介绍国内优秀企业的发展历程,引发学生对科技创新力量的共鸣,同时激发其爱国热情,让学生学习永不言败的拼搏精神。 课后:完成习题,强化学生的爱国热情和民族自豪感
七、维生素的质量分析	1. 维生素E及其片剂、注射剂的分析; 2. 维生素B1及其片剂、注射剂的分析	思政元素:健康意识、和谐、认识论和方法论。 思政资源:维生素滥用情况	课前:学生查阅资料,了解目前维生素的滥用现状。 课中:学生讨论滥用现状,教师引导学生认识事物的两面性,任何事物过犹不及,过渡滥用会影响健康。 课后:完成习题,强化安全用药意识
八、青蒿素的质量分析	1. 青蒿素类药物的质量检验; 2. 代表性药物质量分析方法	思政元素:锲而不舍、严格谨慎和锐意创新的科学精神;依法检验的职业素养。 思政资源:中国本土自然科学领域问鼎诺贝尔奖第一人屠呦呦的事迹	课前:学生查阅资料,了解屠呦呦及其科研经历。 课中:教师讲解,提高学生的爱国热情和民族自豪感,激发学生刻苦学习的斗志和从业热情。 课后:完成习题,强化学生的科学精神
九、甾体激素的质量分析	1. 甾体激素类药物的质量检验; 2. 代表性药物质量分析方法	思政元素:正确的价值观、输赢观、公平竞争、抗挫力、公正法治(社会主义核心价值观)。 思政资源:兴奋剂丑闻	课前:让学生通过类似的新闻报道案例,了解激素类药物滥用的危害。 课中:通过课堂理论知识的详解,了解甾体激素类药物的结构、分类和分析方法;同时引导学生具备正确的输赢观,公平竞争,增强抗挫力,只有努力拼搏才能赢得比赛,由此引发学生强烈的认同感和作为药学工作者的高度自豪感。 课后:完成习题

五、 教学创新与特色

1. 深挖思政元素，优化课程设计

"药物检验技术"课程中蕴含丰富的思政元素，如药品质量安全意识、职业道德规范、法律法规等。在教学过程中，深入挖掘思政元素，将思政教育与专业知识教育紧密结合，通过重构课程内容体系，确保思政元素与专业知识的有机融合，实现润物细无声的教育效果。同时，课程还结合了当前药品行业的热点问题和典型案例，引导学生进行深入的分析和讨论，增强其药品质量安全意识和社会责任感。

2. 改革教学方法，提升教学效果

针对"药物检验技术"课程的特殊性，教师研究并实践了多种教学方法，如案例教学法、情景模拟法等，以便更有效地融入思政元素，提升学生的学习兴趣和参与度。在案例教学法中，教师选取具有代表性的药品质量安全事件作为案例，引导学生进行深入的剖析和反思；在情景模拟法中，教师设置药品检验的实际工作场景，让学生在模拟实践中体验遵守职业道德和规范的重要性。

3. 利用现代信息技术，拓展教学空间

随着现代信息技术的发展，线上教学、虚拟仿真等教学手段为课程思政建设提供了新的载体和路径。利用线上教学平台，发布课程思政相关的微视频、讲座、讨论等教学资源，供学生自主学习和交流；同时，利用虚拟仿真技术，模拟药品检验的实际操作过程，让学生在虚拟环境中实践操作和体验。

4. 加强师资队伍建设，提升教师素质

教师在课程思政建设中发挥着关键作用。教师不仅注重自身的培训和教育，提升思政素养和教学能力，还积极参与课程思政建设相关的研究和实践活动，不断积累教学经验，提升教学水平。

5. 完善评价体系，保障教学质量

教师建立完善的评价体系，将学生的思政素养、职业道德、社会责任感等纳入评价范围，并采用多种评价方式进行全面、客观的评估。同时，教师还加强对教学过程的监控和管理，及时发现和解决问题，确保教学质量的稳步提升。

六、 课程成效与评价

1. 课程思政目标达成

在"药物检验技术"课程的教学过程中，教师始终坚持将思政教育贯穿于专业知识的传授中。通过精心设计的教学案例、实践操作以及课堂讨论，教师成功地将药品质量意识、职业道德、社会责任感等思政元素融入其中。从教师和学生两个层面进行考核，教师层面包括教师教育教学水平、综合素养和师德师风评价；学生层面包括形成评价、定性评价、发展评价和增值评价等。教师采用线上和线下平台相结合的方式，涵盖线下活动、实践操作，结合卷面成绩，通过有形考核内容呈现隐性思政内容，采用建立档案、制定评价表、布置课后习题等多种评价方法，并将评价的结果用于教学反思，为改进后续教学方式、方法和内容提供参考。

2. 学生思政收获评价

（1）学生心得体会：学生普遍反映，通过本课程的学习，他们更加深刻地理解了药品检验工作的重要性和严谨性，增强了对药品质量安全的责任感。

（2）教学过程记录：在教学过程中，教师记录了学生们的课堂表现、实验操作以及小组讨论情况。从记录中可以看出，学生在课堂上积极参与，实验操作认真规范，小组讨论热烈深入，展现出了良好的专业素养和思政素养。

（3）学生行为观察：通过对学生行为的观察，教师发现学生在实验操作中更加注重实验数据的准确性和真实性，严格遵守实验规程和操作标准。这表明学生的严谨科学态度和责任感得到了有效培养。

3. 校内外同行评价

本课程受到了校内外同行的高度评价，认为本课程在教学内容、教学方法和考核评价等方面都体现出了创新性和实效性，特别是将思政教育与专业知识教育有机结合的做法，为同类课程提供了有益的借鉴和参考。

4. 课程思政教学改革成效与示范辐射

通过本课程的思政教学改革实践，学校取得了显著的成效：不仅提升了学生的专业素养和思政素养，也提高了教师的教学水平和思政教育能力。同时，本课程的改革经验也在校内外产生了良好的示范辐射效应。

中药学专业 "药用植物识别技术" 课程教学设计

依托专业名称：中药学

依托课程名称：药用植物识别技术

一、 课程定位

"药用植物识别技术"是中药学、中药制药技术、中药生产与加工的专业基础课，共4学分、64学时（32学时为理论，32学时为课内实践）。本课程是实践性较强的学科，课堂讲授要求理论联系实际，发挥学生的主观能动性和创造性，充分运用图片、药用植物资源标本、植物模型、组织切片等教具和多媒体课件提高教学效果，培养学生严谨的科学态度、理论联系实际的工作作风以及分析问题和解决问题的能力。

本课程基本内容分为药用植物识别基础知识、药用植物分类及药用植物资源三大部分。通过教学，学生将掌握药用植物的基础理论知识和基本实践技能，为学习中药学专业其他相关课程奠定良好的理论基础，为毕业后从事中药材生产、中药材种植、中药制剂生产、中药饮片生产以及中药销售等中药各行业的工作培养职业技能，为我国中医药事业培养高素质技能型人才。

"药用植物识别技术"是中药学专业的专业基础课程，一般是在大一第一学期开始上课，同步课程有"药用植物识别技术技能训练"，为18课时综合实训课。后续专业核心课程有"中药鉴定技术""中医药基础""中药学""实用方剂与中成药"。（如图1）

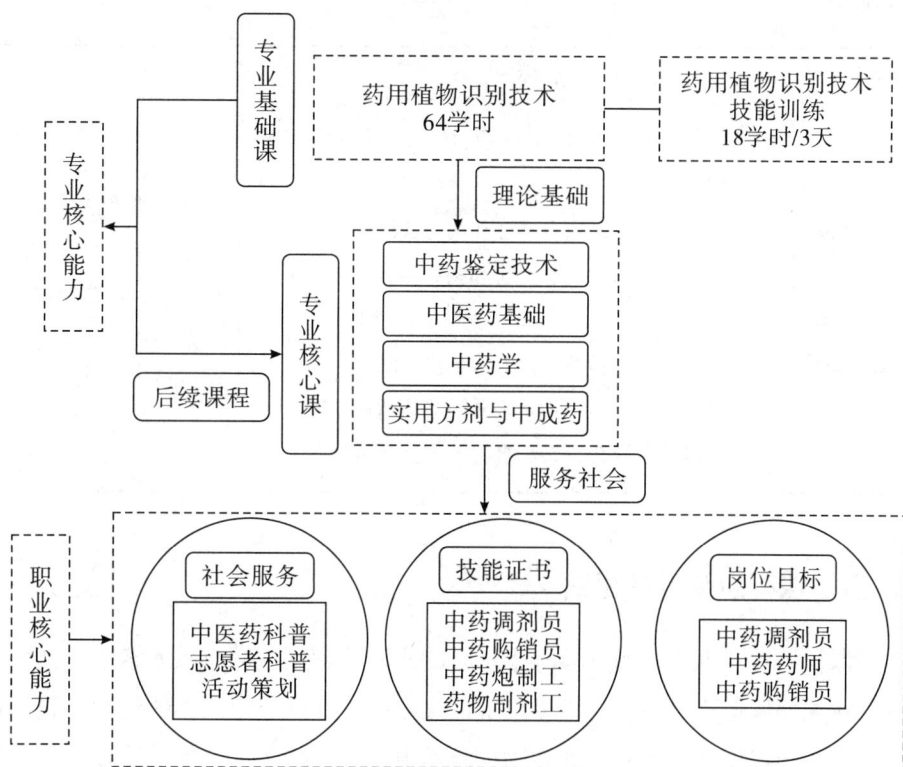

图 1 "药用植物识别技术"课程定位

二、 课程目标

"药用植物识别技术"课程目标分为认知目标、能力目标和素质目标,具体如表 1 所示:

表 1 "药用植物识别技术"课程目标

教学目标	目标内容	评测体系
认知目标 (懂方法)	(1)掌握药用植物分类识别的基础理论。 (2)岭南地区常见药用植物识别特征与应用。 (3)了解我国药用植物资源分布及应用开发情况	通过课堂测验、课后练习题、小组互评等方式完成习题练习
能力目标 (强技能)	通过实训和野外实习,学生能够熟练掌握药用植物的识别技术,包括野外采集、标本制作等实践技能。 (1)在规定的时间内能快速认识 250 种以上新鲜药用植物。 (2)在规定的时间内能说出常见中药的植物基源	辨识和采集指定名称的新鲜药用植物,制作植物腊叶标本。认植物,写植物名和科名

（续上表）

教学目标	目标内容	评测体系
素质目标（职业精神与中草药文化传播使者）	培养学生严谨的科学态度，提升学生分析问题和解决问题的能力。 （1）培养学生的民族自豪感和文化自信。 （2）引导学生思考生态文明和物种多样性，热爱自然、尊重生命。 （3）理解科学家精神，培养辩证性思维。 （4）培养吃苦耐劳、不怕辛苦的劳动精神。 （5）培养服务社会、奉献自我的志愿者精神	为后续课程打好理论基础，制作与药用植物相关的科普微视频，开发中医药文化科普课程与活动

三、 课程思政设计思路

本课程构建"九大思政元素体系"（如图2），深度挖掘思政元素，并且渗透和融合在课程体系建设中。①借助以辩证唯物法与认识论为核心的哲学思想，帮助学生完成知识体系的建立。②在理论教学中融入传统文化、生活饮食、艺术美育等思政元素。③通过识别药用植物，了解药用植物生长环境、种植养护技巧，培养劳动技能。④在课后实践教学中融入志愿精神、奉献精神以及职业道德等思政元素。⑤挖掘药用植物的文化内容，融入长征精神与红色基因，提升政治素养。⑥通过本专业教师的身体力行与对中药材的资源收集和保护，传播科学家精神。

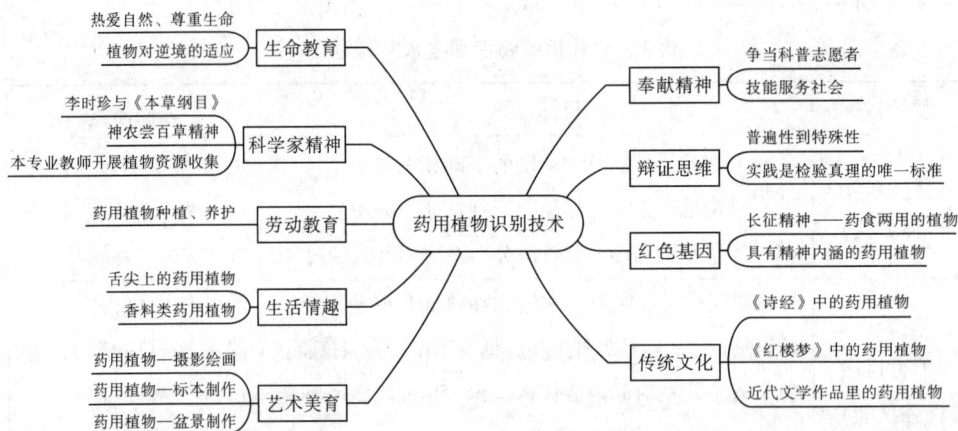

图2 "药用植物识别技术"课程思政设计思路

四、 课程内容

将"药用植物识别技术"课程内容进行重构，其分为两大板块和四大模块。两大板块为药用植物识别理论基础与药用植物分类识别技能应用。四个模块分为植物的器官形态、植物分类知识与药用低等植物、药用高等植物（一）与药用高等植物（二）（如图3）。药用植物识别理论基础板块以理解和掌握根、茎、叶、花、果的形态特征为主；药用植物分类识别技能应用板块选取岭南地区常见的60个科、200余种常见药用植物。

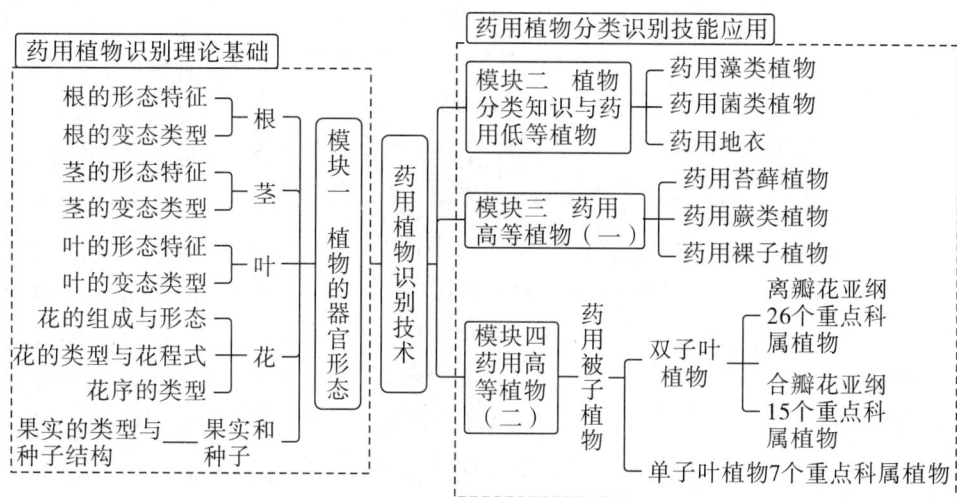

图3 "药用植物识别技术"课程内容框架

表2 "药用植物识别技术"课程内容

模块		主要内容	思政元素及资源	教学组织与实施
模块一：植物的器官形态	第一节 根	绪论；根的形态特征和根、根系的类型；根的变态类型	1.达尔文进化论的核心：植物适应环境，物竞天择的哲学理念。生物界的基本规律——物竞天择，适者生存。	运用讲授法让学生了解根的类型，观察图片，讨论根的变态类型。分组讨论对根变态的理解。思考根系对植物生长的意义，拓展到个人成长如何能够立足社会，扎根基层

（续上表）

模块		主要内容	思政元素及资源	教学组织与实施
模块一：植物的器官形态	第二节 茎	茎的形态特征；茎的类型；茎的变态类型；芽及其类型	2. "识时务者为俊杰"——各种生物在自然环境中，必须适应环境，通过提高自身的适应性和竞争力生存下去，同理，人们应努力认清当前的形势和局面，理解其中的规律和趋势，从而做出正确的选择。3. 热爱植物，保护植物，尊重生命。4. 从环境因素对个人成长的重要性，引出孟母三迁的故事。引申逆境对人才成长的磨砺与锻炼、逆境中成功的名人、普通人如何面对顺境和逆境等话题。5. 中华诗词与传统文化里关于植物"根、茎、叶、花、果"的描述，体会自然之美、植物之美。6. 因果联系的哲学思想	运用讲授法让学生了解茎的形态特征，观察图片，讨论不同的茎的变态类型。融入思政元素：植物对环境的适应性，引出个人成长应认清当前形势
	第三节 叶	叶的组成结构；叶片的形状；单叶和复叶；叶的变态类型		运用讲授法让学生了解叶的形态特征，观察图片，讨论不同的叶的变态类型。融入思政元素：药用植物在逆境中产生的次生代谢物能够药用，引发学生思考逆境对人才成长的磨砺与锻炼，思考普通人如何面对顺境和逆境
	第四节 花	花的组成及形态特征；花的类型；花程式、花图式；花序及其类型		通过讲授法和演示法讲解花的形态结构特征，观察图片，讨论不同的花序特征及类型。观察不同形态的花冠类型，体会自然之美、植物之美
	第五节 果实	果实的一般构造和功能；果实的类型		通过课堂讲授法、实物观察法、分组式教学让学生理解果实和种子的形态结构与类型。融入思政元素：欲收他日之良果，必种今日之好因
	第六节 种子	种子的形态结构与类型		

（续上表）

模块		主要内容	思政元素及资源	教学组织与实施
模块二：植物分类知识与药用低等植物	植物分类知识	植物的分类知识；植物命名；植物界的分门；植物分类检索表	1. 了解植物学奠基人的故事，学习他们的科学探索精神。 2. 中国植物"活词典"吴征镒院士的故事。 3. 本专业教师在药用植物种质资源收集上做出的成果	通过讲述植物科学家的故事，让学生了解植物分类学知识，感受科学家的精神
	药用藻类植物	藻类植物及其分类；常见药用藻类植物的结构特点及代表药用植物	1. 保护生物多样性，尊重大自然。 2. 构建社会主义生态文明。 3. 保护环境从我做起，勿以恶小而为之，勿以善小而不为。坚持低碳出行、健康饮食、垃圾分类。 4. 透过现象看本质，分析问题，抓住主要矛盾	通过讲授法，展示藻类图片、菌类图片，以及用微视频教授藻类植物的特征，引导学生观察，理解教学内容。 地衣是自然界的先锋植物，通过讲授法，展示地衣图片，用微视频教授地衣的特征，让学生理解保护环境的重要性。
	药用菌类植物	菌类植物的特征；菌类植物的分类及代表植物		
	药用地衣	地衣植物的构造特征和分类；常见的药用地衣		
模块三：药用高等植物（一）	药用苔藓植物	苔藓植物的主要特征及生活史；苔藓植物的分类；常见的药用苔类	1. 通过观察微观的苔藓植物、蕨类植物，融入艺术美育的思政元素。 2. 掌握代表性的裸子植物银杏及其药用价值，并且通过学习植物背后的历史和人文含义，提升对国家、民族的自豪感。 3. 提升学生对自然资源保护的意识以及法律意识	裸子植物是世界上最古老的植物，以银杏为例，让学生理解生命，敬畏自然。讲解国家二级保护植物蕨类植物金毛狗脊，以此提升学生保护自然资源的意识以及法律意识
	药用蕨类植物	蕨类植物（孢子体和配子体）的主要特征和生活史（世代交替现象），以及蕨类植物的分类，每个亚门的特征及代表药用植物		
	药用裸子植物	裸子植物的主要特征、分类及各纲主要的药用植物		

（续上表）

模块		主要内容	思政元素及资源	教学组织与实施
模块四：药用高等植物（二）	药用被子植物	双子叶植物纲，离瓣花亚纲；26个重点科属植物	1. 梳理各类文学作品中的重点药用植物，提升对传统文化的理解。 2. 通过对植物生命力的感悟，启发学生的情感教育。 3. 结合日常饮食、传统饮食文化中芳香类的药用植物，促进学生对生活的热爱。 4. 爱护环境，保护环境。 5. 参与志愿者活动，培育志愿者精神、奉献精神，有爱心。 6. 形成世界是普遍联系的哲学思想。具体问题具体分析是马克思主义的活的灵魂	诵读《诗经》中出现本章节药用植物的诗篇，通过植物感受中华传统文化的魅力
		被子植物的主要特征；双子叶植物纲，合瓣花亚纲；15个重点科属植物		同一科的植物具有相似的生物学特性。通过讲授法、实物展示法以及小组合作实践观察，增强学生对重点植物的掌握
		单子叶植物纲；7个重点科属植物与非重点科药用植物		通过讲授法、实物展示法以及小组合作实践观察，增强学生对重点植物的掌握。调查家乡药用植物资源，自己动手种植中药材，引导学生热爱劳动

五、 教学创新与特色

1. 突出课程特色，创新教学内容

（1）将药用植物理论知识与思政元素相结合，实现跨学科教学，打破学科壁垒，拓展知识面，能够提升学生对本课程知识的兴趣。

（2）结合课程的特点，建立"九大思政元素体系"，以药用植物识别理论为核心，形成独特的思政课程特色。

2. 强化实践环节，提升职业技能

（1）利用校内实践教学基地的教学资源，同时拓展校外实践场所，组织学生进行药用植物野外实训、观摩考察，通过组长引领、小组协作、分组讨论的实践教学模式，提升学生与人交往、团结协作的能力。

（2）通过强化实践应用环节，提升职业技能，为中药学专业后续课程的学习奠定良好的基础。

3．引入现代教学手段，将丰富的线上资源与课外拓展资源相结合

（1）利用新媒体、在线开放资源等现代教学手段，丰富思政教学的内容和形式。例如，可以制作课程思政教学微课、药用植物科普短视频，开发在线课程等，让学生随时随地学习思政知识，提高学习效果。

（2）利用植物学专业的自媒体账号、各类视频网站等，帮助学生拓展更多的学习资源。

4．开展课后实践应用活动，创制科普品牌志愿活动

结合教学内容创作优质科普作品，激发学生学习兴趣，提升其思维与创新能力。鼓励学生自主开展科普微视频的制作、科普品牌志愿活动的策划，并参加各类大赛。

5．建立多样的教学评价体系与反馈

（1）建立科学的评价体系，对学生在课程中的思政表现进行评价。例如创制带有思政元素的科普作品，小组互评。

（2）通过举办科普品牌活动，建立活动参与群体的评价体系，反馈教学成果。

6．共享同类型课程的思政改革经验

通过多学科知识交叉，多角度挖掘思政教学资源，构建中医药背景下特色思政课程。经验可推广至以中医药文化为主的同类课程与大专业近似的高职院校。

六、 课程成效与评价

1．知识能力提升评价

（1）知识能力提升评价包括过程性评价和总结性评价两方面的内容，涵盖学生自评、互评、教师点评等多种形式。

（2）通过在线上课程中制作习题包、图片识别题库等形式，提升理论水平，同步开展实践教学，辨识野外新鲜植物。

2．课程思政教学改革成效

思政教学改革提升了学生对课程的兴趣与参与度。对比学生前后成绩，能够发现融入思政教学元素后学生学习成绩有所提升，同时课后实践成果也帮助学生提升了职业技能。

3．课后实践成果评价

学生将在课堂上学到的知识与思政元素结合，创作出具有中医药特色的科普

作品，获得了各类奖项（如表3），开创和策划了科普品牌活动（如表4），获得了良好的社会效益。

表3　科普作品创作大赛参赛及获奖目录

年份	活动名称	获奖等级
2022	第十六届广东省科普作品创作大赛	二等奖
2023	广州市科普作品大赛	优秀奖
2023	广州地区卫生健康系统第六届"健康杯"讲科学、秀科普大赛	二等奖
2023	广东药品科普创作大赛	优秀奖

表4　"传承和弘扬中华传统中医药文化之百草园荟·幼识中药"系列科普活动（部分节选）

中医药文化科普活动名称	科普活动与课程教学内容的结合点
小小叶子来抗疫（叶子贴画）	认识抗疫药用植物的叶片特征
端午节特别活动·制作中药香囊包	制作中药香囊，辨识芳香植物
长征路上的花与草	认识常见的路边"本草"
神奇本草大变身	认知常见中药材植物基源
植物拓印画	认识芳香药用植物的叶片特征
形态各异的种子	认识中药材种子
神奇的本草——广藿香	了解岭南道地中药材广藿香
木棉花开英雄城	了解常见的花类中药材

医疗器械维护与管理专业
"医疗器械注册管理实务" 课程教学设计

依托专业名称：医疗器械维护与管理
依托课程名称：医疗器械注册管理实务

一、 课程定位

"医疗器械注册管理实务"是医疗器械维护与管理专业开设的专业模块课程，也可作为医用电子仪器技术、医疗器械经营与服务、医用材料与应用、智能医疗装备技术等医疗器械相关专业的专业选修课程。

本课程主要培养从事医疗器械产品注册、质量管理等工作的应用型、创新型、复合型高素质技术技能人才。培养学生熟悉产品注册、生产质量管理的相关法律法规和技术指导原则，具备相关岗位技能，具有组织产品注册、开展质量管理工作的能力。课程围绕医疗器械产品注册和生产质量管理展开，主要涉及产品研制过程的组织与管理、非临床研究资料的编写与整理、产品技术要求的编写、产品检验工作的开展、临床评价资料的准备与撰写、注册申请的准备与提交、注册变更的组织与开展、延续注册要求与组织、产品备案等工作任务，以及产品注册监督管理和法律责任等方面的规定与要求。

本课程前置课程有"医疗器械概论""思想道德修养与法律基础""毛泽东思想和中国特色社会主义理论体系概论""医疗器械管理与法规"等，后续课程有"有源医疗器械检测技术""无源医疗器械检测技术""医疗器械生产质量管理实务"等。

二、 课程目标

1. 专业目标

通过医疗器械注册管理相关法律法规与监管知识的介绍，培养学生知法、懂法和守法的法律意识，树立依法从业的观念。通过课程学习，讲解《医疗器械注册与备案管理办法》与配套技术文件、办事指南，引导学生掌握阅读和把握法规要点的技巧，掌握相关事务处理的关键步骤与要求；熟悉医疗器械注册工作筹备与申报流程；学会注册管理所需的相关技术文件和资料的筹备工作与具体编写。

2. 思政目标

通过灵活多变的教学方式，把思政教育融入知识与技能的传授过程，旨在培养学生认真细致、不畏艰难的工匠精神，以人为本、敬畏生命、追求真理的科学态度，增强学生的行业自信心、国家荣誉感与社会责任感，培养学生的创新意识与创新精神，提升学生的法律意识和为法治建设做贡献的使命感，激发学生用专业知识与技能报效祖国、服务社会的担当意识和为医疗器械行业的蓬勃发展贡献一己之力，为实现中华民族伟大复兴的中国梦而努力的时代使命感。

三、 课程思政设计思路

本课程围绕医疗器械注册监管法规展开，具有天然的思政教育优势。结合课程特点适时嵌入思政元素，在课程思政教学实施过程中遵循"盐溶于汤"的原则，把握好"度"，让学生听得懂、能领会、喜欢学，努力实现润物无声之效。

在选取思政元素、思政内容的时候尽量选择贴近学生思想特点的内容。本课程较多选取故事性强、贴近学生生活圈子的时政事件，并做适当加工和处理，让学生更有认同感和参与感。在教学过程中，充分考虑学生特点，巧妙地将思政元素融入教学内容中，尽量让课程思政教育不生搬硬套、不牵强附会、不枯燥乏味。充分了解学生的内在需要和思想动态，把握学生需求，找准专业知识点的突破口，创新教学载体，不单向灌输，不强加观点。从学生感兴趣的例子出发，把握恰当、自然渗透的原则，让学生乐于参与课堂，从而既紧扣时代发展又回应学生关切。

教师采取学生乐于接受的话语方式，营造平等和谐的教学氛围，充分调动学生的积极性、主动性与参与性。此外，教师与学生交朋友，关注学生学习生活动态，关心学生身心健康，争取成为学生的知心人。在学生喜爱教师的前提下，教师的思想观念、价值取向往往更易为学生接受与信服，从而产生事半功倍的效果。在推进课程思政实施的过程中，教师的教育潜移默化地影响着学生的身心发展。

四、 课程内容

表1 "医疗器械注册管理实务"课程内容

教学项目	主要内容	思政元素及资源	教学组织与实施
项目一：注册管理概述	1. 注册的定义、注册的意义	产品注册是围绕着证明产品安全而有效开展的	案例分析、课堂讨论
	2. 注册监管机构职责、注册的原则、总体要求	科学监管、职权明确；安全、有效、质量可控，从而保障人体健康和生命安全	讲授教学、随堂练习
项目二：产品属性确认	1. 产品命名：规范医疗器械名称	"三高治疗仪"这样的不规范命名会带来危害，介绍统一规范命名对于监管工作的基础性作用	讲授教学、视频教学、案例分析、实例分析
	2. 产品分类：科学分类	科学监管，按中、低、高风险区别对待医疗器械产品，保证产品的规范性，确保民众用械安全	案例教学、小组讨论、实例分析
	3. 产品目录：科学监管与应用	有关医疗器械科学监管系列举措，无一不印证着"人民第一、生命至上"的理念	任务驱动、小组合作、实训项目
	4. 产品属性确定	知法、懂法、守法，按章办事	任务驱动、实例分析、借助AI小程序开展实训练习
项目三：产品研制	1. 产品研制基本要求	创新中国，中国创造；医疗器械创新形势与政策	讲授教学、案例教学
	2. 产品技术要求编写原则	科学严谨，高标准、高要求	讲授教学，实例分析
	3. 产品技术要求编写展示	认真细致、注重细节	小组展示、任务驱动、线上线下、企业兼职、教师指导与点评
	4. 产品检验	求真务实、科学严谨	讲授教学、角色扮演、任务驱动
	5. 医疗器械说明书、标签	细致认真、严格要求	案例教学、小组讨论

（续上表）

教学项目	主要内容	思政元素及资源	教学组织与实施
项目四：临床评价	1. 临床评价方案设计	安全有效记心中、科学评价不放松；临床评价是证明产品安全有效的重要途径，科学严谨是顺利完成临床评价任务的保障	任务驱动、小组合作、借助顺口溜帮助学生理解法规、借助小游戏让学生更好掌握教学难点
	2. 临床试验要求	人民第一，生命至上。在临床试验各环节均应确保符合要求	讲授教学、课堂讨论、课堂练习、线上兼职、教师指导与点评
	3. 临床试验审批与备案	人民第一，生命至上。在临床试验各环节始终把保护受试者权益放在第一位	讲授教学、任务驱动
	4. 临床评价资料准备	科学评价、严谨认真	任务驱动、实例分析
项目五：体系核查	1. 体系核查基本要求	重视质量管理体系的建立与有效运行，企业均应以人为本，树立质量第一的责任意识。不断完善质量管理体系建设，保障产品质量	讲授教学、案例分析
	2. 体系核查组织与实施	注重细节，不放松影响产品质量的任一环节	任务驱动、角色扮演、校内校外联动教学
项目六：产品注册申报	1. 注册申报资料要求	资料准备需要细致认真、确保符合要求	任务驱动、小组合作
	2. 产品注册流程	知法、守法，按章办事、科学监管	讲授教学、任务驱动；通过"医疗器械注册管理系统"开展实操练习

（续上表）

教学项目	主要内容	思政元素及资源	教学组织与实施
项目七：特殊注册程序	1. 创新特别审批程序	通过政策引导鼓励创新；创新中国梦，中国创造	讲授教学、案例教学；借助顺口溜帮助学生理解法规；借助"医疗器械注册管理系统"让学生实操练习
	2. 优先、应急注册	特殊政策的设立体现着监管制度建设"以人为本、人民至上"的理念	讲授教学、任务驱动、对比教学
项目八：注册后续	注册变更；延续注册	注册人应当始终以市场为导向，以产品更好地服务临床为目标不断改进和完善产品，并确保工作符合要求	讲授教学、对比教学、小组讨论
项目九：产品备案	第一类产品备案要求、资料与流程	事虽简不懈要求，做虽烦不减流程；按章办事、依法依规	讲授教学、对比教学、任务驱动
项目十：监督管理与法律责任	监督管理要求、法律责任	行政机关的职责与权限要求：法定职责必须为，法无授权不可为；知法、懂法、守法	讲授教学、案例分析、小组讨论

五、 教学创新与特色

构建"一个中心，两条主线，六个基本点"的课程思政建设模式。一个中心是指始终以"立德树人"作为课程思政建设的中心任务；两条主线是指以践行社会主义核心价值观为思政主线，以知法、懂法、守法，促进医疗器械高质量发展为专业主线；六个基本点是指通过课程思政建设培养学生以下六方面的素养：人文底蕴（分析法规条款的能力）、科学精神（科学评价、严谨认真的工作态度）、懂得学习（解读法规的自学能力）、健康生活（借助产品应用场景引导学生珍视身体、珍爱健康）、使命担当（医疗器械强国梦、法治建设后备军）、开拓创新（创新中国、促进医疗器械产业高质量发展）。

六、 课程成效与评价

结合课程思政教育教学改革，推进课程考核模式与考核内容的改革。改革过程性考核，将学生的政治思想、精神素养、道德情怀、法律意识等方面考核纳入教学过程考核中，强化学生的价值判断、思维能力、团队精神和创新精神。改革课程考核，合理设计考核题目，融入思政元素，不断强化学生的职业素养、社会责任、安全意识、社会主义核心价值观等。通过问卷调查、思想汇报、知识竞赛、小组辩论、法规科普、作品创作等形式评价课程思政目标达成情况。

1. 用人单位评价

用人单位认为本课程内容具有全面性和实用性，注重实践性和可操作性，学生到岗后能很快上手工作任务。

2. 学生评价

在日常与学生沟通、与学生座谈和课程网站互动中，我们可以看到学生对课程教学团队评价较高，乐于积极配合线上、线下教学流程，能很好地跟随教师的步伐，更自主地投入学习。

3. 教学成效

学生的学习效果得到了提升，选课人数逐年上升，课程不合格率逐年下降。单位录用学生作为注册专员的人数逐年增长，学生在岗位上的适应周期不断缩短。

智能医疗装备技术专业 "医用 CT 设备技术" 课程教学设计

依托专业名称：智能医疗装备技术

依托课程名称：医用 CT 设备技术

一、 课程定位

"医用 CT 设备技术"是一门理论与实际紧密结合的应用性很强的专业必修课程。本课程为 4 学分，主要开设在智能医疗装备技术专业第 5 学期，共计 64 个学时，其中理论学时为 40 学时，实践学时为 24 学时。课程相关教学手段及章节设计如图 1 所示。

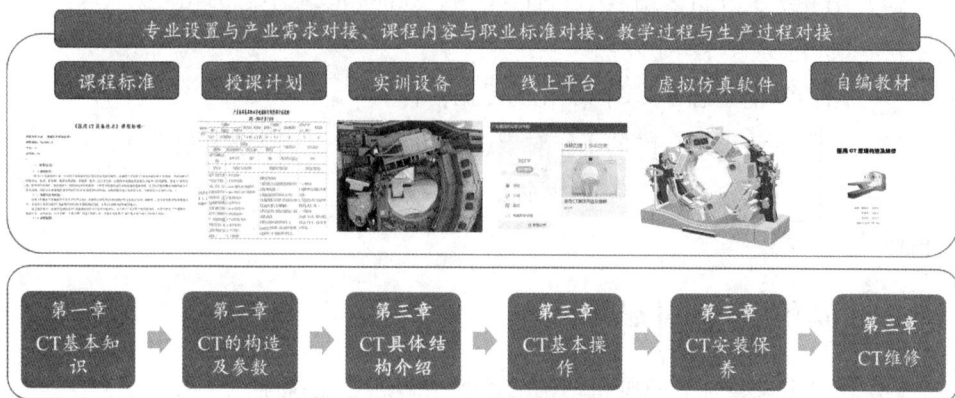

图 1 "医用 CT 设备技术"课程教学手段及章节设计

二、 课程目标

结合国家关于医疗器械发展规划相关文件精神、医疗器械产业需求、学校办学定位、智能医疗装备技术专业特色和 CT 设备维修维护要点，准确把握"医用 CT 设备技术"课程思政建设的方向和重点，精准提炼课程中蕴含的思政元素，体现融价值塑造、知识传授和能力培养为一体的课程目标。

1. 知识目标（显性能力）

（1）了解医用 CT 设备发展现状、新技术及发展趋势。

（2）掌握医用 CT 设备的基本理论和各部分的结构与工作原理。

（3）熟悉 CT 设备控制台的结构和工作原理。

（4）熟悉 CT 设备高压发生的结构和工作原理。

（5）熟悉 CT 设备球管的结构和工作原理。

（6）熟悉数据收集系统和探测器的结构和工作原理。

（7）熟悉 CT 设备的准直器的结构和工作原理。

（8）熟悉 CT 设备机架旋转、倾斜角度的结构组成和工作原理。

2. 能力目标（显性能力）

（1）掌握和理解 CT 设备工作的原理，能够专业地介绍设备相关理论知识。

（2）掌握 CT 设备的结构与基本维修知识，具备基本的设备维修技能。

（3）掌握 CT 设备的安装与维护，具备设备选址、布局、装修等方面的基本能力。

（4）掌握 CT 设备的质量控制方法与要点。

（5）培养学生分析医用 CT 设备的结构、性能和故障信息的能力。

3. 思政目标（隐性能力）

（1）培养学生立志于 CT 国产化的爱国情怀。

（2）让学生认识到自己的工作对于患者的重要性，培养责任感。

（3）树立"严谨细致、敬佑生命、救死扶伤、甘于奉献、大爱无疆"的医工精神。

三、 课程思政设计思路

（1）在 CT 设备球管及整机结构的课程中，通过组织学生学习《"十三五"医疗器械科技创新专项规划》和《政府采购进口产品审核指导标准》等文件，让学生了解 CT 设备的发展方向和市场需求，培养学生投身于 CT 行业的自信心和使命感。

（2）在 CT 伪影和 CT 图像参数的课程中，组织学生观看不合格的 CT 影像资料，让学生认识到 CT 设备维护或操作不当所造成的 CT 伪影会严重影响医生对于病灶的诊断，甚至造成误诊；让学生认识到自己的工作对于患者的重要性，培养职业责任感和生命至上的敬业精神。

（3）在 CT 设备维护相关课程中，以 GE HiSpeed 系列 CT 设备实物和 CT 虚拟仿真软件为对象，详细展示 CT 设备日常维护要点及操作流程，培养学生一丝不苟的职业态度。

（4）在 CT 设备维修相关课程中，以 GE HiSpeed 系列 CT 设备实物为对象，引导学生根据设备报错代码分析故障部位并探索解决方案。培养学生精诚合作的团队精神、挑战自我的创新精神以及千锤百炼的品质追求。在授课过程中，知识讲解与课程思政元素有机结合，如图 2 所示。

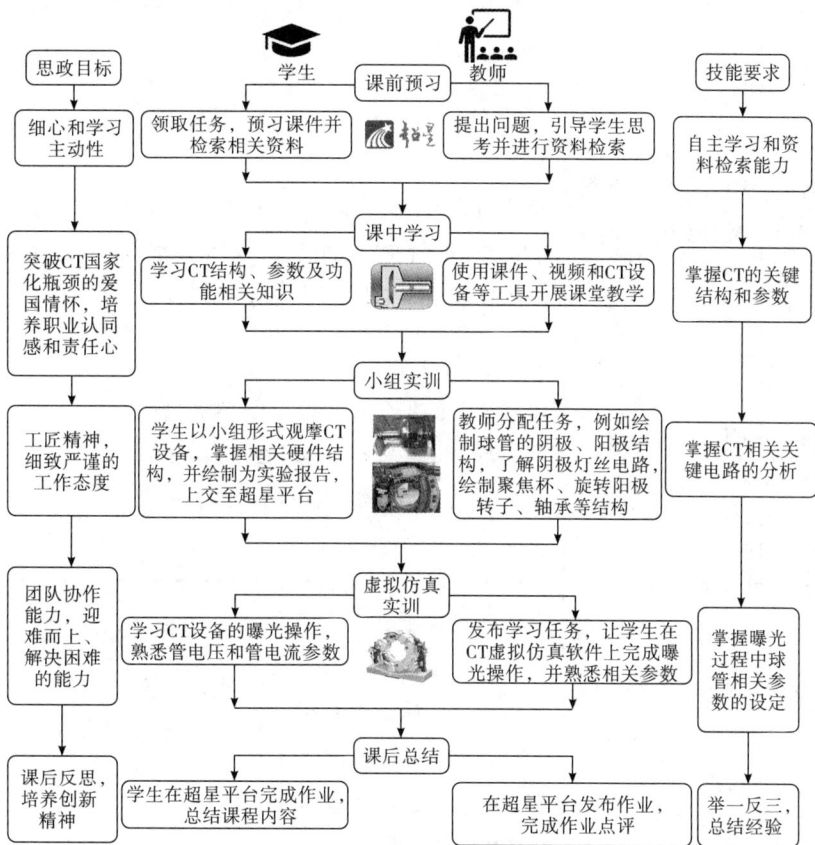

图 2　课程思政设计示例

四、 课程内容

表1　"医用 CT 设备技术"课程内容

章节	主要内容	思政元素及资源	教学组织与实施
第一章 第一节	CT 设备发展史和基本含义	CT 设备的国产化起步晚，高端设备市场基本被国外垄断。培养学生投身于 CT 行业的自信心和使命感	1. 实例演讲法。 2. 典型案例分享。 3. 文献阅读。 4. CT 设备产业相关政策文件学习
第一章 第二节	CT 设备的市场及维修安全知识	分析医用 CT 设备市场份额，指出 CT 国产化仍有较长的路要走。培养学生立志于 CT 国产化的民族自信心	1. 圆桌讨论法。 2. 实例讲解。 3. 学生检索国内 CT 设备市场份额相关情况，并在超星平台分享和讨论
第一章 第三节	CT 设备的历史及原理	国产 CT 设备在球管和探测器等方面仍然存在较大的技术短板。培养学生的职业责任感和紧迫感	1. 视频观看。 2. 案例分享。 3. PPT 讲解
第一章 第三节 （实验）	现阶段市场上的主要 CT 机型及特点	学生通过检索认识到市面上的主流 CT 机型及各自特点，加深学生对于 CT 设备产业行业的了解，培养立志于 CT 设备国产化的紧迫感	1. 资料检索。 2. 小组 PPT 汇报。 3. 超星平台资料分享及讨论
第二章 第一节	CT 设备主要构造	CT 设备包含较多的部件，各部件之间要正常通信协作才能保证 CT 设备正常工作。引导学生要有团队意识，要注意团队协作	1. PPT 讲解。 2. GE HiSpeed 系列 CT 实物展示。 3. 在超星平台完成课前预习和课后作业

（续上表）

章节	主要内容	思政元素及资源	教学组织与实施
第二章 第二节	CT 值及影响图像质量参数	国产 CT 设备在图像质量上与国外先进设备相比仍有较大的差距。需要认识到 CT 设备的研发紧迫性	1. 病例影像资料展示。 2. PPT 讲解。 3. 在超星平台完成课前预习和课后作业
第二章 第三节	多层螺旋 CT 及 CT 图像后处理	螺旋 CT 是在成像速度和成像质量之间进行了权衡。个人在日常生活和工作中也要处理好各种事务，均衡发展	1. GE HiSpeed 系列 CT 实物展示。 2. 在超星平台完成课前预习和课后作业。 3. PPT 讲解。 4. 圆桌讨论法
第二章 第四节	CT 的各类参数	从性能参数分析上查找国产 CT 设备发展的突破点	1. GE HiSpeed 系列 CT 实物展示。 2. 在超星平台完成课前预习和课后作业。 3. PPT 讲解。 4. 通过资料检索掌握国内外 CT 设备在 CT 参数方面的差异
第二章 第五节	CT 中产生伪影的原因、种类、解决方法	CT 设备成像过程中参数设置不当或者部件老化就会引起 CT 伪影。学生应该培养细致严谨的工作态度，要有高度的责任感	1. 通过虚拟仿真软件了解 CT 设备成像流程。 2. GE HiSpeed 系列 CT 实物展示。 3. PPT 讲解。 4. 通过各种影像资料认识常见的 CT 伪影
第三章 第一节	GE 单排螺旋 OC 具体结构	激发学生的爱国热情，打破国外 CT 垄断，努力学习 CT 知识。制造合格的 CT，为患者的生命健康负责	1. GE HiSpeed 系列 CT 实物展示。 2. 在超星平台完成课前预习和课后作业。 3. PPT 讲解
第三章 第一节 （实验）	OC 部件的组成和功能；OC 常见的故障	OC 是整个 CT 设备的控制中心，CT 设备各部件都要接收 OC 的指令。指导学生在日常生活中也要认真学习各项政策文件，紧跟时代发展	1. OC 控制台实物观摩。 2. CT 虚拟仿真软件操作。 3. 超星平台提交实验报告

（续上表）

章节	主要内容	思政元素及资源	教学组织与实施
第三章第二节	gantry 具体结构：TGP 板	CT 设备机架内部结构复杂，维修维护要细致耐心	1. GE HiSpeed 系列 CT 实物展示。 2. 在超星平台完成课前预习和课后作业。 3. 小组观摩讨论
第三章第二节（实验）	TGP 板 service switches 开关操作	service switches 开关是用来检查 CT 设备状态的重要部件。引导学生平时也要多多自查自省	1. TGP 板 service switches 开关操作。 2. 在超星平台讨论实验流程，并提交实验报告
第三章第三节	OGP板；collimator 组件；aperture 组件	本节内容所介绍的都是高速旋转的 CT 设备部件。操作过程中要切断电源，保持制动。引导学生树立安全意识，严谨细心	1. GE HiSpeed 系列 CT 实物展示与观摩。 2. 在超星平台完成课前预习和课后作业。 3. 小组讨论，掌握章节要点
第三章第三节（实验）	gantry 动态部分（OGP 板）的功能和控制流程图；collimator 的结构和功能；aperture 的结构和功能；aperture 常见的故障	CT 设备旋转部件结构复杂，协调一致才能完成成像流程。引导学生日常生活中也要注意团结，遵从指令	1. 对照手册完成 GE HiSpeed 系列 CT 设备的观摩。 2. 依次识别关键旋转部件。 3. 整理实验报告并上传至超星平台
	gantry 旋转和角度组件	旋转部分要稳定，角度组件要准确。我们在 CT 的维修维护工作中要细致严谨，将误差降到最低	1. 对照手册完成 CT 设备旋转部分的观摩。 2. 依次识别关键旋转部件。 3. 整理实验报告并上传至超星平台

（续上表）

章节	主要内容	思政元素及资源	教学组织与实施
第三章 第四节	DAS 和 detector 组件	detector 是一个多单元结构，一个单元的损坏往往会在整个图像上造成环形伪影。所以，千里之堤，溃于蚁穴，引导学生认真完成 CT 设备的日常维护和检测，有严谨的工作态度	1. GE HiSpeed 系列 CT 实物展示与观摩。 2. 环形伪影图像展示。 3. PPT 讲解。 4. 超星平台完成课后作业
第三章 第五节	slipring 组件；receiver 组件；transmitter 组件	slipring 组件负责的是机架固定部分与旋转部分的通信，引导学生要注意与他人沟通交流，保持乐观心态	1. GE HiSpeed 系列 CT 实物展示与讲解。 2. PPT 讲解。 3. 小组讨论学习
第三章 第五节 （实验）	slipring 种类和结构；receiver 结构；transmitter 结构；receiver 和 transmitter 数据传输图	slipring 组件负责的是机架固定部分与旋转部分的通信，要保证传输数据的准确性。引导学生在日常生活中也要实事求是，不信谣，不传谣	1. 滑环结构观摩。 2. 视频观看。 3. 利用超星平台完成实验报告并开展讨论
第三章 第六节	X 线发生器（JEDI 组件）	X 线发生器加载在球管两端的管电压越高，所产生的 X 射线质量越好。引导学生要给自己一些压力，不负韶华	1. 高压发生器实物观摩。 2. PPT 讲解。 3. 超星平台完成课前预习和课后复习
第三章 第七节	CT 球管的结构；CT 球管的功能	球管是 CT 设备的核心，是产生 X 射线的装置。但是球管的国产化道路还很漫长，引导学生继续努力钻研	1. CT 球管实物观摩。 2. 资料检索。 3. PPT 讲解

（续上表）

章节	主要内容	思政元素及资源	教学组织与实施
第三章第七节（实验）	CT 球管中的灯丝控制板	球管阳极热容量越高，球管质量越好，产生的射线越多。引导学生做人也要有容人之量，宽以待人，这样就会有更多朋友	1. 球管实物观摩。 2. 视频观看。 3. 利用超星平台完成实验报告并开展讨论
第三章第八节	旋转阳极控制板；高压电源控制板	国内 CT 球管与国外产品相比仍有较大差距，球管国产化任重道远，激发学生的爱国热情，打破国外球管垄断	1. 球管实物观摩。 2. PPT 讲解。 3. 学生在网上检索国内外 CT 球管相关资料，并在超星平台交流讨论
第三章第九节	高压逆变器；高压油箱（HV tank）；CT 球管	高压油箱可以给球管降温，保证球管正常工作。保持清醒冷静的头脑很重要，引导学生也需沉着冷静，遇事不慌	1. GE HiSpeed 系列 CT 实物展示。 2. 在超星平台完成课前预习和课后作业。 3. PPT 讲解
第三章第十节	Table 组件	激发学生的爱国热情，打破国外 CT 垄断，努力学习 CT 知识。制造合格的 CT 设备，为患者的生命健康负责	1. PPT 讲解。 2. CT 实物展示。 3. GE 产品手册学习。 4. 小组讨论
第三章第十一节（实验）	CT 机扫描基本操作	再好的仪器也要按照规范认真操作才能获得好的检查效果。学生在 CT 设备的操作过程中要有科学严谨的工作态度，严格遵循操作流程	学生通过操作模拟软件，练习 CT 设备的操作

（续上表）

章节	主要内容	思政元素及资源	教学组织与实施
第三章 第十二节 （实验）	CT 设备安装与日常保养	CT 设备要注意保养维护，好比个人要注重自省反思，保持良好的精神状态	学生通过产品手册了解 CT 的维护工作流程和要点，在 CT 设备上模拟操作
第三章 第十三节 （实验）	CT 设备常用校准程序	CT 设备校准维护操作要细致严谨，引导学生养成科学严谨的工作态度	1. PPT 讲解。 2. 参照 GE 单排螺旋 CT 实物进行实例展示
第三章 第十四节 （实验）	CT 维修实例讲解	CT 设备维修是为患者生命负责，需要争分夺秒，保质保量完成 CT 维修	1. PPT 讲解。 2. 参照 GE 单排螺旋 CT 实物进行实例展示
第三章 第十五节	MRI 的历史、发展与原理	通过资料检索让学生认识到国内外高端医疗器械的差距，打破国外高端医疗器械垄断，制造高端 MRI 设备	1. PPT 讲解。 2. 学生检索整理相关资料。 3. 学生在超星平台完成课后作业并讨论交流
第三章 第十六节	MRI 结构	MRI 设备是高端医学影像设备，我国在该领域尚有较大短板，引导学生增强民族自信心，争取早日完成 MRI 设备国产化	学生在核磁共振实训室按照实验手册指引完成 MRI 实训仪操作
复习	讲解课程重点，引导学生复习	温故而知新，学无止境，引导学生将课程内容融会贯通，不断学习最新的 CT 设备知识	1. PPT 讲解。 2. 资料检索，案例分享

五、 教学创新与特色

（1）课程紧密结合 CT 设备市场现状以及国家对于 CT 设备产业的发展规划，以此提升学生的民族自信心和行业认同感，培养学生的爱国热情和立志于 CT 设备国产化的情怀。

（2）课程紧密结合行业特点和职业需求，让学生认识到 CT 设备维修维护对于患者生命安全的重要性，培养学生敬畏生命、救死扶伤的精神。

（3）通过真实 CT 设备影像资料分析与虚拟仿真软件操作，学生真切感受到 CT 设备维护或操作不当所造成的 CT 伪影会严重影响医生对于患者的诊断，以此培养学生一丝不苟、细致严谨的工匠精神。

（4）在 CT 设备维修课程中，学生以小组形式阅读设备报错信息，探索解决方案，以此培养学生精诚合作的团队精神、挑战自我的创新精神以及千锤百炼的品质追求。

（5）结合案例内容与学生特点，依托超星课程平台、医用 CT 实训室和 CT 虚拟仿真操作软件等现代化教学手段，教师选取翻转课堂、线上线下混合教学等教学模式，灵活运用任务驱动、案例分析、分组讨论、启发引导等教学方法实现教学目标。（如图 3）

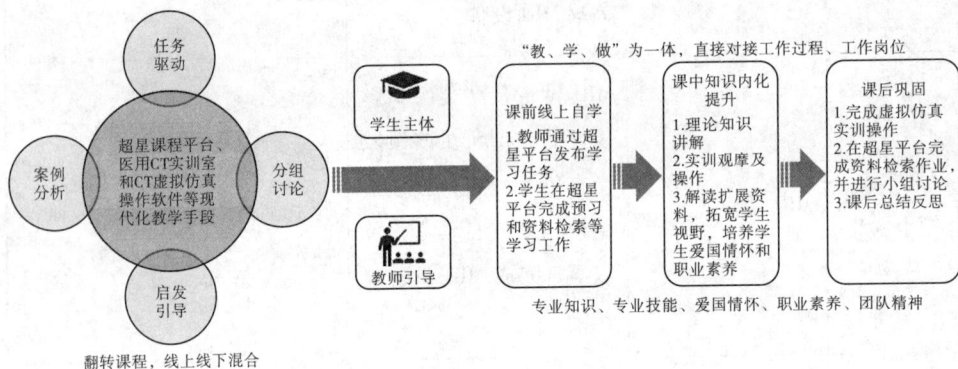

图3 翻转课堂、线上线下混合的教学模式

可供同类课程借鉴共享的经验：

（1）通过组织学生学习国家相关产业发展规划，检索相关设备的市场份额情况，激发学生的民族自信心和紧迫感。

（2）通过医学案例的讲解使学生感受到医疗器械维修维护对于患者生命安全的重要性，培养学生生命至上的敬业精神。

（3）通过虚拟仿真操作以及图像结果分析培养学生一丝不苟、细致严谨的工匠精神。

（4）通过设备实物拆解和故障分析，培养学生不怕困难、迎难而上的敬业精神，以及精诚合作的团队精神。

六、 课程成效与评价

1. 课程考核评价

课程考核采用过程性评价和总结性评价相结合、理论评价和实践评价相结合的方式。课程思政元素穿插在整个教学体系中，重点覆盖学生平时成绩、学习态度、作业以及实践实操环节。

2. 用人单位评价

学校坚持以企业岗位需求为依据，以培养学生职业行动能力为己任，创造性地把企业职业岗位的实际工作任务与教学过程有机融合。在过去几年，本专业学生深受珠三角医学影像企业的欢迎及肯定，企业普遍认为我们的学生医学影像设备基本知识扎实，动手能力强！

3. 学生评价

通过真实、通俗、意义深刻的例子，学生对国家、对行业、对自身等思政元素有更深刻的认识和体会。

4. 成效及辐射效应

目前全国有 50 所以上的高职院校开设类似课程，学生数量超过 2 000 人。因此，本课程在课程思政改革方面所获得的相关成果不仅能在省内同类专业共享，还能惠及全国同类专业。

中编　医卫健康类课程设计

护理专业 "儿童保健与护理" 课程教学设计

依托专业名称：护理

依托课程名称：儿童保健与护理

一、 课程定位

党的二十大报告指出："把保障人民健康放在优先发展的战略位置。"儿童健康是全民健康的重要基础，是经济发展的重要保障，是社会文明与进步的重要体现。

"儿童保健与护理"是省级护理专业群助产专业核心课程，共72学时，开设于第4学期，授课对象是高职护理专业三年制大二学生。课程通过研究影响儿童健康的生理、心理和社会环境等方面的各种高危因素，以及危害儿童健康的各种常见病、多发病的护理问题、防治措施及护理措施，培养学生的儿童身心保健及疾病护理能力，支撑卫生行业临床护理、助产等岗位人才需求。课程教学对促进儿童健康成长，筑牢全民健康基础具有重要意义。

二、 课程目标

1. 总体目标

通过本课程的学习，学生树立起积极的职业情感和专业的职业素质，掌握从事儿童保健与护理岗位实践所必需的基本知识和技能，具有促进儿童身心健康的护理能力，成为儿童健康服务的复合型技术技能人才。

2. 具体目标

（1）素质目标。①具备"关爱儿童健康，捍卫妇女儿童权益"的职业信仰。②具备"敬佑生命、以人为本、甘于奉献、大爱无疆"的医者情怀。③具备严谨求真、精益求精的职业素质。④具备勤劳、热情、亲切的工作作风。⑤具备尊重个人隐私、遵守法律法规、遵守职业标准的职业道德。⑥具备团队合作、终身学习、创新创业等综合素质。

（2）知识目标。①掌握儿童体格发育、心理行为及社会性的发展特点和规律。②掌握儿童各生长阶段保健要点、常规保健措施。③掌握儿童常见问题、常见疾病预防保健及护理措施。④掌握儿童常见意外伤害的预防、急救及护理措施。

（3）能力目标。①能够正确测量及评估儿童的基本健康指标。②能够制定合适的儿童身心保健措施。③能够运用护理程序对患病儿童实施整体护理。④能够对家长及儿童进行疾病、意外伤害的预防宣教。⑤能够正确实施儿童急救护理。

三、 课程思政设计思路

以"立德树人根本任务"为引领，以"儿童综合护理能力培养"为导向，秉承"守护母婴"一个思政育人核心，坚持技能、思政两条主线赋能，分别贯穿"求真—精技—仁爱"三个维度课程思政。

根据每个教学任务的实际情况，挖掘兼具科学性和思想性的思政元素，结合认知心理学"对比效应"教育理论，创新"六方位思政"法，以"高与广、力与温、深与美"比较形式，将思政主题及元素融入课堂教学全过程，落实"一课一目标"。

将了解国内与国际儿童健康状况（高与广）、慎独认真又不乏人文情怀（力与温）、具备科学的医学专业素养又不乏文化自信（深与美）等思政元素融入教学内容和教学活动中。（如图1）

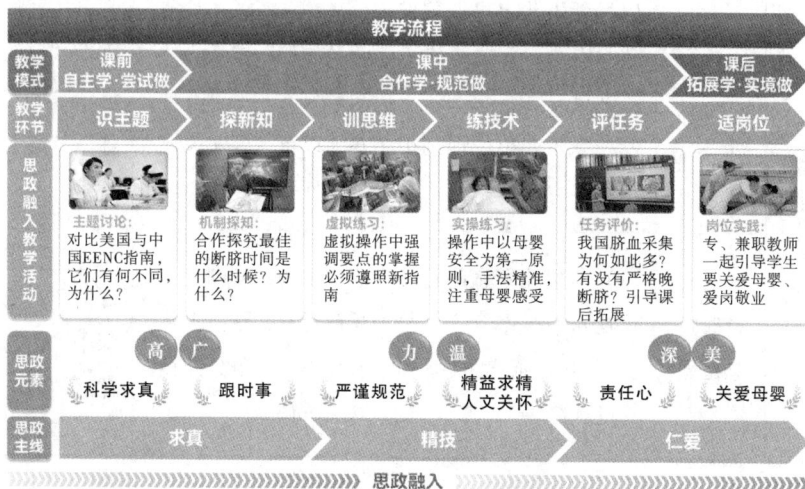

图1 "六方位思政"融入路径示意图

1. 课前"高与广"，比较学习提兴趣，洞悉时事明目标

课前教师紧密结合授课内容及目标，以"寻找国内外最新儿童保健技术指南要点不同，尝试解释原因"等活动为落脚点，契实际、抓要点、跟时事，以问题为导向，引导学生自主开展比较式学习，同时将促进儿童健康的社会责任隐喻其中，帮助学生明晰学习目的。

2. 课中"力与温"，合作探究明真理，规范训练严技能

课中教师引导学生进行自主实践和互动协助，完成既定的任务，将"法律法规、临床指南、行业规范"等最新理论知识和"敬畏生命、救死扶伤、大爱无疆、甘于奉献"等思政元素融入工作任务之中，潜在内化学生"科学、专业、人文、真诚"的世界观、人生观和价值观，长久知行合一。

3. 课后"深与美"，拓展学习提修养，社会实践精服务

一方面，教师课后于职教云平台发布"中医儿科典籍、行业最新进展、人民生活智慧"等拓展资源，拓展"医学之美"，提升学生文化修养；另一方面，学生开展"社区健康宣教"等丰富的课外实践活动，外化爱岗敬业之行，内化关爱母婴之心。

四、 课程内容

表1 "儿童保健与护理"课程内容

模块	项目	任务名称	教学内容	思政主题及元素	教学实施
模块一 儿童保健	1. 新生儿保健	出生即刻护理	(1) 新生儿出生即刻护理的定义、意义、要点及机制。 (2) 新生儿出生即刻护理操作	思政主题：责任心。 思政元素：追求真理，勇于改革，人文关怀	课前"高与广"； 课中"力与温"； 课后"深与美"
		产时窒息抢救	(1) 新生儿窒息的定义及复苏的意义。 (2) 正压通气的操作要点	思政主题：爱国。 思政元素：精益求精，临危不惧，争分夺秒，人文关怀	课前"高与广"； 课中"力与温"； 课后"深与美"

模块	项目	任务名称	教学内容	思政主题及元素	教学实施
模块一 儿童保健	1. 新生儿保健	家庭母乳喂养	（1）母乳喂养的体位、姿势和含接要点。 （2）母乳喂养常见问题的处理方法。 （3）哺乳期乳房和新生儿口腔解剖特点	思政主题：责任心。 思政元素：温暖亲切，同理之心，人文关怀	课前"高与广"；课中"深与美"；课后"力与温"
		家庭人工喂养	（1）家庭人工喂养的定义、原因和适用情况。 （2）家庭人工喂养的基本步骤和注意事项	思政主题：爱岗。 思政元素：温暖亲切，同理之心，人文关怀，不怕辛苦	课前"高与广"；课中"深与美"；课后"力与温"
		家庭抚触照护	新生儿抚触的目的、操作流程及常用中医保健穴位	思政主题：爱婴。 思政元素：温暖亲切，温柔细心	课前"深与美"；课中"力与温"；课后"高与广"
		家庭排泄照护	（1）新生儿排泄物的异常的观察。 （2）新生儿排泄照护品的选择原则。 （3）新生儿尿布性皮炎的预防及处理方法	思政主题：爱婴。 思政元素：不怕脏乱，同理之心	课前"高与广"；课中"力与温"；课后"深与美"
		家庭清洁照护	新生儿沐浴的目的、操作流程及注意事项	思政主题：责任心。 思政元素：安全防范，不怕辛苦	课前"高与广"；课中"力与温"；课后"深与美"
		家庭特殊照护	（1）"袋鼠护理"的定义、意义、机制。 （2）掌握"袋鼠护理"标准流程及临床操作要点	思政主题：责任心。 思政元素：安全防范，不怕辛苦	课前"高与广"；课中"力与温"；课后"深与美"
	2. 婴幼儿保健	婴幼儿生长发育与体格测量评价	（1）婴幼儿体格增长规律。 （2）婴幼儿生长发育影响因素。 （3）婴幼儿体格测量步骤及方法	思政主题：爱国。 思政元素：细心耐心，人文关怀，温柔亲切，真诚	课前"高与广"；课中"力与温"；课后"深与美"

（续上表）

模块	项目	任务名称	教学内容	思政主题及元素	教学实施
模块一 儿童保健	2. 婴幼儿保健	婴幼儿营养	（1）1~3岁婴幼儿进食特点。 （2）1~3岁婴幼儿膳食安排。 （3）良好饮食习惯的培养	思政主题：爱国。 思政元素：细心耐心，人文关怀，温柔亲切，真诚	课前"高与广"； 课中"力与温"； 课后"深与美"
		婴幼儿日常生活照料（一）	（1）婴幼儿进餐前的准备工作、进餐过程的照料、进餐结束的整理、进餐卫生的要求及注意事项。 （2）婴幼儿大小便的特征、异常识别	思政主题：爱婴。 思政元素：细心耐心，真诚温馨，温柔亲切	课前"高与广"； 课中"力与温"； 课后"深与美"
		婴幼儿日常生活照料（二）	（1）婴幼儿睡眠的特点、睡眠的照料、良好睡眠习惯的养成。 （2）婴幼儿衣服的选择，穿脱衣服及大襁褓的方法	思政主题：爱婴。 思政元素：细心耐心，真诚温馨，温柔亲切	课前"高与广"； 课中"力与温"； 课后"深与美"
	3. 3~14岁儿童保健	儿童体格生长发育及评价	（1）生长发育规律及影响因素。 （2）体格生长常用指标及测量方法。 （3）体格生长评价常用方法	思政主题：爱婴。 思政元素：爱伤观念，细心细致，真诚温馨，温柔亲切	课前"高与广"； 课中"深与美"； 课后"力与温"
		儿童神经心理发育及评价	（1）儿童神经心理发育。 （2）儿童神经心理发育的评价	思政主题：爱岗。 思政元素：仁心仁爱，大医精诚	课前"高与广"； 课中"力与温"； 课后"深与美"
		儿童意外伤害预防	（1）常见儿童意外伤害的产生原因及分类。 （2）常见儿童意外伤害的预防措施	思政主题：爱婴。 思政元素：勇于担当，生命至上	课前"高与广"； 课中"力与温"； 课后"深与美"

（续上表）

模块	项目	任务名称	教学内容	思政主题及元素	教学实施
模块二 患儿护理	4. 常见病患儿的护理	蛋白质—能量营养不良患儿的护理	（1）蛋白质—能量营养不良的护理评估。（2）蛋白质—能量营养不良的治疗原则。（3）蛋白质—能量营养不良的护理诊断与护理措施	思政主题：爱婴。思政元素：严谨求实，爱岗敬业	课前"高与广"；课中"力与温"；课后"深与美"
		维生素D缺乏病患儿的护理	（1）维生素D缺乏病的护理评估。（2）维生素D缺乏病的治疗原则。（3）维生素D缺乏病的护理诊断与护理措施	思政主题：爱岗。思政元素：仁心仁爱，大医精诚	课前"高与广"；课中"力与温"；课后"深与美"
		口炎患儿的护理	（1）儿童消化系统解剖生理特点。（2）口炎的护理评估。（3）口炎的治疗原则。（4）口炎的护理诊断与护理措施	思政主题：爱婴。思政元素：爱伤观念，细心细致，真诚温馨，温柔亲切	课前"高与广"；课中"力与温"；课后"深与美"
		腹泻病患儿的护理	（1）腹泻病的护理评估。（2）腹泻病的治疗原则。（3）腹泻病的护理诊断与护理措施。（4）液体疗法的护理	思政主题：爱婴。思政元素：爱伤观念，人文关怀	课前"高与广"；课中"力与温"；课后"深与美"
		急性上呼吸道感染患儿的护理	（1）儿童呼吸系统解剖生理特点。（2）急性上呼吸道感染的护理评估、治疗原则、护理诊断与护理措施	思政主题：责任心。思政元素：爱伤观念，同理之心，真诚温馨，温柔亲切	课前"高与广"；课中"力与温"；课后"深与美"

（续上表）

模块	项目	任务名称	教学内容	思政主题及元素	教学实施
模块二 患儿护理	4. 常见病患儿的护理	肺炎患儿的护理	（1）肺炎的定义与分类。 （2）肺炎的护理评估。 （3）肺炎的治疗原则。 （4）肺炎的护理诊断与护理措施	思政主题：责任心。 思政元素：爱伤观念，同理之心，真诚温馨，不怕脏乱	课前"高与广"； 课中"力与温"； 课后"深与美"
		先天性心脏病患儿的护理	（1）儿童循环系统解剖特点。 （2）先天性心脏病的分类。 （3）室间隔缺损、房间隔缺损、动脉导管未闭、法洛四联症的临床表现。 （4）先天性心脏病的护理诊断与措施	思政主题：爱婴。 思政元素：爱伤观念，同理之心，尊重生命，敬畏生命	课前"高与广"； 课中"力与温"； 课后"深与美"
		急性肾小球肾炎患儿的护理	（1）儿童泌尿系统解剖生理特点。 （2）急性肾小球肾炎的护理评估、治疗原则、护理诊断	思政主题：爱婴。 思政元素：求真精神，细心真诚，爱伤观念，同理之心	课前"高与广"； 课中"力与温"； 课后"深与美"
		肾病综合征患儿的护理	（1）肾病综合征的护理评估。 （2）肾病综合征的治疗原则。 （3）肾病综合征的护理诊断与护理措施	思政主题：爱心。 思政元素：爱伤观念，同理之心，人文关怀，精益求精	课前"深与美"； 课中"力与温"； 课后"高与广"
		贫血患儿的护理	（1）小儿造血和血液特点。 （2）小儿贫血概述。 （3）营养性缺铁性贫血的护理评估、治疗原则、护理措施。 （4）营养性巨幼细胞性贫血的护理评估、治疗原则、护理措施	思政主题：爱心。 思政元素：爱伤观念，同理之心，人文关怀，精益求精	课前"高与广"； 课中"力与温"； 课后"深与美"

（续上表）

模块	项目	任务名称	教学内容	思政主题及元素	教学实施
模块二 患儿护理	4. 常见病患儿的护理	化脓性脑膜炎患儿的护理	（1）儿童神经系统解剖生理特点。 （2）化脓性脑膜炎的护理评估。 （3）化脓性脑膜炎的治疗原则。 （4）化脓性脑膜炎的护理诊断与护理措施	思政主题：爱心。 思政元素：爱伤观念，同理之心，人文关怀，精益求精	课前"高与广"； 课中"力与温"； 课后"深与美"
	5. 传染病患儿的护理	麻疹患儿的护理	（1）麻疹的护理评估。 （2）麻疹的护理手段与护理措施	思政主题：爱心。 思政元素：爱伤观念，同理之心，人文关怀，大爱无疆	课前"高与广"； 课中"力与温"； 课后"深与美"
		手足口病患儿的护理	（1）手足口病的护理评估。 （2）手足口病的护理手段与护理措施	思政主题：爱国。 思政元素：爱伤观念，甘于奉献，人文关怀，大爱无疆	课前"高与广"； 课中"力与温"； 课后"深与美"
		水痘患儿的护理	（1）水痘的护理评估。 （2）水痘的护理手段与护理措施	思政主题：责任心。 思政元素：爱伤观念，不怕脏乱，迎难而上，大爱无疆	课前"高与广"； 课中"力与温"； 课后"深与美"
		流行性腮腺炎患儿的护理	流行性腮腺炎的护理手段与护理措施	思政主题：爱心。 思政元素：爱伤观念，同理之心，人文关怀	课前"高与广"； 课中"力与温"； 课后"深与美"
		结核患儿的护理	（1）结核菌素试验。 （2）原发性肺结核的护理评估与护理措施。 （3）结核性脑膜炎的护理评估与护理措施	思政主题：爱心。 思政元素：隐私保护，同理之心，人文关怀	课前"深与美"； 课中"力与温"； 课后"高与广"

（续上表）

模块	项目	任务名称	教学内容	思政主题及元素	教学实施
模块二 患儿护理	6.急危重症患儿的护理	惊厥患儿的护理	（1）小儿惊厥的护理评估。 （2）小儿惊厥的治疗原则。 （3）小儿惊厥的护理诊断与护理措施	思政主题：责任心。 思政元素：精益求精，争分夺秒，人文关怀，大爱无疆	课前"高与广"； 课中"力与温"； 课后"深与美"
		急性充血性心力衰竭患儿的护理	（1）急性充血性心力衰竭的护理评估。 （2）急性充血性心力衰竭的治疗原则。 （3）急性充血性心力衰竭的护理诊断与护理措施	思政主题：爱心。 思政元素：爱伤观念，同理之心，人文关怀，精益求精	课前"高与广"； 课中"力与温"； 课后"深与美"
		急性呼吸衰竭患儿的护理	（1）急性呼吸衰竭的护理评估。 （2）急性呼吸衰竭的治疗原则。 （3）急性呼吸衰竭的护理诊断与护理措施	思政主题：爱婴。 思政元素：爱伤观念，同理之心，人文关怀，大爱无疆	课前"高与广"； 课中"力与温"； 课后"深与美"
		气管异物患儿的护理	（1）气管异物的护理评估。 （2）气管异物的治疗原则。 （3）气管异物的护理诊断与护理措施	思政主题：爱婴。 思政元素：争分夺秒，临危不惧，人文关怀，胆大心细	课前"高与广"； 课中"力与温"； 课后"深与美"
		儿童心跳呼吸骤停	（1）心跳呼吸骤停的评估。 （2）心跳呼吸骤停的治疗原则	思政主题：责任心。 思政元素：争分夺秒，临危不惧，精益求精，人文关怀	课前"高与广"； 课中"力与温"； 课后"深与美"

五、 教学创新与特色

1. 以学生为中心、以能力导向为牵引，促进信息技术与教育的深度融合

通过课程虚拟教学平台建设专项开发，为学生创设儿童护理临床情境，帮助掌握学习重难点；在过程性数据采集基础上，通过大数据智能分析，有效反馈学习数据，促进教学反思整改，提高教学成效。

2. 校院协同育人，培育真才实干、踏实肯干的应用型护理人才

通过校院深度产教研协同育人机制，共建课程资源，优化教学策略，落实临床实践，引导学生课前看见儿童、课中感受儿童、课后守护儿童，促进临床思维与临床实践能力的培养，助力守护儿童职业信念的形成。

六、 课程成效与评价

课程结合信息化平台数据分析，开展教师详评、学生自评、临床参评，总结关键护理操作要点，分析医学综合职业素养，实现教、学、做、评一体。课程评价采用形成性评价与终结性评价相结合的形式，形成性评价主要包括学生课前、课中、课后学习情况，终结性评价包括期末理论考试和综合实操考核。综合评价（100%）＝形成性评价（60%）＋终结性评价（40%）＋增量赋分（0~5分），且总分不超过100分。

通过本课程学习，帮助学生获取儿童护理专业知识，取得护士执业资格。学生掌握儿童专科护理技能，在"平产接生"等项目获得2020年大学生助产职业技能大赛国赛三等奖。学生解决新生儿红臀的创新产品获得"互联网＋"及挑战杯大赛省赛金奖。此外，疫情防控期间，她们坚守儿童隔离病房，细心照护患儿，护送他们安全回家；作为她们的老师，笔者感到欣慰与自豪。

健康管理 （中外合作） 专业 "Healthcare English" （大健康英语） 课程教学设计

依托专业名称：健康管理（中外合作）
依托课程名称：Healthcare English （大健康英语）

一、 课程定位

"Healthcare English"（大健康英语）是大健康产业中外合作办学各专业公共基础课程。中外合作办学专业对学生英语水平要求高，基础英语共五模块（听、说、读、写、大健康英语），合计 322 学时，其中 Healthcare English 66 学时（理论学时 36，实践学时 30），4 学分，在大一第二学期开设，前期课程为高中英语，后续课程包括 "Human Anatomy and Physiology" "Overview of Clinical Medicine" 等。本课程构建 "大健康＋英语" 文专融合教学模式，对接大健康产业国际化发展、健康管理行业岗位能力需求；对标《高等职业教育专科英语课程标准（2021版)》职业精神、社会责任与职场环境三大主题和广东食品药品职业学院人才培养方案，参照原版引进教材《护理英语》，自编活页式教材 *Healthcare English*（《大健康英语》），将常见的五种慢病管理作为五个教学项目，辅以一个国际化健康管理人才知识技能素养综合检验模块，重构 "大健康＋英语" 文专融合 "五项一检" 英语教学内容。综合 "听、说、读、写、译" 五种英语技能训练，融中医 "治未病" 理念于课程思政，以任务驱动开展教学。

二、 课程目标

结合学校办学定位、健康管理专业特色及 "大健康英语" 课程特点，依据各项课程思政政策要求及时代背景，以坚实理论为支撑，基于学情分析，"大健康英语" 课程建设谨记 "立德树人" 根本任务，科学设计本课程的课程目标，尤其是本课程的课程思政建设目标，将价值观引领与知识传授和语言应用能力培养有机结合。

"大健康英语"课程目标包括知识、技能、素质三个方面：

1. 知识目标

（1）通过本课程的学习，学生能够掌握大健康产业常用英语词汇（要求学生总词汇量为 3 500 个左右，其中行业词汇量为 1 000 个左右），掌握基本的英语语法。

（2）掌握行业范围口语交际的常用表达。

（3）掌握与大健康产业相关英语实用写作的文体、格式、语言表达。

2. 技能目标

（1）学生能够基本听懂大健康产业相关的基本对话。

（2）能够就大健康产业相关话题进行交流。

（3）能够读懂与行业相关主题的英文资料。

（4）能够以行业知识为主题撰写常见的英语应用文及逻辑思维严谨、表达自己观点的议论文。

3. 素质目标

（1）培养学生"珍爱生命，守护健康"的思想意识。督促学生养成按时作息、健康规律的生活习惯，养成积极锻炼身体、珍视健康的思想意识。

（2）培养学生的抗挫抗压能力。帮助学生养成不畏艰难，直面挑战的积极心态。

（3）培养学生的思辨能力，坚定其文化自信。使学生在学习大健康产业东西方多元知识与文化时，既能秉持开放包容的态度，又能弘扬中华优秀文化传统。

（4）培养人文精神。使学生养成"以人为本"的健康管理行业服务理念，耐心热情、认真负责的医护人员工作作风及一丝不苟的工作态度。

（5）培养家国情怀及社会责任感。时刻践行"爱于心，践于行"的价值观。

三、 课程思政设计思路

根据《大学英语教学指南（2020 版）》、"Healthcare English"（大健康英语）课程标准和健康管理师职业资格标准，辅以全国医护英语证书（二级）考试要求及健康管理师职业技能大赛要求，通过对大健康产业人才培养需求进行问卷调查，本课程将常见的五种慢病管理作为五个教学模块，辅以一个课程综合检验模块，重构"五项一检""岗课赛证"融通教学内容。每一章节以简单易懂的英文解释慢病的概念、产生的原因、症状，介绍慢病的并发症、预防、治疗（聚焦于讲解饮食习惯与生活方式的调整）并浸润"健康第一责任人"课程思政。结合多样化手段，强化学员对重要知识点、技能点的学习与理解，同时注重素质目标的达成。（如图 1）

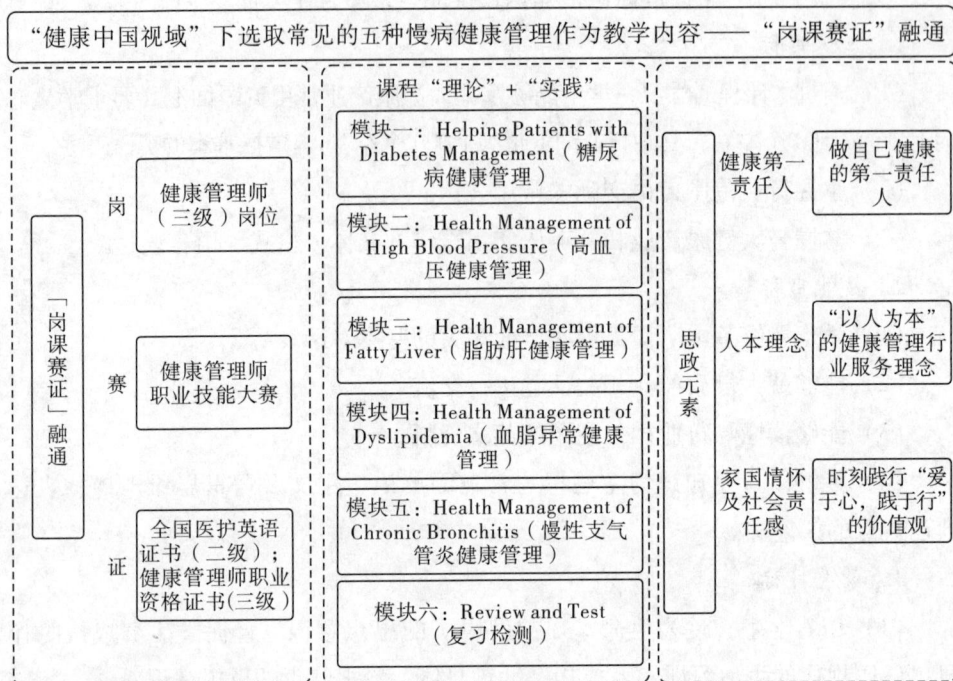

图1 思政设计示意图

四、课程内容

表1 "Healthcare English"（大健康英语）课程内容

模块	主要内容	思政元素及资源	教学组织与实施
模块一 Helping Patients with Diabetes Management（糖尿病健康管理）	第1节 Doing a Blood Sugar Test and Asking a Patient for Consent（血糖测试及征求病人同意）；第2节 Medical Focus：Blood Glucose Levels；Charting and Documentation；Personal Diabetes Care Plan（血糖指数及案例分析；糖尿病个人管理方案）；	1. IDF 2021 年发布第10版《全球糖尿病地图》➡激发学生的学习动力及社会责任感。2. 视频"医院礼仪培训""医护人员上门为老人看病"，提取医护人员与病人的对话片段➡学生体验到医护人员关心病人、耐心热情、认真负责的工作作风，培养学生的行业服务理念。	职教云平台发布课前预习任务（调动学习动力）➡课堂预习效果测试与学生交流体会心得（培养社会责任感）➡重难点讲解，隐性嵌入思政元素（提升行业服务理念，珍爱生命，守护健康）➡线上测

（续上表）

模块	主要内容	思政元素及资源	教学组织与实施
模块一 Helping Patients with Diabetes Management （糖尿病健康管理）	第3节 Talking about Lifestyle and Diabetes；Explaining How to Use an Insulin Pen（健康生活方式及如何使用胰岛素笔）；第4节 New Findings Relevant to Type 2 Diabetes；Email Writing：How to Keep Down the Glucose Level（2型糖尿病的相关新发现及邮件写作：如何降低血糖指数）	3. 非健康生活方式成为2型糖尿病的诱因：深读视频第一季第二集"2型糖尿病真凶大揭秘"➡培养学生"珍爱生命，守护健康"的思想意识，督促学生养成按时作息、健康规律的生活习惯，养成积极锻炼身体、珍视健康的思想意识	试，知识技能目标达成情况➡课堂学生活动（观察记录素质目标达成情况）➡同学互评，教师点评➡课堂小结，课后任务（学习效果反思，助力课程目标达成）
模块二 Health Management of High Blood Pressure （高血压健康管理）	第1节 Introduction of High Blood Pressure and Causes of High Blood Pressure（介绍高血压概念和患高血压的原因）；第2节 Signs and Symptoms of High Blood Pressure（高血压症状及并发症）；第3节 Complications of High Blood Pressure（高血压并发症）；第4节 How Do You Check Your Own Blood Pressure（如何测量高血压）；第5节 Natural Ways to Control High Blood Pressure（自然方式控制高血压）	1.《"健康中国2030"规划纲要》提出健康优先，以提高人民健康水平为核心➡国家重视国民健康，培养爱国情怀，培养预防为主的健康意识。2. 太极拳辅助降低高血压：英文版介绍视频"Tai Chi"➡引导学生了解并弘扬中华优秀文化传统。3. 案例：高血压的治疗、生活方式的干预使发病率和死亡率出现悬殊变化➡启发学生意识到国家富强，能更好地保障人民的生活和生命安全，激发爱国主义情怀。4. 测量高血压视频➡耐心热情、认真负责的医护人员工作作风及一丝不苟的工作态度	职教云平台发布课前预习任务：微课（调动学习动力）➡案例引入（预防为主，培养爱国情怀）➡知识讲解（健康意识）➡课堂学生实践活动：测量高血压（工作作风，工作态度）➡课堂小结，课后任务（拍摄测量高血压视频，深化服务理念）

（续上表）

模块	主要内容	思政元素及资源	教学组织与实施
模块三 Health Management of Fatty Liver（脂肪肝健康管理）	第1节 What Is Fatty Liver and Symptoms of Fatty Liver Disease（脂肪肝概念及症状）； 第2节 Causes of Fatty Liver Disease（患脂肪肝的原因）； 第3节 Fatty Liver Treatment（脂肪肝治疗）； 第4节 Foods to Eat With Fatty Liver；Foods to Avoid with Fatty Liver（控制脂肪肝病情的健康饮食）	1.《中国居民膳食指南（2016）》➡引导学生平衡膳食，合理营养从我做起。培养学生的健康生活习惯，为成为祖国的接班人打下坚实的身体基础。 2. 中医"治未病"思想➡引导学生以预防为主的健康意识，弘扬优秀中华文化，坚定文化自信。 3."暴走妈妈"陈玉荣案例➡教育学生树立坚定的信念，深刻体会母爱的伟大，树立正确的价值观	职教云平台发布课前预习任务➡案例引入（坚定信念，体会母爱的伟大）➡知识讲授（合理膳食，健康意识）➡课堂学生小组展示（团队合作）➡学生互评，教师评价➡课堂小结，课后任务（"可可英语"扩展阅读，加深预防为主理念）
模块四 Health Management of Dyslipidemia（血脂异常健康管理）	第1节 What Is Dyslipidemia?（什么是血脂异常）； 第2节 Symptoms of Dyslipidemia（血脂异常症状）； 第3节 Types and Causes（血脂异常类型与原因）； 第4节 Risk Factors（导致血脂异常的风险因素）； 第5节 Treatment of Dyslipidemia（血脂异常治疗）	1. 提取关键数据：我国血脂异常人数已过4亿➡数据激发学生的学习动力及社会责任感；培养学生"珍爱生命，守护健康"的思想意识。 2. 国家通过社区建设加强血脂异常预防➡使学生认识到自身的生活水平与国家命运、国家富强息息相关，激发爱国主义情怀。 3. 视频资源"老年血脂异常：沉默的健康杀手"➡鼓励学生向家人与朋友宣传健康生活方式的益处，使学生养成"以人为本"的健康管理行业服务理念	职教云平台发布课前预习任务➡数据分享（学习动力，社会责任感）➡知识讲授（合理膳食，规律运动，身体素质）➡微课视频（宣传义务，服务理念）➡宣传短片展示➡学生互评，教师评价（耐心热情，认真负责，团队合作）➡课堂小结，课后任务（"一传十，十传百"宣传活动，增强学生社会责任感）

（续上表）

模块	主要内容	思政元素及资源	教学组织与实施
模块五 Health Management of Chronic Bronchitis （慢性支气管炎健康管理）	第1节 What Is Chronic Bronchitis?（慢性支气管炎的概念）； 第2节 What Are the Symptoms of Chronic Bronchitis?（慢性支气管炎的症状）； 第3节 What Causes Chronic Bronchitis?（慢性支气管炎的病因）； 第4节 Is Chronic Bronchitis Contagious?（慢性支气管炎是否有传染性）； 第5节 How Do Doctors Diagnose Chronic Bronchitis?（慢性支气管炎的诊断）； 第6节 What Are Bome Remedies for Chronic Bronchitis?（慢性支气管炎的家庭护理）； 第7节 What Is the Prognosis for Chronic Bronchitis?（慢性支气管炎的预后）；	1. 视频 "［Osmosis］慢性支气管炎 Chronic Bronchitis（中英字幕）" ➡不抽烟、不酗酒、多运动，养成健康生活方式。 2. "互联网+"大学生创新创业大赛项目：现代中药与健康微视公益科普平台——科学养生助力社区 "治未病" ➡紧跟国家政策，通过社区加强预防，弘扬中华优秀传统，激发爱国主义情怀。 3.《"健康中国2030"规划纲要》提到2030年将15岁以上人群吸烟率控制在20%以下➡教育学生抵制烟草并劝阻周围人吸烟，减少慢性疾病的发生，增强社会责任感	职教云平台发布课前预习任务➡微课讨论（远离烟酒，形成健康生活方式）➡知识讲授（慢性疾病预防意识）➡课堂学生社区宣传活动交流（慢病健康管理宣传义务，提高团队合作意识，增强社会责任感）➡知识点测试➡课堂小结，课后任务（分组拍摄宣传片，形成"爱于心，践于行"的价值观）

五、 教学创新与特色

"大健康英语"课程思政建设牢记 "立德树人" 的根本任务，在实践过程中持续改进，取得了显著的效果，其创新点如下：

（1）课程思政建设进行以需求为中心的分析（Need-oriented Analysis），以此为基础确立其思政元素。借助问卷调查、访谈、机构与高校调研等手段，运用统计分析的方法，对大健康产业英语课程思政进行现实需求分析，紧跟时代精神，厘清国家对大健康产业人才的知识技能及素质要求，根据学校办学特色、外语教师思政能力及学生发展需求，整合大健康产业英语课程思政元素。

（2）目标确立："大健康英语"课程思政建设不仅要让学生学习先进的国际知识与理念，更要学习优秀的中国传统医护知识，本课程思政目标要将价值观引领与知识传授和语言应用能力培养有机结合。"大健康英语"课程思政与思想政治理论课"同向同行"，确立"价值引领、知识传授与技能培养"相融合的教学目标。

（3）教学内容整合："大健康英语"课程思政教学内容整合是一个系统工程，教师结合社会需求、学校特色、学院专业设置特点、学生学情分析等因素重新整合教学素材。整合课程思政资源库，优化"大健康英语"线上课程，建立"大健康英语"课程"思政育人"的实践载体。

（4）教学过程融合：教师向学生传授知识，助力学生提高技能的同时，积极对学生进行隐性思政教育，实现英语课程教育与思政教育的融合。

（5）教学方法：教师分析学情，着力激发学生内驱力，充分利用线上丰富课程资源、先进的教学实践基地以及鼓励思辨的课堂环境进行隐性思政教育。

（6）教学结果：建立多元化的评估体系，评价主体包括教师、学生、专家三方。从学生价值观、创新实践能力及对知识系统掌握三方面进行考核。过程性评价与结果性评价相结合，注重过程性评价。

六、 课程成效与评价

"大健康英语"课程思政建设在"健康中国"战略背景之下以隐性教育理论、人的全面发展理论、课程文化发展理论及有效教学理论为理论框架，以社会需求与学生学情分析为现实基础，优化"大健康英语"课程思政实施路径，改革课程评价方式与考核方法，取得了良好的效果。

（一）学生评价

1．学生评教

"大健康英语"课程 2020—2021 年学生评教分数分别为 99.3 分与 98.8 分。学生认为教师教学质量好、上课有趣、讲解耐心，课堂很有吸引力。

2．学生行为观察

教师通过教学过程观察发现，学生迟到、旷课现象极大改善，能够认真按时完成教师布置的学习任务。

3．问卷调查

问卷调查显示，绝大多数学生认为"大健康英语"课程使自己意识到健康生活方式的重要性，提升了行业服务理念，培养了社会责任感，坚定了文化自信。

（二）同行评价

1. 校内同行评价

校内督导对"大健康英语"课程评价高，认为教师教学方法多样，师生互动好，思政元素融入效果好。

2. 校外同行评价

"大健康英语"线上课程经过 2 年持续改进与不断建设，已被广东食品药品职业学院、德庆中等职业技术学校、南通师范高等专科学校、河南医药技师学院等院校调用。

（三）示范辐射

1. 社会受益面

（1）"大健康英语"在线开放课程向社会人员开放。2022 年 3 月资源库课程使用数据统计显示，素材量达到 135 个，课程用户总量 2 779 个，学习人数 2 593 人，互动量达到 171 723 次。

（2）2022 年"大健康英语"精品在线开放课程获广东省教育厅继续教育精品课程立项，将服务于社会人员继续教育学习。

（3）学生积极参加志愿者活动，服务社会。

2. 校内受益面

基于"大健康英语"课程建设，广东食品药品职业学院于 2019 年申报成为医护英语证书考点；2022 年校内医护英语证书考试考生为 151 人。教师主持的"健康产业国际人才培养基地"被评为省级校内实践教学基地，为"大健康"产业培养了相当数量的人才。教师取得广东省高校（高职）青年教师赛二等奖，获广东省职业院校技能大赛教学能力比赛三等奖 2 次，获校级教学成果奖二等奖，获教学质量奖；指导学生参与"互联网＋"大学生创新创业大赛（项目名称：现代中药与健康微视公益科普平台——科学养生助力社区"治未病"）获校级三等奖。

针灸推拿专业 "中医基础理论"
课程教学设计

依托专业名称：针灸推拿
依托课程名称：中医基础理论

一、 课程定位

"中医基础理论"是所有中医相关专业的专业基础入门课和奠基课，48 学时（理论 44 学时、实践 4 学时），3 学分。本课程自 2011 年开设至今，是针灸推拿专业、中医养生保健专业、康复治疗技术专业、医学美容技术专业的专业基础课，属于必修课（2020 年纳入中医养生保健专业群平台课程），本课程于第一学期授课，后续衔接"中医诊断学""中药学"等专业课程。平均每届选课人数达 300 人，受众面广。

二、 课程目标

"中医基础理论"是针灸推拿专业的中医入门课程，学好它才能为后续课程学习奠定中医思维基础，更是学生打开中医药宝库的钥匙，具有极丰富的文化内涵，由此确立了三大课程目标。

1. 知识目标

（1）了解中医学的形成和发展史，掌握中医学的基本特点。

（2）掌握阴阳五行、藏象学说、气血津液、经络学说、病因病机及养生防治原则。

2. 能力目标

（1）能运用中医思维对常见证候进行分析判断。

（2）具备自主学习、探索思辨的能力。

3. 思政目标

（1）以马克思主义唯物辩证法为指导，培养学生"科学、求实、探索"精神。

（2）中医作为中华文明的重要组成部分，通过中医人文教育，渗透中华优秀传统文化教育，实现从中医自信走向文化自信。

（3）以社会主义核心价值观为取向，开展医德医风教育，树立"敬佑生命、救死扶伤、甘于奉献、大爱无疆"的医者精神，增强责任感和使命感，培养学生"感恩、敬畏、担当"的品质。

（4）以职业教育的核心理念为依托，提升健康素养，倡导健康生活，增强职业自豪感，提高专业认可度。

三、 课程思政设计思路

针灸推拿专业是为健康产业培养具备"医心仁，医道和，医术精，医德诚"中医药核心价值观的高技能复合型人才。因为医者是为人类健康而服务，所以要用严谨诚敬之心悦纳服务，要用匠心专技之能专研服务。我们从 4 个方面进行价值塑造，如图 1 所示。

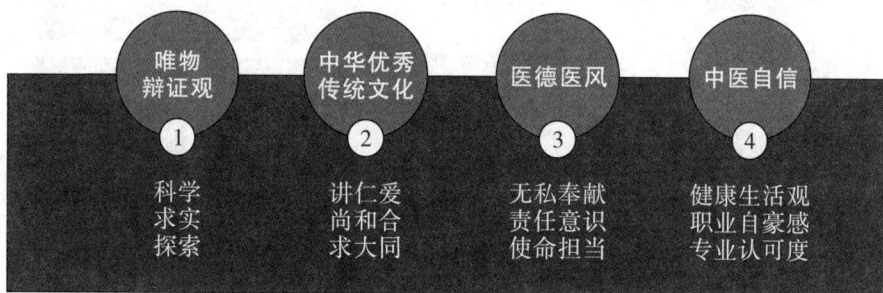

图 1　课程思政目标

本课程教学内容包含 5 个模块，我们从中华优秀传统文化、中医自信和个人品格塑造 3 个层面挖掘多个思政元素融入专业教学，采取多元教学方法，改革传统教学方式，课堂内外、校内校外、线上线下相结合创新推进思政进课堂，将教书与育人有机融合。有效引导学生积极参与和体验课堂，引发学生的情感共鸣，激励学生产生学习内驱力，促进学生对课程知识的理解、掌握、拓展和深化，如图 2 所示。

本课程以多媒体教学为主，搜集各类教学素材，涵盖影视资源、新闻报道、名家事迹、国学经典等，提升学生学习兴趣，利于突破重难点，也有助于思政元素的隐性融入，一切以学生为中心，如图 3 所示。

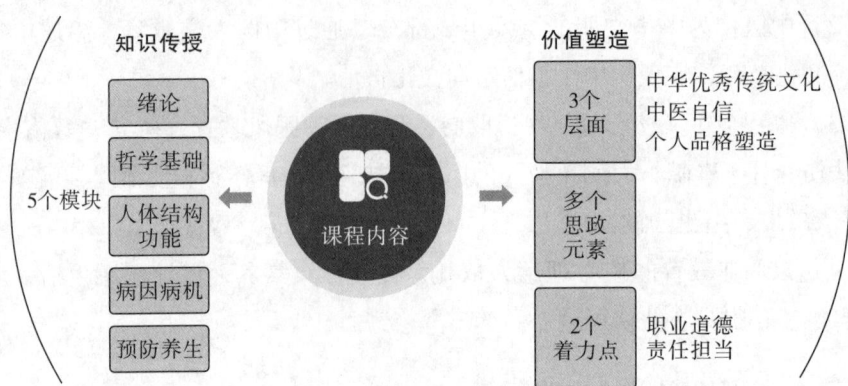

图 2　课程内容

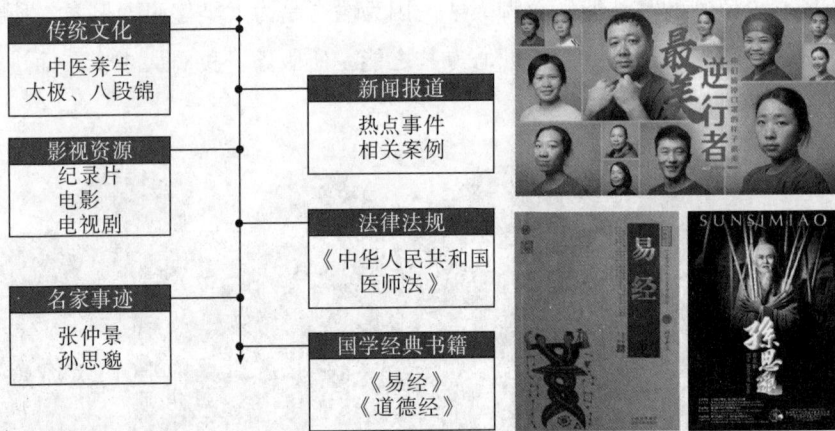

图 3　思政资源

本课程教学模式主要采用以教师为主导、学生为主体的案例引导式教学。将与讲授法、取象比类法、讨论探究法等有机结合的思政教育贯穿于教学全过程，如图4所示。

图 4　教学模式

四、 课程内容

表 1 "中医基础理论"课程内容

章节	主要内容	思政元素及资源	教学组织与实施
绪论	走近中医	中医自信、文化自信：屠呦呦诺贝尔奖获奖感言；习近平总书记指出，"中医药是中华民族的瑰宝"（视频资源）	采用讲授法，画龙点睛式融入思政元素，强调中医药的巨大贡献，增强学生文化自信，激发学生爱国热情
	中医发展史	医术精湛、品德高尚、热爱医学：中国外科学鼻祖华佗发明了"麻沸散"、创制"五禽戏"及治病救人的故事。张仲景、华佗、王清任等医学家医术精湛、品德高尚，对医学事业孜孜不倦的探索与追求（翻转课堂，学生展示）	课上：项目式教学——各小组展示名医事迹 课下：组织学生参与中医义诊，知行合一，使学生体悟历代中医大家的精神力量，培养"敬佑生命、救死扶伤、甘于奉献、大爱无疆"的医者精神
	整体观	救死扶伤，无私奉献：观看纪录片《最美逆行者》，该片讲述了医务工作者舍小家为大家的事迹，组织学生分享感悟（视频资源）	弘扬抗疫精神，培养学生奉献精神、社会责任感与使命担当
	辨证论治	中医自信：新冠疫情暴发后，中医药广泛参与新冠感染治疗，通过精准的辨证论治发挥了前所未有的积极作用。传统中医药是中国的国粹，也是中国人对世界医学发展的一大贡献，将其发展并传承下去，是国人的使命与责任（新闻报道）	采用案例引导式教学法、直观演示法、讨论探究法。用画龙点睛式融入思政元素，培养学生树立坚定传承发展中医药的文化自觉与文化自信的远大目标
哲学基础	阴阳学说	结合马克思辩证唯物论，组织讨论"生活中的阴阳"：家庭、建筑、自然等，揭示阴阳学说的科学性（多媒体课件）	采用直观演示法、讲授法，用隐性渗透的方式融入辩证唯物论，让学生认识中医的科学性，提升学习热情，形成正确的中医思维

（续上表）

章节	主要内容	思政元素及资源	教学组织与实施
哲学基础	五行学说	和合大同思想，环境保护：中医药学"天地一体、天人合一、天地人和、和而不同"的思想，与生态文明的理念一致（文献资料、新闻报道）	采用案例引导式教学法、直观演示法、讨论探究等教学方法，用案例穿插式融入思政元素，倡导保护环境，敬畏自然。引导学生理解人与自然和谐共生，树立保护环境意识
人体功能结构	心——心主血脉、心主神志	中医自信：《黄帝内经》"心主身之血脉""流行不止，环周不休""内溉五脏，外濡腠理"，说明血液在经脉中呈循环式运行；而西方直到1628年英国哈维才证明了血液循环学说，比《内经》推迟了近两千年（多媒体课件）	采用讲授法，直观演示法。用画龙点睛式融入思政元素，让学生形成对中医药文化、职业价值的认同感，提升中医自信
	肺	保护环境，敬畏自然：吸烟、环境污染对人类健康的影响。"吸烟有害健康"，提醒学生"健康生活从呼吸开始"；理解习近平总书记"绿水青山就是金山银山"的指示，做到"保护环境，从我做起"（文献资料、新闻报道）	采用案例引导式教学法、直观演示法、讨论探究等教学方法，用案例穿插式融入思政元素，倡导保护环境，敬畏自然
	大肠	传承中医药的使命感与责任感：中医基础理论"肺与大肠相表里"与现代医学有共通之处。从西医角度看，腹胀物理因素对膈肌的影响加重了肺功能障碍，腹胀时肠道大量堆积毒素也会加重肺损伤，故把肠道问题解决后，肺功能也会跟着改善。两者说法不同，原理却是贯通的（文献资料）	采用案例引导式教学法和讨论探究法。用案例穿插式融入思政元素，培养学生用科学的思维方式去看待中西医的发展，培养学生传承中医药的使命感与责任感
	脾	传统美德、勤俭节约、健康饮食：引出当代人暴饮暴食、铺张浪费的饮食风气，倡导"光盘行动"新风尚，加深对"健康中国战略"的了解（医学文献）	采用直观演示法和案例引导式教学法。用案例穿插式融入思政元素，植入勤俭节约的中华传统美德，树立健康饮食的思想

（续上表）

章节	主要内容	思政元素及资源	教学组织与实施
人体功能结构	肝	大医精诚：我国肝脏外科医学的奠基人、医学泰斗吴孟超的事迹。他推动我国肝脏医学从无到有、从有到精，创造了肝胆外科领域的众多"第一"（新闻报道）	采用讲授法。画龙点睛式融入思政元素，培养学生用科学的思维方式去看待中西医的发展，教育学生学习兢兢业业、全心全意为人民服务的精神
	肾、膀胱	医者仁心，救死扶伤：2019 年 11 月 19 日从广州飞往纽约的航班上，一名老人突发尿潴留面临膀胱破裂的危险。张红医生和肖占祥医生自制装置，用嘴吸尿长达 37 分钟，随后老人转危为安（新闻报道）	采用案例引导式教学法、直观演示法、讨论探究法。用案例穿插式融入思政元素，培养学生医者仁心、救死扶伤的职业素养
	血的组成及功能	人道、博爱、奉献：骨髓捐献（造血干细胞捐献）是重燃生命之火、弘扬大爱精神的有效途径（文献报道）	采用讲授法、案例引导式教学法，用讨论辨析的方式融入思政元素，弘扬"人道、博爱、奉献"的红十字会精神，鼓励参与造血干细胞捐献事业
	经络的组成、功能	中医自信：2017 年 1 月 18 日，国家主席习近平与世界卫生组织总干事陈冯富珍，共同见证中国政府和世卫组织签署《关于"一带一路"卫生领域合作的谅解备忘录》，并出席中国向世卫组织赠送针灸铜人雕塑仪式（文献资料、新闻报道）	采用案例引导式教学法、数据展示等教学方法，用案例穿插式融入思政元素，激发学习热情，提升专业认可度，树立中医自信、文化自信
	体质	中医自信："体质医学助力构建人类卫生健康共同体"，中医体质学创始人王琦院士表示，"中医体质学的发展从本土化研究出发的同时，更应结合全球公共卫生一体化的理念，走出国门，走向国际，开拓新的研究领域，产出原创性成果，推动人类卫生健康共同体的学理探究，助力全球卫生健康领域的发展"（文献资料、新闻报道）	采用案例引导式、数据展示等教学方法，用案例穿插式融入思政元素，激发学习热情，树立中医自信、文化自信

（续上表）

章节	主要内容	思政元素及资源	教学组织与实施
病因病机	外感病因——外感六淫	健康教育：介绍热射病，讲解暑邪致病特征，指出若不知暑邪特性，不知环境湿热，不懂自身素质，不科学规范锻炼就极易发生热射病威胁生命，培养学生因人、因时、因地的"三因制宜"理念，教导学生用理论正确指导日常养生保健、疾病预防（文献资料、新闻报道）	采用案例引导式教学法和讨论探究法，以案例穿插式融入思政元素，灌输中医"正气存内，邪不可干""邪之所凑，其气必虚"的预防保健思想，提高健康生活理念
	外感病因——瘟疫邪气	中医自信：观看《中医中国——防疫》，回顾中医千年抗疫史，细数中医药在SARS、新冠感染中发挥的巨大作用（视频资源、新闻报道）	采用案例引导式教学法、直观演示法、讨论探究法。画龙点睛式融入思政元素，培养学生坚定传承发展中医药的文化自觉与文化自信
	内伤病因——内伤七情、饮食失宜、劳逸失度	健康理念：心理健康——列举有关学生心理的案例，让学生深刻体会心理问题，对行为发生的影响，引导学生重视心理健康，适时适度地疏泄情绪，保持健康心理，做健康幸福的中医人；饮食健康——受"以瘦为美"的审美观影响，举例说明因节食而骨瘦如柴，或不节饮食、暴饮暴食而过度肥胖，最后因生理功能紊乱而致病的案例，提倡勤俭节约、健康饮食，植入公共卫生观念；运动健康——经常进行体育锻炼可促进骨骼的良好发育，长期废用则易出现骨质疏松。加深学生对"健康中国战略"的了解（相关文献研究）	采用案例引导式教学法和讨论探究法，以案例穿插式融入思政元素，引导学生重视心理健康，养成良好的运动习惯及饮食习惯，传播健康生活理念

（续上表）

章节	主要内容	思政元素及资源	教学组织与实施
病因病机	病理产物性病因——结石	大医精诚、严谨治学：采用反面案例教学，讲述患者肾结石未及时消融最终导致肾积水、肾衰竭的惨痛案例，引导针灸推拿专业的学生，必须具备严谨认真治学态度和精益求精的工匠精神，才能避免失治、误治给病患带来痛苦（医学文献）	采用案例引导式教学法、直观演示法、讨论探究法。案例穿插式融入思政元素，培养学生严谨认真对待医疗操作的职业态度
	病机——邪正盛衰	品格塑造：从"正气存内，邪不可干"角度思考中国共产党为什么"能"？结合习近平总书记："共产党人要把读马克思主义经典、悟马克思主义原理当作一种生活习惯、当作一种精神追求，用经典涵养正气、淬炼思想、升华境界、指导实践"塑造品格（新闻报道）	采用案例引导式教学法和讨论探究法，引入中国共产党百年辉煌，进行品格塑造，启发学生为人为医当存浩然正气
防治原则	预防养生	传统美德、价值观塑造：观看视频"药王孙思邈"，组织讨论孙思邈长寿的秘诀及如何看待名利（视频资源）	采用案例引导式教学法和讨论探究法，案例穿插式融入思政元素，树立正确的价值观，淡泊名利
	治则治法	中医药文化：习近平总书记巧用中医术语谈治国理政：2014年1月7日，在中央政法工作会议上，习近平总书记强调，"公平正义是政法工作的生命线，司法机关是维护社会公平正义的最后一道防线"；2017年1月17日，习近平总书记在世界经济论坛年会开幕式主旨演讲指出："我们要创新发展理念，超越财政刺激多一点还是货币宽松多一点的争论，树立标本兼治、综合施策的思路"（新闻报道）	采用案例引导式教学法和讨论探究法，启发学生树立"上医治国，中医治人，下医治病"的意识，弘扬"不为良相，便为良医"的中医药文化和情怀

五、 教学创新与特色

（1）课程思政教育与专业人才培养目标紧密结合，尤其融入了与针灸推拿专业相关的"中医自信、救死扶伤、健康生活"等思政元素，具有鲜明的专业特点。（如图5）

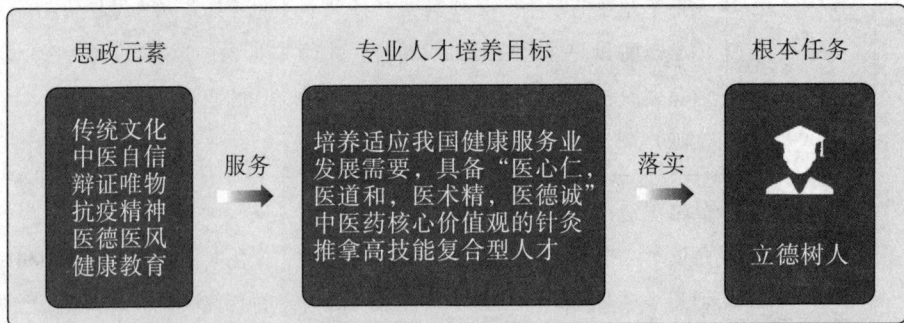

图5 专业特色

（2）本课程挖掘的思政元素紧贴时代脉搏，将教学内容与思政内容有机融合，凸显时代主题，利于增强学生兴趣，提升课程思政教学效果。

（3）本课程与人体解剖学协同开展课程思政建设，梳理课程思政元素结构图，两门课程的思政元素避免遗漏和重复，并互为补充，显著提升了针灸推拿专业的教学质量。

六、 课程成效与评价

1. 学生思政收获与评价

中医基础理论的行为学观察表明，学生不再仅仅是死记硬背，增加了对生命更深层次的理解，多了一份情怀，课堂气氛活跃，听课效率、自主学习能力有明显提高，学生职业认同感增加。学生的学习态度更加端正了，学习积极性、分析解决问题的能力、对专业的认可度等都获得了比较显著的提升，实现了预期的以德育为核心的思政目标。

对学生进行的教学效果问卷调查结果显示，学生对于本课程满意度在98%以上，普遍认为本课程传递了"正能量"，开阔了视野，提高了学习兴趣，有助于中医基础理论知识的学习。

2. 督导、同行等对本课程的教学评价

（1）督导评价：本课程定位准确，授课内容选取科学、合理。在强调基本知识和技能的理解和掌握的同时，也重视思政元素的隐性融入，使学生在获得专业知识的同时，职业素养亦有很好提升。督导教学评价为优。

（2）同行评价：本课程运用适当的教学手段和相关的教学资源，鼓励学生参与第二课堂教学活动，教学效果优秀。

3. 校内外辐射

将课程思政元素延伸至课后任务和第二课堂中，实现了全员、全过程、全方位育人。本课程的第二课堂形式多样，内容丰富。专业师生赴广东茂名健康职业学院参观学习，师生共同参加校园义诊活动、"大健康、中国梦"科普活动，师生赴从化农村开展义诊志愿服务活动、举办中医特色文化节——中医知识比赛等。

4. 课程思政教学改革成效

（1）充分挖掘出课程中蕴含的多个思政元素以融入专业知识教育，制定体现知识传授、能力培养与价值引领三位一体的课程标准。

（2）坚持以学生为中心，构建思政元素多元化融入的教学全过程实施方案，思政元素大多数采用隐性融入方式，实现"春风化雨，润物无声"的教育作用。

（3）构建课程考核评价体系。将课程思政元素有机融入课上教学、课后任务及第二课堂中，利用各种网络学习资源搭建线上与线下相结合的考核平台，通过发布主题讨论、作业或病案讨论等方式，采用自评、互评、教师评价、感悟分享、线上测试等综合评价手段实现课程思政评价的多维度评价，以综合考评学生的专业知识掌握程度与德育教育实施的效果，实现了课程思政的隐性融入，润物细无声。

医学美容技术专业 "中医美容养生技术" 课程教学设计

依托专业名称：医学美容技术

依托课程名称：中医美容养生技术

一、 课程定位

"中医美容养生技术"是医学美容技术专业核心课程，课程主要是对接美容岗位能力，帮助学生掌握职业岗位群的能力（针刺疗法、艾灸疗法、刮痧疗法、拔罐疗法、推拿疗法、方案制订等），并能胜任美容类岗位工作，融入工匠精神等职业素养教育，成为高素质技术技能人才。本课程开课学期为第 2、3 学期；总学时 96，其中理论 48 学时，实践 48 学时。前期课程为"中医学基础""医学美学概论"，后期课程为"美容营养学""美容皮肤治疗学"等。

二、 课程目标

2023 年 6 月，教育部等八部门联合印发了《职业教育产教融合赋能提升行动实施方案（2023—2025 年)》，重点要求在养老、托育、家政等生活服务业行业中深入推进产教融合，培养服务支撑产业重大需求的技能技术人才。通过本课程学习，学生掌握医学美容基础知识，并运用中医美容常用技术对常见损美性皮肤进行中医诊治，达到预期的教学成效。培养具有中医美容思维，懂中医文化、会临床诊断、善技术手法，能提供热情服务，爱岗敬业且精益求精的"大医精诚健康美，德技双馨巧工匠"的美容师。

1. 素质目标

具备"忠于职守，爱岗敬业"的职业素质和"传承国医，文化自信"的中医人文素养；具备服务至诚、劳模精神和精益求精的工匠精神；增强勇于实践、创新的精神；形成健康美容观念和健康美容促进意识。

2．知识目标

掌握医学美容基础，包括医学审美、中医美容体质辨识、美容中药、美容方剂；熟悉中医美容常用技术的适应证和禁忌证，熟悉中医美容常用技术的操作方法和流程，熟悉常见损美性皮肤的中医诊治调理思路。

3．能力目标

能明晰美容岗位所必需的医学基础理论，包括医学审美、中医美容体质辨识、美容中药、美容方剂，具备医学美容专业基础审美思维；掌握中医美容常用技术，能熟练操作毫针刺法美容技术、艾灸美容技术、拔罐美容技术、刮痧美容技术、推拿美容技术并正确完成操作流程；具备常见损美性疾病的诊治与调理能力，如痤疮的拔罐美容调理、刮痧美容调理、推拿美容调理、饮食药膳调理。

三、 课程思政设计思路

本课程结合学科特点和专业需求，贴合《高等学校课程思政建设指导纲要》医学类课程的思政建设指导，形成思政融合线，通过视频、动画、中医故事、热点新闻等载体，利用信息化教学手段，使用线上线下一体化教学模式，配合使用小组讨论、角色扮演、头脑风暴、模拟流程、案例分析等教学方法，把思政元素有机融入日常教学，并形成有序的思政教学主线，贯穿课程始终，达到多靶向育人目的。

医学类学生的课程思政思路从两个整体出发设计：一个为德，一个为才。德者即要有哲学思想、家国情怀，一定的中医学文化素养、文化自信，有大医精诚、悬壶济世、仁心仁术的医学素养，有一定的道德修养、职业理想与职业道德等；才者即为有良好的技术技能，即精益求精的工匠精神、劳模精神、爱岗敬业精神，并能做好医学人文关怀，才能培养出"大医精诚健康美，德技双馨巧工匠"的优秀医学美容行业工作者。

四、 课程内容

表1 "中医美容养生技术"课程内容

章节	主要内容	思政元素及资源	教学组织与实施
1	美容中医学绪论	身体力行，知行合一的哲学思想。观看视频"'硬核中医'史载祥"，史载祥边呕血边给自己开方，曾一度几乎休克	组织学生分组展示名医事迹，讲述内心感悟。让学生学习身体力行，知行合一

（续上表）

章节	主要内容	思政元素及资源	教学组织与实施
2	阴阳学说	培养学生奉献精神、社会责任感与使命担当，具有大局意识和全局观念，具有家国情怀。观看视频"最美逆行者"，医护人员舍小家为大家，感悟分享	以讲授法为主，并运用视频启发等方法
3	五行学说	组织讨论"五行与生态文明"。帮助学生理解人与自然同构通应，树立爱护环境、爱护地球的环保意识，共建人类命运共同体	以讲授法为主，运用课堂讨论教学，通过"学习通"现场提问、抢答，启发学生进行头脑风暴
4	藏象学说	激发学生学习热情和中医文化自信。案例讲授：抗疫中的中国药方	以讲授法为主，并运用案例教学法
5	中医美容体质辨识	根植"医者仁心、以人为本"的职业情感、道德修养。观看视频"病从口出"，讲解点拨：医生当谨言慎行	以讲授法为主，并运用案例教学法、观看视频、小组讨论等方法
6	美容中药及方剂	①激发学生学习热情和医学自信。案例讲授：抗疫中的中国药方。②培养学生的主人翁精神、忧患意识，树立远大理想和家国情怀。观看视频"20年后的疾病预测"，热点问题讨论：华为危局	以讲授法为主，并运用案例教学法、观看视频、小组讨论等方法
7	黄褐斑针刺美容技术	讲授点拨：世界和而不同。培养学生诚信、有爱，善待他人、求同存异，增强共同体意识，共建和谐社会，世界大同。观看视频"习近平主席主旨演讲"，组织讨论：中美有何不同？	以讲授法为主，并运用视频启发等方法
8	黄褐斑艾灸美容技术	启发学生思考，培养学生敢于挑战权威的批判精神与科学态度，质疑与批判，严谨的科学观。案例讲授：王清任——中医解剖第一人	以讲授法为主，并运用案例教学法、观看视频、小组讨论等方法

（续上表）

章节	主要内容	思政元素及资源	教学组织与实施
9	痤疮刮痧美容技术	培养学生中医文化自信、医学奉献精神、继承和发扬中医传统文化的社会责任感与使命担当。观看电影《刮痧》片段。通过闯关赛的形式，优胜者上台展示。应用3D数字扫描系统，角色扮演，模拟美容师和顾客，在操作流程实训过程中，强调人文关怀，具体技术强调精益求精的工匠精神，树立爱岗敬业的精神	通过电影启发式教学，以闯关赛形式提高学生的竞争意识，用角色扮演法让学生真实体验工作环境中的岗位综合技能
10	痤疮拔罐美容技术	实训过程中培养学生分工合作、团队意识。分组进行讨论、协作，完成主题任务。通过活动和总结，提高分工合作及团队的精神	小组讨论，任务导向式教学，团队协作
11	痤疮药膳与食疗	传递社会主义核心价值观——诚信、友善。树立正确的人生观、价值观。通过模拟岗位实践，运用理论知识让学生在操作中激发诚实、友善的优良品质。在操作中运用理论知识，使学生明白树立正确人生观、价值观的重要性	采用PBL理念的情景演绎及主题讨论的项目化教学方法
12	肥胖推拿美容技术	树立正确的价值观，淡泊名利。观看视频"药王孙思邈"，组织讨论：孙思邈长寿的秘诀	以讲授法为主，并运用案例教学、观看视频等方法
13	中医实操技能综合实训	①培养学生严谨、一丝不苟的治学精神。观看电视剧《功勋》屠呦呦篇片段，小组讨论，分享感悟 ②塑造学生德能兼修、德才兼备、以德先行的自我修养，进行医风医德教育。反面教材：红包事件、医患矛盾。讨论辨析：如何才是一位好医生？	以讲授法为主，并运用案例教学法、观看视频、小组讨论等方法

五、 教学创新与特色

课程思政的创新在于根据以就业为导向,"任务驱动,教学做一体"为核心教学理念,以"大医精诚健康美,德技双馨巧工匠"为主要培养目标,完成就业技能提升和职业素养提升,形成学生成长线;结合学科特点和专业需求,贴合《高等学校课程思政建设指导纲要》医学类课程的思政建设指导,形成思政融合线;匹配高职生源特点及学习能力,以"三阶七步"递进式教学设计构建 SPOC (Small Private Online Course,小规模限制性在线课程),优化了 SPOC 教学流程线,形成"三线合一、三阶七步"递进式 SPOC 教学模式(如图 1),实现了教学质量提升。而"三线合一"教学提升教学质量,又是以"教学评赛创就业"一体化育人为最终目的,最后把优秀的德才兼备的学生进行一体化输出,服务就业,提升学生的就业率,为国家培养市场需要的优秀人才,形成"教学评赛创就业"一体化产教融合云平台(如图 2)。

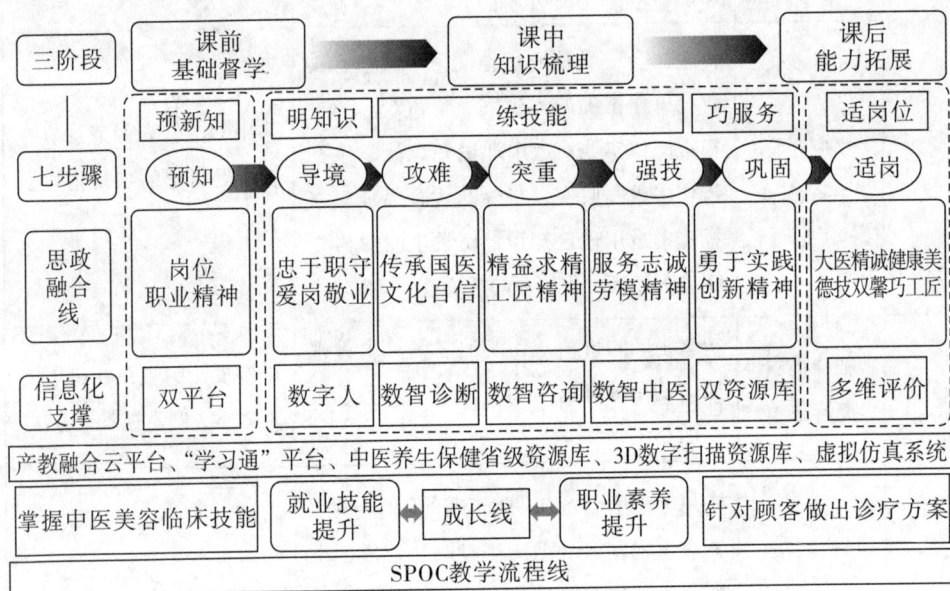

图 1 "三线合一、三阶七步"递进式 SPOC 教学模式

图 2 "教学评赛创就业"一体化产教融合云平台

六、 课程成效与评价

1. 课程评价

促科学培养，融多元互评，以"赋分增值"健全综合评价。本课程构建更为合理的评价模式："多元互评，增值赋分"，采用多元评价相结合的方法，积极探索增值性评价。综合评分（100%）＝过程性评价（60%）＋结果性测评（30%）＋增值性测评（10%），全面评价教学行为结果。（如图 3）

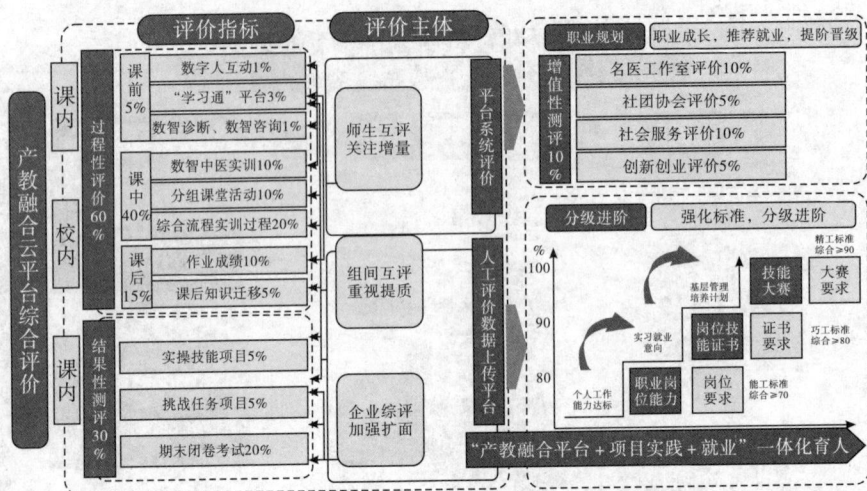

图3 "多元互评，增值赋分"评价体系

2. 课程成效

（1）"任务驱动，教学做一体"，有效达成三维目标。

（2）"能力迁移，各展所长"，多维度服务社会。

（3）"赛奖拓能，社团互动"，全面提升综合素质。（如图4）

（4）适应多样生源，构建高职SPOC教学新模式向同行推广。（如图5）

（5）利用学习通平台、3D数字扫描系统实现学习行为数据及时化、可视化反馈。教师全程掌握学生学效。（如图6）

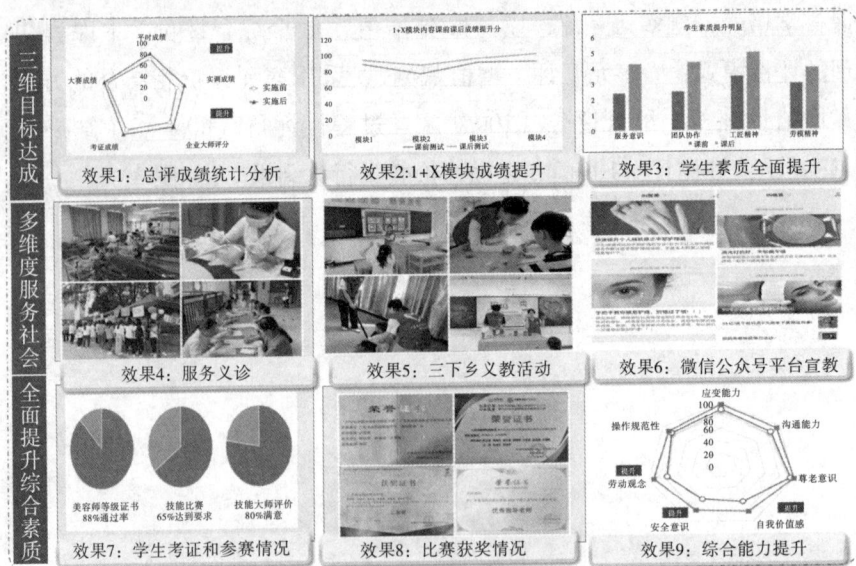

图4 学生学习效果

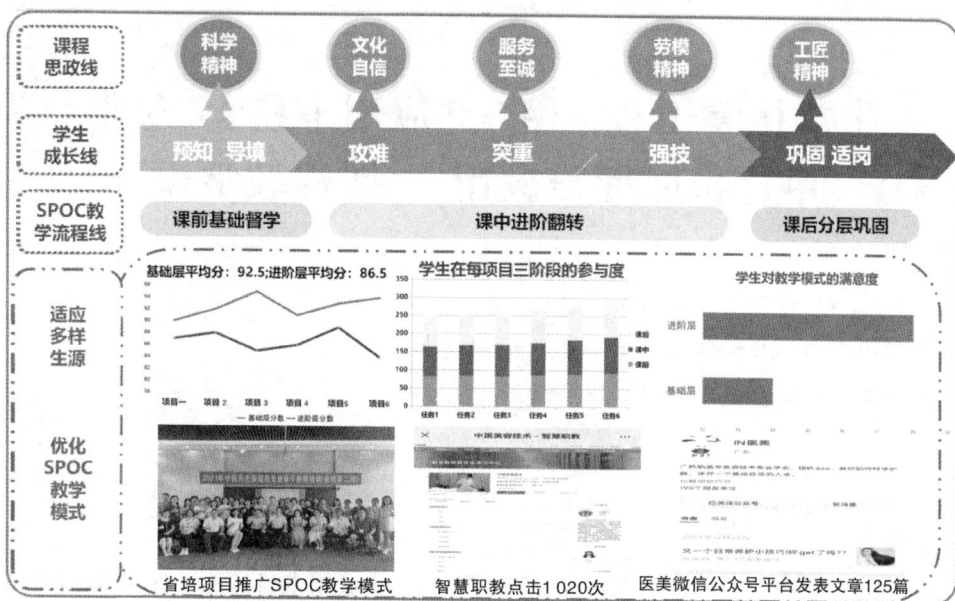

图5 "三线合一、三阶七步"递进式 SPOC 教学模式成效

教学项目实施前后学生综合实训考核评分			
项目	教学前	教学后	*p*值
背部刮痧技术要点实训达标率	23.1%	82.7%	
背部刮痧有效率	39.0%	68.0%	*p*<0.01
背部刮痧的舒适度	55.0%	8.0%	

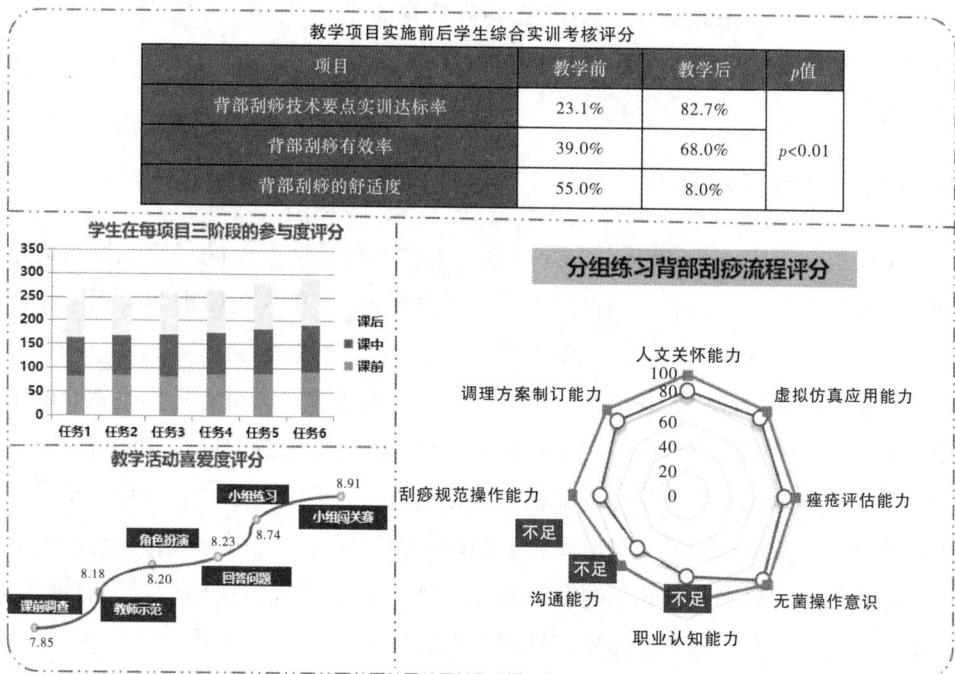

图6 教学评价实施效果

生物医学工程 （4+0 应用本科） 专业 "单片机原理与应用" 课程教学设计

依托专业名称：生物医学工程（4+0 应用本科）
依托课程名称：单片机原理与应用

一、 课程定位

"单片机原理与应用"是生物医学工程（4+0 应用本科）专业第 4 学期必修的一门专业核心课。本课程共 62 学时，3 学分，其中理论部分为 40 学时，实践部分为 22 学时。

在专业课程体系设置上，本课程的先修课程有"电路""模拟电子技术""数字电子技术"等，后续课程有"微机原理及接口技术""数字化医学仪器"等。

二、 课程目标

生物医学工程（4+0 应用本科）是广东食品药品职业学院与广东医科大学联合培养的专业，以培养应用型高素质人才为核心。"单片机原理与应用"是本专业的主干核心课程之一，涉及学生开展专业实践和科技创新所需的重要知识与技能，是后续多门课程的理论和实践基础，单片机的开发应用更是学生就业的主要方向之一，因此本课程在应用型本科人才培养中具有重要的地位和作用。

本专业学生已经具备学习本课程的基础知识。他们个性独立、自信，正处于不断提升社会责任认知的关键时期，需要以科学的理论作为引导进行思想政治教育。在教授单片机相关知识的过程中塑造学生的思想品德，使他们成为有能力、有担当、对社会有用的人，是本门课程的思政目标。

以单片机产品软件、硬件设计为主线，基于课程性质和教学指导思想，结合职业岗位能力要求、职业素养，确定本课程的知识目标、能力目标和素质目标，本课程的具体目标如下：

1．知识目标

（1）掌握常用单片机的结构及功能。

（2）掌握 MCS－51 单片机中央处理器、程序存储器、特殊功能寄存器、数据存储器、输入输出接口、串行接口、中断管理系统、通信总线等各模块内容。

（3）掌握使用 Keil 和 Proteus 软件进行基于 MCS－51 单片机的程序设计及电路设计。

2．能力目标

（1）掌握单片机产品的结构和基本原理，会查找各种产品的相关资料，会设计简单的单片机接口及应用系统，具有较宽的知识面，能独立学习新技术。

（2）了解单片机在医疗器械中的应用。

（3）会运用单片机技术对医疗器械设计中碰到的实际问题进行分析解决。

3．素质目标

（1）"一核心三层面"。以爱国主义教育为核心，实现理想信念、个人修养、职业素养三个层面的课程思政培养目标。

（2）树立科技报国的爱国情怀，增强理想信念，提升民族自信。

（3）养成良好的个人修养，学会独立思考、团结协作、实事求是、吃苦耐劳，培养正确的世界观、人生观和价值观。

（4）细节决定成败，培养学生严谨认真、追求创新、安全规范、精益求精的职业素养，为高质量就业提供保障。（如图 1）

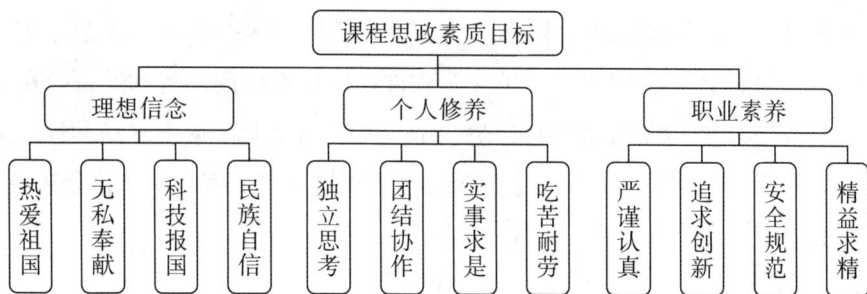

图 1　课程思政素质目标

三、 课程思政设计思路

以爱国主义教育为核心，深入挖掘思政元素，把思政内容和专业知识深度融合，基于理想信念、个人修养、职业素养三大思政育人目标以及全过程育人理念，以项目化任务为教学方法，遵循学生综合成长规律，将课程思政育人目标贯穿课堂教学的课前、课中、课后全过程。

1. 教学内容

按照知识结构把课程内容分为软件和硬件两大部分，引入两大实践仿真软件。如图 2 所示，软件部分由 Keil 提供程序设计，硬件部分由 Proteus 提供系统设计和仿真，并采用综合性设计来结合软、硬件两大部分的理论与实践。

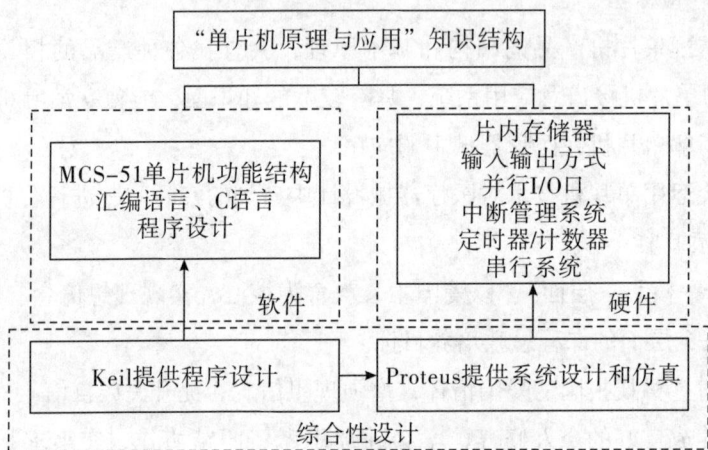

图 2　课程知识结构

本课程实践性极强，在实践中需要操作单片机开发板连接硬件电路，编写软件代码，下载烧录程序进行验证，通过实践促进学生对理论知识的理解。课程设计了流水灯变换、键盘接口、中断定时器系统应用、数码管静态动态显示等多个实验，旨在加深学生对 MCS－51 单片机软件及硬件系统的理解和掌握。在教学过程中以恰当的方式融入前沿科技、专家故事、实际案例、时事热点和传统文化等多个方面的思政元素，引导学生积极思考、克服困难、寻求解决问题的途径，在实践过程中培养职业素养、提升个人修养。

2. 教学方式

本课程将线上与线下、理论与实践、虚拟仿真与实物相结合，以项目驱动为主，以启发式、探究式、讲授式等方式进行引导和启发，引入两种实践教学软件来加强学生对课程的理解，提高学生的积极性。

超星学习平台"单片机原理与应用"课程于 2020 年立项为校级精品在线课程，目前已建设资源包括 9 章 40 小节授课课件和教案、68 个授课视频、2 个实验软件、2 本实验指导书、579 道课后习题等。

如图 3 所示，课前培养学生独立思考、自主探究的能力，利用超星平台，发布任务和有关思政话题的讨论，对教学内容进行引导启发。课中采用项目化教学法，将思政元素融入课程理论知识点和技能训练点中。在项目化实践教学中，让学生练习具体的项目任务，提升职业素养；验证知识点原理，培养独立思考、实事求是的个人素质；训练操作技能，培养安全规范操作的能力与责任意识；反复修改直到任务完善，培养吃苦耐劳的个人精神。做到以学生为主，深入贯彻立德树人的根本任务。教师课后在学习平台发布拓展任务，鼓励学生巩固所学、拓展思维、提升技能。通过课程思政拓展，激发学生的爱国热情与科技报国的使命感，提升学生个人修养。

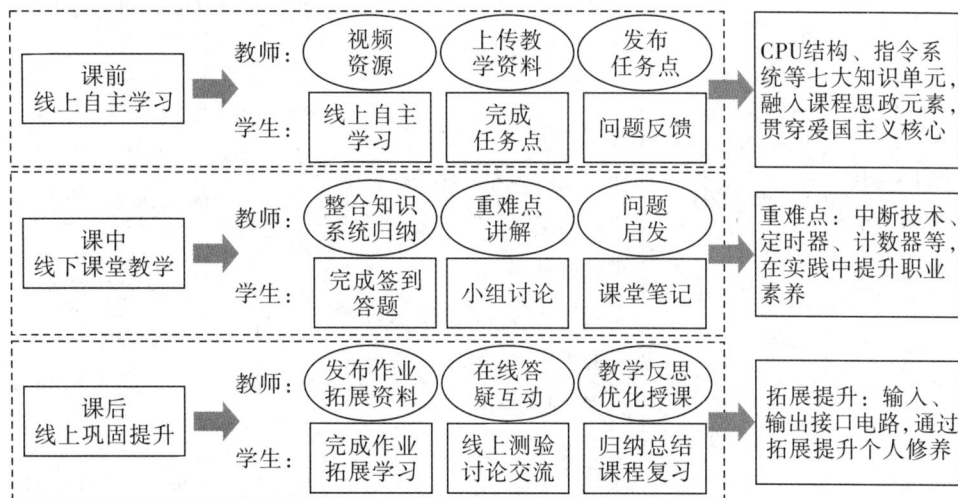

图3　线上线下混合式教学方式

四、 课程内容

表1　"单片机原理与应用"课程内容

章节	主要内容	思政元素及资源	教学组织与实施
第1章 微机基础	1. 单片机发展史； 2. 单片机应用； 3. 数制及编码	思政元素： 科技是第一生产力，核心技术是国之重器；责任意识和民族复兴。 思政资源： 我国与别国的单片机发展史对比	线上线下混合、讲授法、讨论式教学、问题式教学、故事讲述、启发式教学。 通过单片机发展史，对比讨论各国科技发展；明确科技强国的概念；培养新时代大学生的责任感和使命感

139

（续上表）

章节	主要内容	思政元素及资源	教学组织与实施
第 2 章 MCS – 51 单片机的 结构和原理	1. 单片机典型 芯片； 2. 单片机引脚； 3. 存储器结构	思政元素： 树立强大的爱国主义情怀，树立民族自豪感和新时代青年社会责任意识。 思政资源： "中兴、华为事件"；中国芯片	线上线下混合、讲授法、互动式教学、问题式教学、自主探究法、故事讲述、案例讨论、启发式教学。 课前请学生搜集相关事件始末；课中讨论引入"中国芯片"，根植爱国主义情怀，提升民族自豪感和社会责任意识
	1. 并行 I/O 口； 2. CPU； 3. 时钟与复位 电路	思政元素： 听从党的领导，增强社会主义认同感。 思政资源： 新冠疫情的防控，中国共产党的统一领导和中国特色社会主义制度的优越性	线上线下混合、讲授法、讨论式教学、故事讲述、案例讨论、类比分析、操作演示。 回顾新冠疫情居家学习的经历；与 CPU 核心类比，理解中国共产党始终是领导国家的核心力量
	1. 最小系统； 2. 总线及片外 扩展	思政元素： 分工明确、团队精神。 思政资源： 单片机总线扩展，各芯片协作分工，共同完成规定项目	线上线下混合、讲授法、问题式教学、自主探究法、任务驱动。 讲解系统扩展需要各部分团结协作，引申团队精神需要成员共同配合、完成目标
第 3 章 指令系统 与汇编语 言程序设计	1. 寻址方式； 2. 基本指令集	思政元素： 把握基本准则、安全规范，树立正确价值观、职业操守。 思政资源： 将指令和程序比喻成个人和社会	线上线下混合、讲授法、问题式教学、虚拟仿真、操作演示、小组讨论。 通过理论学习让学生认识到指令相当于 CPU 中的规则，联想到现实中的法律法规、公共道德，都是应当遵守的规则

（续上表）

章节	主要内容	思政元素及资源	教学组织与实施
第 4 章 C51 语言程序设计	1. 数据类型； 2. 常量和变量、运算符； 3. 库函数	思政元素： 细节决定成败，培养学生严谨细心的科学品质、积极向上的自主创新思维。 思政资源： 被美国禁用 MATLAB 软件、技术上"卡脖子"，需要自主创新，提升研发能力；习近平总书记关于创新的重要讲话	线上线下混合、讲授法、问题式教学、任务驱动、案例讨论。 程序设计要遵守编程要求，严谨细致；通过被美国禁用 MATLAB 事件，让学生认识到自主创新的重要性；引入习近平总书记重要讲话："关键核心技术是要不来、买不来、讨不来的"，教育学生发奋图强、坚持创新
	1. 程序结构； 2. C51 程序设计	思政元素： 合理选择，在人生道路上存在很多选择，引导学生树立正确的价值观。 思政资源： 分支选择语句	线上线下混合、讲授法、互动式教学、自主探究法、任务驱动、操作演示。 学习分支选择语句的具体编写，引导学生实事求是，逐渐具备根据主观条件进行人生选择的基本能力
第 5 章 单片机应用系统的开发工具	LED 灯闪烁控制	思政元素： 增强民族自豪感；激发科技报国的使命担当；培养学生严谨认真、精益求精的职业素养。 思政资源： 2008 年北京奥运会开幕式片段；精确延时小程序的时间计算	线上线下混合、讲授法、互动式教学、问题式教学、自主探究法、项目驱动、视频展示、类比讨论、虚拟仿真、操作演示、动手实践。 课堂播放 2008 年北京奥运会开幕式击缶片段，增强民族自豪感；通过与 LED 灯闪烁原理的类比激发学生报效祖国的爱国热情；详细解释延时小程序的寄存器计算方法，培养精益求精的职业素养

（续上表）

章节	主要内容	思政元素及资源	教学组织与实施
第6章 单片机的中断系统	中断系统	思政元素：学会判断事件的轻重缓急，合理安排待办事项的顺序，抓住主要矛盾，高效做事和学习。 思政资源：中断响应及处理需要设置优先级，表达了优先原则	线上线下混合、讨论式教学、互动式教学、虚拟仿真、操作演示。 从中断系统联想到工作中有时需要完成突发任务，引导学生学会合理安排任务顺序，抓住主要矛盾，提高职业素养
第7章 定时/计数器	1. 控制寄存器； 2. 工作方式及应用	思政元素：加强培育严谨求实、一丝不苟的科学研究精神；培养诚信守时的职业道德和职业素养。 思政资源：《我和我的祖国》电影中国旗升起片段、古人的计时工具	线上线下混合、讨论式教学、互动式教学、问题式教学、故事讲述、视频展示。 播放《我和我的祖国》电影中升旗片段，激发学生爱国热情，增强民族自豪感；展示我国古代的计时工具，引导学生感受古人智慧，传承诚信守时的传统美德
第8章 单片机的串行接口	1. 串口内部结构； 2. 串口控制寄存器； 3. 串口的工作方式；	思政元素：通信安全，法治意识，热爱祖国，不做危害国家安全的事；培养良好的沟通表达能力和团队协作精神。 思政资源：我国5G技术的发展，西方国家对我们的围追堵截	线上线下混合、讲授法、讨论式教学、虚拟仿真、故事讲述、操作演示、动手实践。 讲解串口通信的波特率必须一致，遵守协议才可通信；人与人之间沟通要遵守社会和行业规则；介绍通信技术的发展，华为5G领先国际，激发学生的爱国热情，增强学生的民族自信

（续上表）

章节	主要内容	思政元素及资源	教学组织与实施
第9章 单片机 接口技术 应用设计	1. 设计多功能LED显示系统控制电路； 2. 编写多功能LED显示系统控制程序并实现软硬件联调	思政元素： 科技强国；文化自信，树立爱国意识。 思政资源： 中科微光研发投影式红外血管显像仪的故事	线上线下混合、互动式教学、问题式教学、自主探究、项目驱动、故事讲述、虚拟仿真、操作演示、动手实践。 加入有爱国元素的图片等；介绍我国自主研发的"扎针神器"，培养学生创新意识，激发科技报国的使命感；课后组织LED设计比赛，设计力求思维创新
	1. 数码管静态显示系统的软硬件设计与调试； 2. 数码管动态显示系统的软硬件设计与调试；	思政元素： 严谨细心的品质；通过现象看本质，深入根源去解决问题；不畏困难、不屈不挠的科学精神。 思政资源： 程序设计中对关键语句和细节的把握，对程序功能的追求	线上线下混合、互动式教学、问题式教学、项目驱动、小组合作、实物操作、动手实践。 实例设计数码管显示；讨论出现"拖影"现象的原因；强调延时小程序设计的必要性及可实施性；小程序往往需要不断修改和调试，在此过程中培养学生解决问题的能力及反复修改达成目标的毅力
	1. 独立键盘接口控制电路设计； 2. 矩阵键盘接口控制电路设计	思政元素： 做事情要三思而后行，防止误判断和误操作。 思政资源： 按键消抖的两种方法：硬件消抖和软件消抖	线上线下混合、互动式教学、问题式教学、自主探究法、项目驱动、虚拟仿真、操作演示、动手实践。 按键消抖的两种方法是为了确认输入信号，提醒学生在遇到急事时要稳定情绪，思考后做出正确决定，做到实事求是、严谨认真

（续上表）

章节	主要内容	思政元素及资源	教学组织与实施
总复习	本课程的系统归纳、总结与复习	思政元素： 激发学生的专业自豪感和责任感、提升人文素养。 思政资源： 纪录片《大国工匠》等	线上线下混合、讨论式教学、互动式教学、故事讲述、问卷调查、视频推荐。结束课程，与学生交流心得，检验课程思政元素是否很好地融入课堂。师生的沟通和交流能够有效地激发学生的学习热情，潜移默化地帮助学生树立正确的世界观、人生观和价值观

五、 教学创新与特色

分析学科特点，深入探索本课程的育人价值。本课程具有非常典型的工科特点，理论内容较为抽象，需要通过实践才能把理论知识落到实处。在教学中引入两个虚拟仿真软件 Keil 和 Proteus，理论与实践结合进行教学，采用多元交流学习模式，更有利于学生对教学内容的理解，培养团队合作能力，提升其职业素养。

在课程思政教学方案设计过程中，全方位探索思政元素的融合点，提出"一核心三层面"，即以爱国主义教育为核心，以理想信念、个人修养、职业素养为三个层面的课程思政总目标；精心探讨课程思政的切入点，不重数量而要重质量，潜移默化地引入思政元素。教学中把道理讲深讲透，让学生领悟并吸收。

六、 课程成效与评价

实验过程是最能暴露问题的，实验考核评价时，教师最容易发现学生的问题所在。采用 Keil 和 Proteus 相结合的实验设计方法和随机分组的交流学习模式，在实验任务中，学生每次综合实验都需要和新伙伴组队。为了给新组员留下好印象，他们往往会做更充分的准备，这种方式既活跃了课堂气氛，又调动了学生的积极性，还可以培养学生的团队合作能力。对实验进行多方位考核，学生只有每一项都通过才说明其真正掌握了该实验的知识点。

　　对本课程教学效果的考核采用多元化评价，考核内容包括线上学习和讨论交流、课堂互动、实践操作、分组实践任务等多个方面，考核指标结合本课程的思政教学目标来设置，以考核指标为切入点，将思政和知识考核相结合，设置一定比例的思政点，将思政点考核纳入课程综合成绩，将课程思政的教学理念贯穿全过程。

　　学生通过学习不仅获得了专业自信，更树立了正确的世界观、人生观、价值观，坚定了理想信念。由此，课程思政教育效果得到了认可。

药学专业 "实用医学概要" 课程教学设计

依托专业名称：药学

依托课程名称：实用医学概要

一、 课程定位

"实用医学概要"是由"人体解剖""生理学""诊断学"和"疾病学"四门医学课程根据"工学结合"原则重组而成的课程。通过课程学习，学生应具备岗位常见病种的指标监测、问病荐药、健康促进的基本能力，同时具有人文关怀、救死扶伤、甘于奉献、职业伦理的自我要求。

本课程是药学专业群的专业核心课程，是药学专业的必修课程。课程共计4学分，72学时，其中理论部分为54学时，实践部分为18学时，开课于第二学期，前期课程为"生物学"，后续课程为"特征群体慢病管理""临床思维训练综合实训"。

二、 课程目标

习近平总书记在全国高校思想政治工作会议上提出："要把思想政治工作贯穿教育教学全过程，实现全程育人、全方位育人。"

"实用医学概要"一方面注重学生职业能力培养，使学生具备从疾病出发、从规律入手的疾病诊断能力；另一方面注重学生职业道德素质教育，把"健康所系，性命相托"的医药人文精神、"明德精业、惟民其康"的校训精神充分传递给学生，让学生明确将来所担负的责任，更加崇敬与珍惜生命，促进学生职业道德素质形成。

结合学校办学定位和人才培养方案，按照国家医学类专业课程思政标准，确定课程目标如下：

1. 知识目标

（1）掌握人体解剖与生理学的基本概念。

（2）掌握细胞、组织的分类和特点。

（3）掌握常见症状的临床表现、问诊要点、典型体征。

（4）掌握人体各系统解剖与生理功能。

（5）掌握岗位常见病种病因机制、临床表现、诊疗要点和防治原则。

（6）熟悉问诊内容和实验室检查、影像学检查等诊断基础知识。

（7）了解医学发展历程和医学模式。

2. 能力目标

（1）具备与患者沟通和问诊能力。

（2）具备岗位常见症状的辨识评估能力。

（3）具备岗位常见检查的辨识评估能力。

（4）具备岗位常见病种的初判评估能力。

（5）具备岗位常见病种的防治原则和基本的治疗处置能力。

（6）具备对社区健康宣教的能力。

（7）具备常用医疗技能并能够正确、合理使用医疗器械的能力。

（8）具备常见伤害或危重情况的院前处置能力。

3. 素质目标

（1）具备"敬业守正、爱国爱岗"的医学素质和"敬畏生命、大医精诚"的人文精神。

（2）具备协作互助的团队精神和精益求精的工匠精神。

（3）具备劳动意识和劳动精神。

（4）形成健康生活观念和健康促进能力。

（5）感知医药人的时代责任，筑牢"生命至上、人民至上"信念。

课程目标如图1所示。

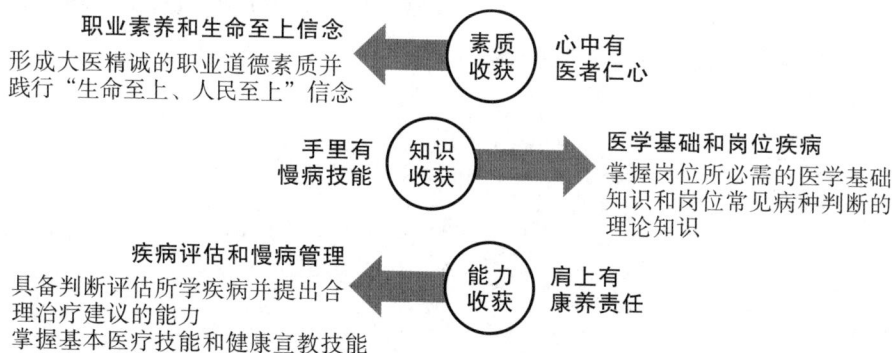

职业素养和生命至上信念
形成大医精诚的职业道德素质并
践行"生命至上、人民至上"信念

素质收获 心中有 医者仁心

手里有 慢病技能 **知识收获**

医学基础和岗位疾病
掌握岗位所必需的医学基础
知识和岗位常见病种判断的
理论知识

疾病评估和慢病管理
具备判断评估所学疾病并提出合
理治疗建议的能力
掌握基本医疗技能和健康宣教技能

能力收获 肩上有 康养责任

图1 课程目标

三、 课程思政设计思路

强化医学特殊职业崇高感和责任感，依托医药文化历史强大底蕴，学史明理，建立全方位的"课程思政"教育体系。

1. 形式上，结合 SPOC（Small Private Online Course，小规模限制性在线课程）教学模式，建立"感知、体味、践行"递进式的培育体系

（1）感知：学生在课前通过学习教学平台上的视频文字资源、教辅资源，初步感知教学资料所传达的坚定的政治立场、高尚的道德情操、科学的钻研精神等优秀品质。

（2）体味：课堂上，教师对课前教学资料进一步拓展和深化，通过互动式、启发式的教学方法，引导学生深入思考，深刻体味故事背后体现的社会主义核心价值观，将所获得的思政知识转换成内在信念。

（3）践行：课后，鼓励学生知行合一、践行信念，并在考核中量化、指标化课程思政的评分体系，确保学生在潜移默化中将优秀品质融入自己的行为、信念、精神世界中。

2. 内容上，融入多种思政素材，培养学生"敬业守正、爱国爱岗""敬畏生命、大医精诚"的素质

（1）爱国主义教育：融入我国医学发展史，展现我国医学的深厚文化内涵及成果转化，增强学生的民族自豪感。

（2）敬畏生命理念：融入人类医学史发展的艰辛历程，引导学生感恩生活、敬畏生命，于生活、学习中彰显人文关怀精神。

（3）科学探索精神：融入医学发展历程中名师名家的刻苦钻研、舍己忘我事迹，为学生树立学习榜样，吸取力量。

（4）平凡人的不凡：融入普通人中的好人好事，宣扬团结仁爱、踏实勤勉的传统优秀品质，让学生体味平凡岗位也能做出大贡献。

四、 课程内容

表1 "实用医学概要"课程内容

章节	主要内容	思政元素及资源	教学组织与实施
第一章	课程认知	思政元素：培养职业自豪感和家国情怀。 思政资源：近代中国卫生事业成就	通过回顾新中国血吸虫病抗击史和赏析毛主席诗词《送瘟神》，构建职业自豪感和家国情怀
第二章、第三章	1. 人体解剖生理学基础知识； 2. 细胞与组织	思政元素：建立自学意识，培育终身学习行为。 思政资源：21天挑战任务	结合知识点发放21天挑战任务，引导构建终身学习行为
第四章第1节	诊断学基础知识——常见症状	思政元素：培养客观、辩证思考问题的意识。 思政资源：人体症状的多样性	以人体症状的多样性、疾病表现的差异性为例，点拨治学时保持客观、辩证思维
第四章第2～3节	1. 诊断学基础知识——问诊； 2. 诊断学基础知识——体格检查	思政元素：感知敬业爱岗、人文关怀和救死扶伤的职业素养。 思政资源：林巧稚等优秀医生的事例	通过林巧稚等优秀医生敬业爱岗、人文关怀、救死扶伤典范引领，内化职业素养和医学品质
第四章第4～5节	1. 诊断学基础知识——实验室检查； 2. 诊断学基础知识——影像学检查	思政元素：不断求索、迎难而上的科学精神。 思政资源：现代先进检查技术的发展历程	讲解现代较先进的检查技术，讲述科学进步的艰辛，引领不断求索、迎难而上的科学精神
第五章第1～2节	骨骼辨识及体表标志定位	思政元素：敬畏生命、奉献社会，感知最高尚生命价值。 思政资源：昆明医科大学李秉权夫妇爱国爱岗事迹	讲述昆明医科大学李秉权夫妇爱国爱岗事迹，感知敬业守正、甘于奉献品质

（续上表）

章节	主要内容	思政元素及资源	教学组织与实施
第五章 第3~4节	运动系统疾病辨识	思政元素：内化守护生命健康的品质。 思政资源：骨质疏松症防治原则	结合骨质疏松症防治原则制作个性化补钙方案，内化守护生命健康的品质
第六章 第1~3节	1. 血生理指标判读； 2. 血型与输血	思政元素：培养不断探索、刻苦钻研的研究精神。 思政资源：人类输血史、血型的发现历程	从血型的发现为临床输血提供了安全保障讲起，引导体味科学研究的重大意义及不断求索的重要性
第六章 第4~5节	血液常见疾病辨识	思政元素：构建敬畏生命、救死扶伤的共同认知。 思政资源：无偿献血组织事例	通过无偿献血组织事例，构建人类命运共同体价值认知
第七章 第1节	脉管系统的解剖	思政元素：树立敬业守正、求实创新、协同互助的职业素养。 思政资源：生理学家徐丰彦的职业素养	从生理学家徐丰彦的职业素养中感知求真创新、敬业守正精神的重要性
第七章 第2~3节	脉管系统的生理	思政元素：培养实事求是、敬业守正的科学探究精神。 思政资源：英国医学家哈维发现血液循环事例	介绍英国医学家哈维发现血液循环的过程，引导认识重数据、重事实的科学探究精神
第七章 第4~5节	高血压病、高脂血症辨识	思政元素：筑牢守护生命信念，践行健康生活理念。 思政资源：对高血压病患者及家属进行健康促进服务	在对高血压病患者及家属进行健康促进服务过程中筑牢守护生命信念，践行健康生活理念

（续上表）

章节	主要内容	思政元素及资源	教学组织与实施
第七章第6~7节	心力衰竭、冠心病辨识	思政元素：培养知识整合、团队合作、社会服务意识。思政资源：健康促进的宣教材料	布置小组任务，对心力衰竭的防治进行海报制作，培养学生知识整合、团队合作、社会服务意识
第八章第1~2节	呼吸系统解剖生理	思政元素：培养急救意识，强化敬畏自然和生命意识。思政资源：人工呼吸的高质量实施要点	通过探讨人工呼吸高质量实施要点，明确敬畏生命、敬畏自然是高质量急救的首要保障
第八章第3~4节	急性上呼吸道感染、肺炎辨识	思政元素：引导保持学习，及时更新知识技能的理念。思政资源：感染性肺炎的致病原的多样性	讲解感染性肺炎的致病原的多样性，以及各型肺炎的流行变换状况，引导及时更新知识技能以应对疾病变化的理念
第八章第5、7节	肺结核、支气管哮喘辨识	思政元素：强化人类命运共同体认知。思政资源：污名化疾病的历史惨痛教训和我国肺结核防治成效	回顾污名化疾病的历史惨痛教训和我国肺结核防治成效显著原因，强化人类命运共同体认知
第九章第1~2节	消化系统基础	思政元素：强化医药伦理约束，筑牢职业行为底线。思政资源：博蒙特关于胃的生理学的研究案例	展示博蒙特关于胃的生理学的研究案例，在伦理判断中不断内化伦理约束，筑牢职业底线
第九章第3~4节	消化性溃疡、慢性胃炎辨识	思政元素：强化职业品质、筑牢职业底线。思政资源：幽门螺杆菌的发现和消化性溃疡的治疗历史变迁	通过幽门螺杆菌的发现和消化性溃疡的治疗历史变迁，感知优秀职业品质的力量和坚守伦理底线的伟大

（续上表）

章节	主要内容	思政元素及资源	教学组织与实施
第九章 第5、6、8节	胆囊炎、阑尾炎、痔疮辨识	思政元素：培养社会服务意识。 思政资源：对在校学生进行饮食问卷调查	布置任务，完成对在校学生的饮食问卷调查，引导认识消化系统健康与饮食的关系，能够提出营养膳食建议，体现人文关怀
第十章	1. 泌尿系统解剖生理话； 2. 泌尿系统常见疾病辨识	思政元素：培养泌尿系统自我健康管理能力。 思政资源："预防尿路感染"宣教海报	布置任务，完成"预防尿路感染"宣教海报，强化健康管理和健康促进能力，促进民众健康
第十一章 第1~2节	生殖系统解剖生理	思政元素：培养生殖系统自我健康管理能力。 思政资源：生殖系统结构	通过对生殖系统结构的分析，强化健康管理和健康促进能力，促进民众健康
第十一章 第4~5节	生殖系统常见疾病辨识	思政元素：培养生殖系统自我健康管理能力。 思政资源：生殖系统疾病	通过对生殖特点的分析，强化健康管理和健康促进能力，促进民众健康
第十二章 第1节	神经系统解剖	思政元素：培育救死扶伤、人文关怀的职业品质。 思政资源：顾方舟救死扶伤的爱国事迹	展示顾方舟试验"糖丸"攻克小儿麻痹的事迹，引导感知优秀品质和生命意义，提升民族自豪感
第十二章 第2节	神经系统生理	思政元素：培育救死扶伤、人文关怀的职业品质。 思政资源：对待急性脑血管疾病的患者的同理心	通过案例，了解对待急性脑血管疾病的患者时要有同理心，把"时间就是大脑"牢记心间
第十二章 第5、7、8节	阿尔茨海默病、抑郁症、帕金森病	思政元素：培育人文关怀意识。 思政资源：疏导情绪的方法	通过交流疏导情绪的方法，引导增强主动关怀意识

(续上表)

章节	主要内容	思政元素及资源	教学组织与实施
第十三章	1. 内分泌系统解剖生理； 2. 糖尿病辨识	思政元素：感知国家进步，培育学生民族自豪感。 思政资源：我国人工合成胰岛素的事例	从我国人工合成胰岛素的事例，引导迎难而上、刻苦钻研的精神
第十四章	视器基础及岗位疾病	思政元素：手有余香、生命升华的大爱信念。 思政资源：角膜捐赠典型事件	通过角膜捐赠典型事件引导升华生命意义认知
实训一	四大生命体征测量	思政元素：培育人文关怀和工匠精神。 思政资源：学生的相互操作	通过操作中的细节点拨培育人文关怀意识
实训二	心肺复苏术和自动体外除颤器（CPR + AED）	思政元素：培育人文关怀和工匠精神。 思政资源：学生的相互操作	通过操作中的细节点拨培育人文关怀意识和精益求精的精神
实训三	心电图描记	思政元素：培育人文关怀和工匠精神。 思政资源：学生的相互操作	通过操作中的细节点拨培育人文关怀意识
实训四	人体骨骼和内脏器官辨识	思政元素：培育协作互助精神。 思政资源：学生的分组协作	设置组长协调复习、协同考核流程，培育学生协作互助精神
实训五	血型、血糖测定	思政元素：培育人文关怀和工匠精神。 思政资源：学生的相互操作	通过操作中的细节点拨培育人文关怀意识和精益求精的精神

（续上表）

章节	主要内容	思政元素及资源	教学组织与实施
实训六	急症急救：消毒和清创	思政元素：培育敬业守正的职业精神和人文关怀。思政资源：学生的相互操作	通过操作中的细节点拨培育人文关怀意识和精益求精的精神
实训七	急症急救：溺水、窒息院前处理	思政元素：培育敬业守正的职业精神和人文关怀。思政资源：学生的相互操作	通过操作中的细节点拨培育人文关怀意识
实训八	实践考核1	思政元素：培育人文关怀和工匠精神。思政资源：学生的相互操作	通过操作中的细节点拨培育人文关怀意识和精益求精的精神
实训九	实践考核2	思政元素：培养团队合作、互帮互助的意识。思政资源：学生的分组协作	以小组为单位进行考核，培养团结协作、互帮互助的意识

五、 教学创新与特色

（1）教学目标重塑。响应习近平总书记的讲话精神，按照教学目标对课程内容进行了梳理，将思政建设融入"素质目标"中，使学生内化职业素养品质，筑牢医者仁心信念，实现"心中有医者仁心，手里有慢病技能，肩上有康养责任"。

（2）教学内容重构。依托产教融合构建的理实一体化资源，采用岗位问题为导向的教学策略，对教学内容进行重构，使课程贴岗位、重应用，产教融合中提升职业品质，注重问题导向，问题先行，理论紧随，应用回归。

（3）教学组织和方法创新。创建"三线合一"递进式SPOC教学模式（如图2），以岗位任务为行动导向，通过进阶训练形成学生技能成长线，凝练"敬畏生命、守护生命、生命至上、人民至上"思政主线，打造"知识体系展示医药文化、技能训练培育工匠精神、SPOC 模式强化学习意识、'二三'课堂筑牢医者仁心"思政特色。

（4）考核评价创新。考核评价项目除了传统期末考试，还增加了过程性评价、小组技能考核、增值性评分项目，培养学生良好的学习习惯，强调组内互帮互助，鼓励学生践行思政内容。

教学模式与理念如图 2 所示。

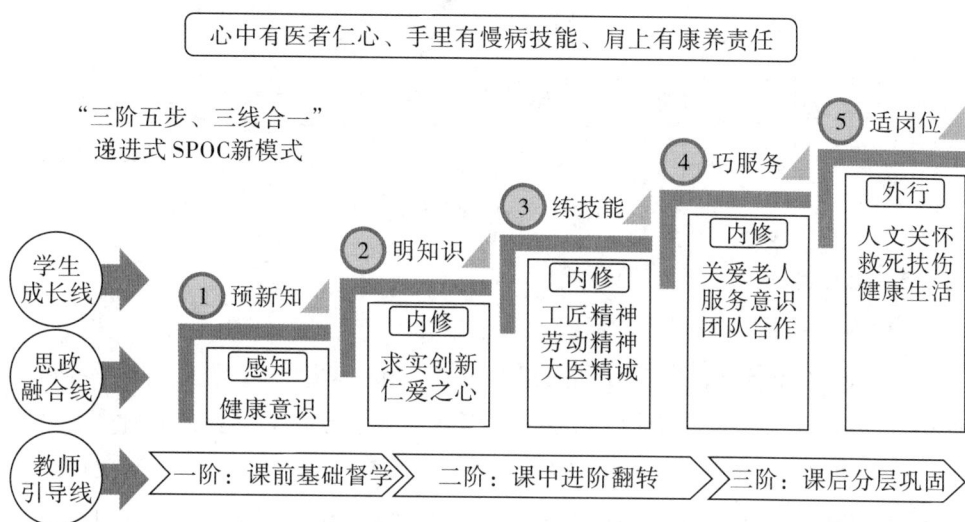

图2　教学模式与理念

六、 课程成效与评价

1. 课程评价

采用"以评促学、强化过程、增值赋分"的多维评价方式，强化过程性评价，健全结果性评价，通过增值性评价对课程思政进行赋能，构建课堂爱国爱岗、积极奋进的微环境，学生正能量的行为被鼓励、在评价体系中受认可，由此促进其内化于心、外化于行的同步蜕变。课程评价思路具体如图 3 所示。

		依托平台	评价主体	评价内容	增值赋分
课内	关注增量	学习平台	系统，师生	·阶段测试 ·技能考核 ·活动参与 ·完成时长 ·分组任务	学习能力 学习意识 学习行为 学习习惯
		虚拟仿真	系统		
		智能设备	设备		
校内	关注提质	技能大师工作室	专兼职教师	·考证模块成绩 ·技能大赛成绩 ·参与科普创作 ·参与公众号建设	专业知识技能的高质量成果
		双师工作室	专兼职教师		
		社团协会	专兼职教师		
校外	关注扩面	校外实训基地	企业导师	·对口帮扶支援 ·参与科普宣传 ·参与志愿活动	专业知识技能的运用能力和社会价值
		志愿者协会	协会教师，群众		
		社区	居民，患者，家长		

图3　课程评价思路

2. 课程成效

（1）任务驱动，达成教学目标。

本课程自2018年沿用现有模式开课以来，所有学生均能完成分层练习和技能训练。自学完成率达100%，数据显示所有学生都形成了自学意识和持之以恒的良好学习习惯。本课程的综合成绩合格率100%，优秀率20.5%，知识目标达成；课后分层巩固的成绩平均提升10.2分，小组完成了实训技能服务项目，技能目标达成；学生修身律己，敬业守责，面对医患沟通困难时能始终保持温暖服务的态度，医者仁心，以患者生命健康为本提出解决问题的办法，素养目标有效达成。

（2）能力迁移，多维服务社会。

强化多元化生源长板优势，实现岗位技能迁移。高中生源基础扎实，自2020年3月起，学校鼓励学生参与科普公众号建设，持续4年翻译权威科普文章推送民众，目前共推送文章308篇，单次科普文章的最高浏览量为500次以上；中职生源经验丰富，领衔社区服务，获患者、社区高度评价；疫情防控期间，100%的学生志愿参加抗疫，66.7%的学生参与抗疫相关工作，优秀学生定期在企业药店跟岗见习，持续服务社区民众和弱势群体，用专业技能和热血青春服务社会。

（3）教学相长，校内外示范辐射。

通过改革与经验的积累，本课程获评"2021年校级课程思政教育改革示范性课程"，入选2021年"粤东西北地区委托培训"思政建设项目，获评"2023年省级课程思政示范课程"。课程思政培育成果获得专家认可，专家认为通过思政教学提升专业教学质量的教学方法达到了国内领先水平。

卫生信息管理专业 "医院信息系统管理与维护" 课程教学设计

依托专业名称：卫生信息管理

依托课程名称：医院信息系统管理与维护

一、 课程定位

1. 课程性质

本课程是卫生信息管理专业开设的综合实训课程，授课时间为第五学期。

2. 课程内容及作用

依据《卫生信息管理专业人才培养方案》，本课程是卫生信息管理专业以全面提升学生的需求分析能力、系统设计与开发能力，了解医疗系统软件开发基本流程，培养学生的综合运用能力为目标的综合实训课程。本课程有以下几方面的作用：①学生将加深理解、验证巩固课堂教学内容；②增强系统设计的感性认识；③学生能够完成项目需求分析以及系统设计，完成案例的应用操作实践；④将全面提升学生的系统分析、设计、开发、实际应用能力，使学生得到较强的实践操作能力和岗位适应力，为学生毕业后适应软件开发与信息管理专业技术岗位（系统设计、软件开发、软件测试、信息系统管理与维护、软件售前与售后服务等）打下坚实的职业能力和素质的基础。

此外，课程还将培养学生树立助力"健康中国"意识，教育引导学生投身健康医疗信息化行业。进一步落实培养学生家国情怀、推动医院信息化发展、为人民健康事业奋斗终身的课程育人目标和职业素养。

二、 课程目标

1. 知识目标

（1）了解国内医疗机构信息化建设情况。

（2）了解医院系统建设基本流程。

（3）掌握 PACS、超声、病理等系统的应用操作流程。

（4）掌握 PACS、超声、病理等系统的管理与维护技巧。

（5）了解 PACS、超声、病理等的实施流程及技巧。

（6）能够运用医院信息化相关法律法规、规章制度。

2．能力目标

（1）了解医院内常见信息系统功能及业务流程。

（2）具备医院信息化系统的基本知识、基本素质和基本技能。

（3）了解医院信息化中用到的一些新技术及标准。

（4）了解医疗信息化的市场情况。

（5）具备业务分析能力及团队分工协作能力。

（6）提高项目管理与实施能力。

3．素质目标

（1）身体素质：培养良好的体魄、正确的健康观。

（2）心理素质：培养良好的心理健康素质。

（3）文化素质：培养良好的人文社会科学素养，增强社会责任感。

（4）思政素质：培养学生高尚的职业道德，热爱祖国，拥护中国共产党的领导，增强为健康中国事业添砖加瓦的决心，有良好的组织纪律性和团队合作精神。

三、 课程思政设计思路

党的二十大报告指出："人民健康是民族昌盛和国家强盛的重要标志。把保障人民健康放在优先发展的战略位置，完善人民健康促进政策。"在"健康中国"战略全面深入实施带动下，随着医疗系统进步、全球经济逐渐复苏、人口总量持续增长以及社会老龄化程度的加剧，医药健康行业发展迅速，健康信息技术人才缺乏。"医院信息系统管理与维护"是面向卫生信息管理专业开设的专业实训课，积极响应健康中国的发展战略，精准针对岗位具体要求设置课程内容，助力健康中国建设。

以"课程思政、立德树人"为指导，秉持"以学生为中心，为学生专业学习和未来工作打下坚实基础为宗旨，培养健康信息技术复合应用型人才，以融入思政的真实情境项目任务为驱动"的理念，围绕"智慧医院系统"，设计递进式的项目任务，提供丰富的学习资源，让学生体验真实的工作场景，通过学中做、做中学，掌握医院信息系统的基本操作和使用规则，全程渗透素质教育、个性化教育等思政教育理念，发挥信息化教学的特点和优势，着力提高学生学习的兴趣，调动学生的积极主动性，以利于学生对教学内容的理解，进一步强化学生的知识与实践技能，开拓视野，培养科学的思维方式。（如图1）

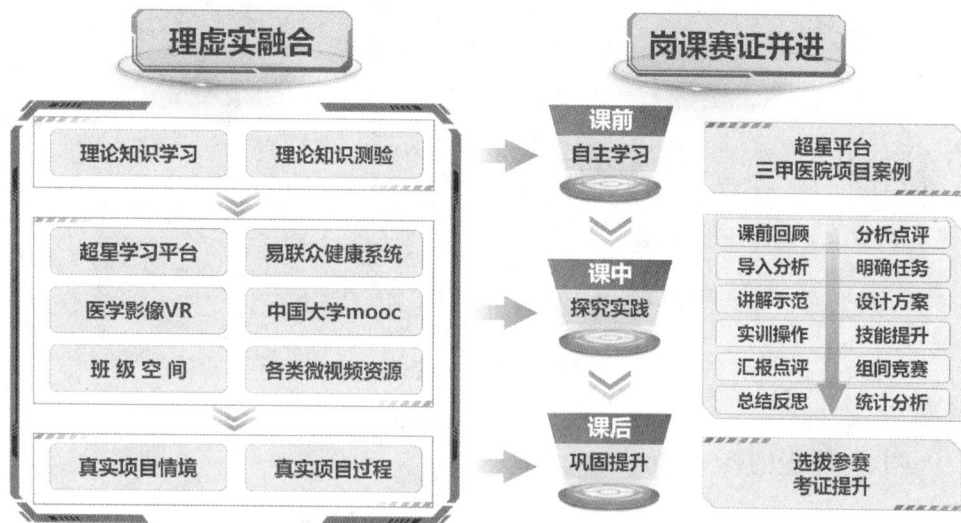

图1　"理虚实融合、岗课赛证并进"的线上线下混合教学模式

教师通过营造线上线下融合的学习环境，为学生提供丰富的线上学习资源和智慧医疗实训系统。智慧医疗实训系统为上市健康医疗系统公司与学校共同研发的智慧医疗软件系统教学资源，如图2所示。

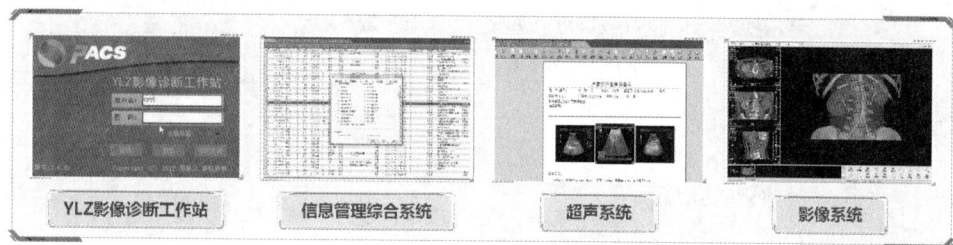

图2　产教融合教学资源

基于增值评价理念，教师通过课前诊断性评价、课中形成性评价和总结性评价、课后发展性评价，综合学习参与过程、知识和技能、作品评价、参与拓展活动等分数，最终实现对学生的多维度、多主体、多元数据的评价，如图3所示。

图3 评价方案设计

四、课程内容

表1 "医院信息系统管理与维护"课程内容

教学项目	主要内容	思政元素及资源	教学组织与实施
第一章 系统分析	1. 系统逻辑分析； 2. 系统业务流程； 3. 数据库安装	通过案例分析、热点问题讨论等方式，结合健康医疗信息化领域知识点（技能点）的传授，向学生介绍健康中国相关政策	1. 以讲授法为主，并运用案例教学、观看视频、撰写文献综述等方法。 2. 充分利用网络教学资源，引导学生查找资料，完成项目作业
第二章 PACS系统流程	1. 科室基础信息获取； 2. PACS业务流程图	向学生介绍医疗信息化优化诊疗流程，结合热点问题，培养总结反思的能力，提高人民幸福感，强化爱国爱党的意识和情怀	1. 运用案例教学、观看视频、撰写文献综述等方法。 2. 利用超星学习平台、易联众智慧医疗系统平台，引导学生完成项目作业

（续上表）

教学项目	主要内容	思政元素及资源	教学组织与实施
第三章 RIS 系统安装及使用	1. 科室基础信息获取； 2. RIS 业务流程图	让学生通过分析和讨论，加深对 RIS 系统的功能及流程的认识，以及其在实际工作中的应用，培养学生自主思考及表达的能力。引导学生灵活支配信息，培养较好的筛选信息的能力，有患者医疗信息保密意识	1. 利用网络教学资源，完成项目作业。 2. 融入创新创业教育内容，实施真实岗位情境教学，有效加深学生对企业实际业务的理解
第四章 超声信息系统安装及使用	1. 科室基础信息获取； 2. 超声系统业务流程图	结合健康医疗信息化领域技能点的传授，引导学生利用信息化手段，避免引起医患纠纷，同时合理安排医疗资源	1. 创设情境进角色，课前导入系统相关业务，发布实践任务。 2. 引导学生通过完成项目任务进行自主探究和互动协作学习，培养学生独立探索、勇于开拓进取的自学能力
第五章 病理信息系统安装及使用	1. 科室基础信息获取； 2. 病理信息系统业务流程图	通过观看视频，教师讲解、案例分析，培养学生信息技术能力与素养，增强学生面对困难及时解决问题的能力	1. 以讲授法为主，运用案例教学、观看视频、撰写文献综述等方法。 2. 实战演练，利用易联众病理信息系统完成项目作业

五、 教学创新与特色

1. 突出了技能核心培养的高职特色

课程定位准确，目标明确，突出了技能核心培养的高职特色。课程改革理念新，学校根据企业对人才质量的要求，确定了培养高素质、高技能的综合型人才的根本目标，为教学改革指明了方向。

2. 教学过程与社会实践同步进行，突出了工学结合的特点

根据与本课程相关的社会任务及相应要求，学校对课程内容做了调整，删减

了使用性不强的内容，采用以情境为载体、课内外实践并举、项目引导等实践教学模式，实现课堂、实训与工作任务相结合，按项目制作规程逐步进行，使教学过程与社会实践保持同步进行，突出了工学结合的特点。

3. 专业课程是课程思政建设的基本载体

课程思政是将思想政治教育以潜移默化的方式融入课程教学和改革各环节、各方面，实现各课程与思政课同向同行、形成协同效应的一种综合教育理念。结合不同学科、专业课程特点，深挖思政元素并融入课程教学，实现润物无声的育人效果。

4. 思政引领，激发为人类健康事业奋斗的家国情怀

人民健康是社会主义现代化的重要标志。我国的智慧医疗建设发展在总体上呈现健康稳定上升的趋势。智慧医疗信息化产业是一个朝阳产业，鼓励学生加强智慧医疗业务学习，主动思考解决医疗行业所面临的"痛点"问题，使医疗服务更好地满足人们的健康需求，服务健康中国建设。

六、 课程成效与评价

1. 学业成绩稳步提升，教学目标有效达成

课程融入思政，设计了递进式项目任务，让学生体验真实的工作场景，通过学中做、做中学，学生大部分掌握了智慧医院系统的基本知识和操作技能。教师从过程参与、知识掌握、技能熟练和素养达成四个方面考核学生学习效果，2022—2024 年学生平均成绩逐年提升；学生在平台中的行为数据也表明大部分学生积极完成平台学习任务，成绩良好。

2. 产教融合，学习成就感和专业认同感大幅提升

学生通过"自主＋协作"探究的方式，完成每次课堂的项目任务和拓展项目任务，并在平台中完成作品分享和互评，有效激励了学生制作和分享作品的热情，同时锻炼了表达、鉴赏和评价作品的能力，让学生充分体会到劳动的愉悦，极大提升了学生的学习兴趣、自信与成就感。

结课后 1 周内调查结果显示，90% 以上的学生对医院信息系统的社会地位、专业价值、发展前景等均比较认可或非常认可，93.85% 的学生毕业后比较愿意或非常愿意从事医院信息化建设工作，92.31% 的学生认为从事医院信息化方面的工作肯定能够或有较大可能实现个人事业理想。前后对照调查结果显示，毕业后比较愿意或非常愿意从事医院信息化建设工作的学生比例由 84.62% 上升至 93.85%，认为从事医院信息化方面的工作肯定能够或有较大可能实现个人事业

理想的学生比例由 83.08% 上升至 92.31%，差异有统计学意义。由此可见，"医院信息系统管理与维护"课程思政教学有利于引导学生认同医院信息系统的社会地位、专业价值、发展前景等，在一定程度上提升了学生参与医院信息化建设的意愿，如表 2 所示。

表2　2021 级卫生信息管理专业学生开课前和结课后 1 周内问卷调查结果对比（样本总量 69）

指标	开课前		结课后 1 周内	
	样本量	占比（%）	样本量	占比（%）
医院信息化对我国卫生事业发展比较重要或非常重要	65	92.31	65	96.92
医院信息化对提高医院经济效益和社会效益帮助较大或很大	65	92.31	65	95.38
医院信息系统发展前景比较好或非常好	65	89.23	65	95.38
医院信息化对缓解"看病贵、看病难"、维护群众健康权益、促进社会公平正义有价值和意义很大或比较大	65	87.69	65	93.85
毕业后比较愿意或非常愿意从事医院信息化建设工作	65	84.62	65	93.85
从事医院信息化方面的工作肯定能够或有较大可能实现个人事业理想	65	83.08	65	92.31

3.　产教融合，毕业生素养大幅提升

校企联合构建以中山大学附属第一医院等 30 余所健康信息企业为依托的实习就业兼德育实践基地体系，构建省级产教融合基地 2 个，开办健康信息企业学徒班、订单班 4 个。学校为粤港澳大湾区战略性新兴产业和医养信息行业培养健康信息化人才 1 000 余人，开设学生服务医养机构 130 余所，参与医养系统研发 20 余项。学生成为各级医院、养老院、医养信息化企业的技术骨干力量。通过发放给用人企业的问卷调查了解到：学生医疗信息化基础知识扎实，职业基本素质好、岗位适应能力强。学生在工作中能够吃苦，进入公司后能快速进入员工角色，到医院实施项目的过程中受到医生、护士的好评。

下编　食品与其他类课程设计

软件技术专业　"jQuery 技术应用"
课程教学设计

依托专业名称：软件技术

依托课程名称：jQuery 技术应用

一、　课程定位

在"健康中国"战略全面深入实施带动下，随着医疗系统进步、全球经济复苏、人口总量持续增长以及社会老龄化程度的加剧，医药健康行业发展迅速，政府持续推进医药卫生改革，带动医疗信息系统架构升级和新兴信息化技术应用，造成健康信息技术人才匮乏。"jQuery 技术应用"是广东食品药品职业学院卫生信息管理专业群软件技术专业基础课，面向"软件与信息服务"战略性支柱产业集群和"数字创意"战略性新兴产业集群，是 Web 前端开发 1＋X 证书的初级、中级、高级核心课程。课程积极响应"健康中国"的发展战略，引入与上市健康医疗公司共同研发的产教融合健康医疗信息化系统，结合院校行业特色对教学内容进行重构，设计贯穿课程的智慧医疗网站设计与开发项目，构建"岗课赛证思"育人模式（如图1），培养"信息技术＋医疗养老"复合型、高素质技术技能人才。

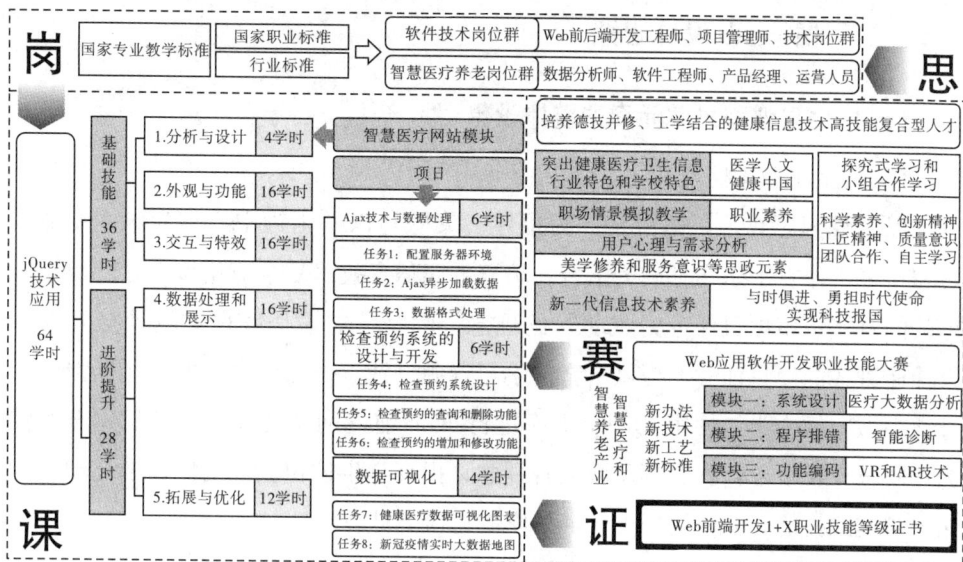

图1 "岗课赛证思"育人模式

二、 课程目标

根据人才培养方案、课程标准和学情分析，对接 Web 前端开发的典型工作任务，确定三维教学目标和教学重点，结合学生认知规律及特点，预判教学难点，如图2所示。通过本课程的学习，学生能够理解 jQuery 的实质，掌握 jQuery 的使用方式。学生能够根据任务需求，高效地设计 Web 界面，并且使用 jQuery 快速构建网页，从事相关岗位技术及管理工作，成为创新型技术技能人才。

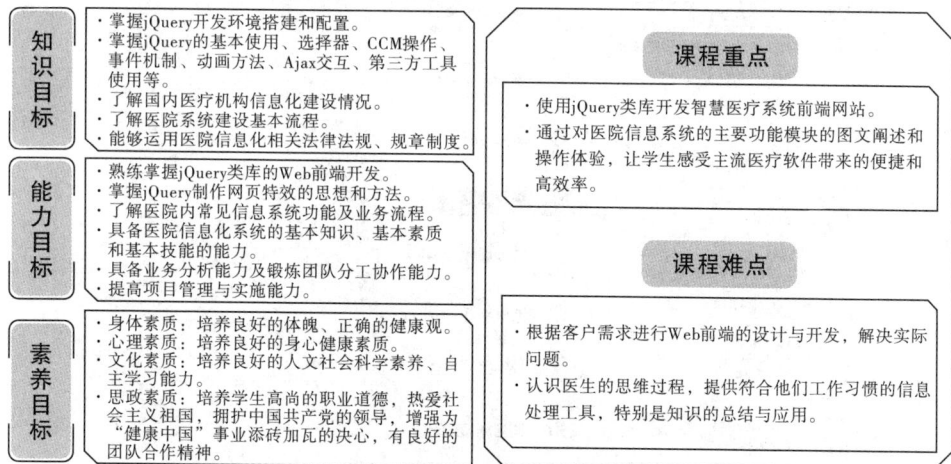

图2 教学目标和教学重难点

三、 课程思政设计思路

(一) 融入课程思政元素的整体设想

1. 教学理念及模式

以"课程思政，立德树人"为指导，秉持"以学生为中心，为学生专业学习和未来工作打下坚实基础为宗旨，培养健康信息技术复合应用型人才，以融入思政的真实情境项目任务为驱动"的理念，围绕"智慧医疗网站设计与开发"，设计递进式的项目任务，提供丰富的学习资源，让学生体验真实的工作场景，通过学中做、做中学，使用 jQuery 类库进行 Web 前端网站的设计与开发，全程渗透素质教育、个性化教育等思政教育理念，提高学生的积极主动性，强化学生的知识与实践技能，开阔视野，培养科学的思维方式。

2. "产教融合、理虚实融合、课赛并进"线上线下混合教学模式

采用"产教融合、理虚实融合、课赛并进"的线上线下混合教学模式。"教、学、做、评"一体，帮助学生实现"理论与实践融会贯通，德技兼修"。将整个教学过程分为"课前自主学习、课中探究实践和课后巩固提升"三个阶段，以及"自主学习—课前回顾—导入分析—讲解示范—实训操作—汇报点评—总结反思—拓展提升"八个环节，充分利用两个平台、多种数字化资源和线下教学环境，支持学生开展线上线下相结合的小组探究学习、自主学习和课后拓展提升活动，如图 3 所示。

图 3 "产教融合、理虚实融合、课赛并进"三阶八环的教学实施过程

3. 基于增值评价理念，合理构建评价体系

基于增值评价理念，将通过课前诊断性评价、课中形成性评价和总结性评价、课后发展性评价相结合，综合学习参与过程、知识和技能、作品评价、参与拓展活动等分数，最终实现对学生的多维度、多主体、多元数据评价，如图 4 所示。

多维度全方位综合评价					
过程性评价（60%）	课前（10%）	课前自学	视频完成情况	过程参与度	5%
		课前任务	任务完成情况		5%
	课中（40%）	考勤	不迟到、早退		5%
		课堂活动	问卷调查、讨论等活动参与情况		5%
		素养评价	团队合作	素养达成度	3%
			工匠精神		3%
			创新意识		4%
		作品评价	需求分析准确性	技能熟练度	5%
			设计方案合理性		5%
			网站功能齐全性		5%
			网站界面美观性		5%
	课后（10%）	拓展任务	产品创新型	知识掌握度	5%
		知识测验	章节测验成绩		5%
终结性评价（40%）	期末考核	知识考核	知识点考题	知识掌握度	10%
		技能考核	技能实操考题	技能熟练度	20%
		素养考核	职业素养考题	素养达成度	10%

探索增值评价		
任务	上次任务A	本次任务B
过程参与度		
知识掌握度		
技能熟练度		
素养达成度		
综合成绩增量	□进步 □持平 □退步	

公式：

$$综合成绩增量百分比 = \frac{综合成绩增量}{进步空间} \times 100\%$$

$$= \frac{本次成绩 - 上次成绩}{满分 - 上次成绩} \times 100\% = \frac{b-a}{100-a} \times 100\%$$

图 4　评价方案设计

（二）融入载体与方法

1. 融入载体

（1）教学资源。

通过搭建线上线下融合的学习环境，为学生提供丰富的线上学习资源和智慧医疗实训系统。智慧医疗实训系统为上市健康医疗公司与广东食品药品职业学院共同研发的智慧医疗软件系统教学资源。结合软件专业特色和最新时政热点，课程教学主要使用国产软件和平台，介绍国内 IT 企业的故事，增强学生 IT 国产化的信心，激发学生以"家国情怀"立志科技报国。

（2）课程综合实训项目。

设计贯穿课程的医院前端网站开发项目，融入医学人文、健康中国及时代精神等思政元素。结合院校行业特色，鼓励学生加强智慧医疗业务学习，主动思考解决医疗行业所面临的痛点问题，服务"健康中国"建设。

（3）多维度、多主体、多元数据的评价体系。

利用学习平台、智能设备实现学习行为大数据及时化、可视化反馈。教师全程掌握学生的学习效果，按需微调学时比；学生根据实时分数完成自我修正，逐渐养成终身学习意识和学习习惯。在教师点评、生生互评中融入美学修养和服务意识等思政元素。

2．融入方法

（1）在探究式学习和小组合作学习中融入科学素养、创新精神、敬业精神、工匠精神以及责任意识等思政元素。

（2）情景模拟教学包括作品展示、简历面试等场景，融入职业素养、劳动教育等思政元素。

四、 课程内容

表1　"jQuery 技术应用"课程内容

模块	主要内容	思政元素及资源	教学组织与实施
基础技能模块1 智慧医疗网站的分析与设计（4学时）	项目1：智慧医疗网站的分析与设计	1. 提问"为什么阿里、腾讯、百度等互联网巨头能诞生在中国，而不是在欧洲、日本或者印度"。引导学生思考：科技巨头的发展壮大得益于中国经济腾飞和人口红利，而我们有幸生活在这个前所未有的变革时代，努力工作就能创造属于自己的精彩未来。培养学生"四个自信"，以及实现自我价值、报效祖国的情怀。 2. 了解 Web 前后端行业发展前景，制定个人职业发展和自主学习路径规划。培养学生热爱行业和自主学习的职业素养。 3. 撰写求职简历初稿，就业指导与课程同步进行	小组学习法、线上线下混合式教学、基于问题的引导式教学、案例分析教学法、情景模拟教学

（续上表）

模块	主要内容	思政元素及资源	教学组织与实施
基础技能模块 2 智慧医疗网站的外观与功能（16 学时）	项目 2：折叠式菜单网页和医院特色服务高亮显示网页（6 学时）；项目 3：留言板网页和权限管理网页（10 学时）	1. 了解广东省"大卫生"产业转型升级和建设"健康中国"社会发展目标，了解健康医疗养老信息化的重要意义，融入医学人文和"健康中国"等思政元素。 2. 探究式学习培养自主学习能力，培养科学思维模式、创新精神和解决问题的能力。 3. 通过编程实操进行劳动教育、培养科学素养、工匠精神、质量意识，能够反复调试和修改完善代码质量。 4. 通过全员作品展示，随着课程推进，简历素材的不断积累，让所有学生都有成就感。这也是针对技术岗进行职业素养和求职技巧的专门指导和实操，就业指导与课程同步进行	小组学习法、线上线下混合式教学、基于问题的引导式教学、项目教学、任务驱动、案例分析教学法、情景模拟教学
基础技能模块 3 智慧医疗网站的交互与特效（16 学时）	项目 4：用户评价网页和药品管理网页（12 学时）；项目 5：星空闪烁动画和导航下拉列表（4 学时）	1. 医院前端网站项目，融入医学人文和"健康中国"等思政元素。 2. 探究式学习培养自主学习能力，培养学生科学思维模式、创新精神和解决问题的能力。 3. 通过小组合作学习培养学生团队合作精神和沟通交流能力，提高工作效率。 4. 融入美学、艺术、心理学等基础知识，要求学生能设计出符合用户期待的网页，培养学生美学修养和服务意识。 5. 通过编程实操进行劳动教育，培养学生科学素养、工匠精神、质量意识，能够反复调试和修改完善代码质量。 6. 通过全员作品展示，随着课程推进，简历素材的不断积累，让所有学生都有成就感。这也是针对技术岗进行职业素养和求职技巧的专门指导和实操，就业指导与课程同步进行	小组学习法、线上线下混合式教学、基于问题的引导式教学、项目教学、任务驱动、案例分析教学法、情景模拟教学

（续上表）

模块	主要内容	思政元素及资源	教学组织与实施
进阶提升模块1 智慧医疗网站的数据处理和展示（16学时）	项目6：检查预约系统的设计与开发（12学时）；项目7：健康医疗数据可视化图表、新冠疫情实时大数据地图（4学时）	1. 医院前端网站项目，融入医学人文和"健康中国"等思政元素。 2. 通过小组合作学习培养学生团队合作精神和沟通交流能力，提高工作效率。 3. 融入美学、艺术、心理学等基础知识，要求学生能设计出符合用户期待的网页，培养学生美学修养和服务意识。 4. 使用第三方团队开发的 jQuery 插件，可以降低网页开发成本，简化开发流程。所谓"站在巨人的肩膀上能看得更远"，也符合习近平总书记所说的"前人种树后人乘凉，我们每个人都是乘凉者，但更要做种树者"，一代接着一代，撸起袖子加油干，才有美好的未来。教育学生感恩插件开发团队，同时鼓励学生今后开发出更好的插件，服务他人	小组学习法、线上线下混合式教学、基于问题的引导式教学、项目教学、任务驱动、案例分析教学法、情景模拟教学
进阶提升模块2 智慧医疗网站的拓展与优化（12学时）	项目8：网页焦点图（4学时）；项目9：注册页面的用户头像上传功能（2学时）；项目10：移动端用户界面的设计与开发（6学时）	1. 医院前端网站项目，融入医学人文和"健康中国"等思政元素。 2. 通过小组合作学习培养学生团队合作精神和沟通交流能力，提高工作效率。 3. 融入美学、艺术、心理学等基础知识，要求学生能设计出符合用户期待的网页，培养学生美学修养和服务意识。 4. 使用第三方团队开发的 jQuery 插件，可以降低网页开发成本，简化开发流程，培养学生感恩前人和服务他人的意识	小组学习法、线上线下混合式教学、基于问题的引导式教学、项目教学、任务驱动、案例分析教学法、情景模拟教学

五、 教学创新与特色

1. 创新"新一代信息技术 + 健康医疗养老行业"健康信息技术人才培养理念

智慧医疗和智慧养老是健康医养信息产业与新一代信息技术交叉融合的新型业态。针对信息技术类专业人才培养供给侧和健康医养信息产业需求侧不完全适应的问题，创新"新一代信息技术 + 健康医疗养老行业"健康信息技术人才培养理念，形成"医养行业提需求—企业出方案—学校育人才—医养企业对接学校提供课岗训资源和优质就业岗位"四方融通健康信息技术人才培养模式，填补了健康信息技术人才培养空白。

2. 尊重学生差异性和个性化需求，实施分层教学和分层评价

根据不同层次学生的能力水平和学习需求，制定针对性的教学目标、教学策略，提供相应教学资源。针对能力偏强的学生，布置有挑战性的课程设计，让他们充分发挥潜力；而对于能力较弱的学生则采取简单易懂的教学策略，布置适量的练习和帮助其补充基础知识。对不同层次的学生，采用不同的评价标准，对能力较弱的学生可以采用量化评价；而对于能力偏强的学生则采用讨论式、论文式等质化评价。

探索增值评价，促进学生"全面发展 + 个性成长"。因为不同层次学生的学业增值不是建立在相同基点上。我们采用实际增值与预期增值的比值，预期增值是指在阶段初预设的到阶段末学生能够提高的成绩，实际增值是指学生到阶段末实际提高的成绩。

3. 结合行业和专业特色，有机融入课程思政元素

结合院校行业特色，使信息技术类课程和地方经济、行业领域紧密融合，与其他院校同类专业错位发展，本案例可以在地方行业型高校进行示范推广。鼓励学生加强智慧医疗业务学习，主动思考解决医疗行业所面临的痛点问题，服务健康中国建设。结合软件专业特色和最新时政热点，课程教学主要使用国产软件和平台，介绍国内 IT 企业的故事，增强学生 IT 国产化的信心，激发学生的"家国情怀"，立志科技报国。

六、 课程成效与评价

1. 课程目标达成和学生思政收获评价

（1）三维目标有效达成，毕业生素养大幅提升。

所有学生均能完成分层巩固复习和技能训练，综合成绩 100% 合格，优秀率

达到71%，知识目标达成。对需求分析、系统设计、程序编写、代码排错四大能力进行学习效果考核，近三年平均成绩逐年提升，技能目标达成；学生修身律己，服务社会，职业素养提升，素养目标有效达成。2020—2022年，学生课程满意度逐年提升，学习兴趣显著提高，如图5所示。

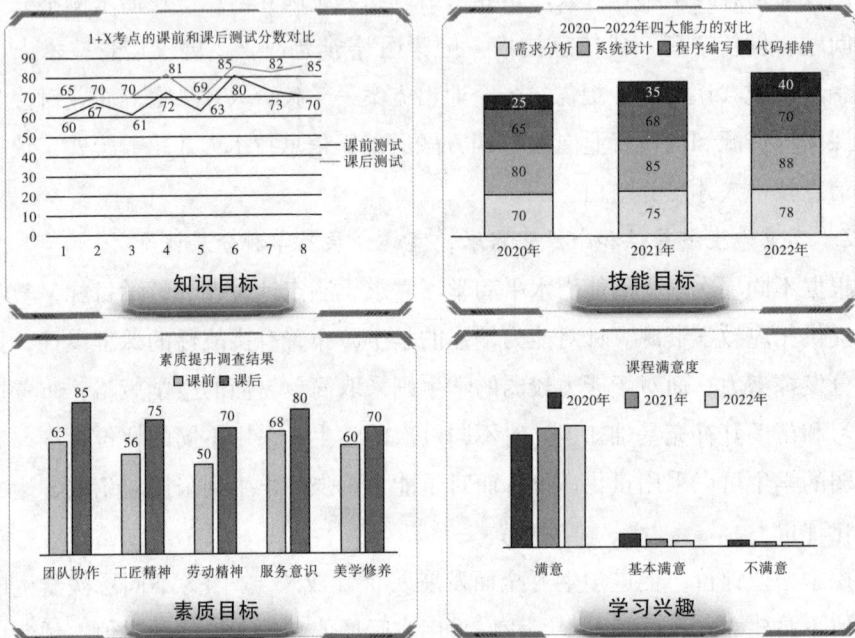

图5　学生学业表现

学校为广东省特别是粤港澳大湾区战略性新兴产业和医养信息行业培养健康信息化人才1 000余人，学生服务医养机构130余所，参与医养系统研发20余项。学生成为各级医院、养老院、医养信息化企业的技术骨干力量，受到用人单位的一致好评。通过发放给用人企业的问卷调查了解到：学生医疗信息化基础知识扎实，职业基本素质好，岗位适应能力强。在工作中能够吃苦，进入公司后能快速进入员工角色，到医院实施项目过程中受到医生和护士的好评。

（2）产教融合，学习成就感和专业认同感大幅提升。

学生通过"自主＋协作"探究的方式，完成每次课堂的项目任务和拓展项目任务，并在平台中完成作品分享和互评，有效激励了其他学生制作和分享作品的热情，同时锻炼了表达、鉴赏和评价作品的能力，充分体会到劳动的愉悦，极大提升了学习兴趣、自信与成就感。

结课后1周内调查结果显示，90%以上的学生对医院信息系统的社会地位、专业价值、发展前景均比较认可或非常认可；60%以上的学生愿意从事医院信息化建设工作，认为从事医院信息化方面的工作肯定能够或有较大可能实现个人事业理想。前后对照调查显示，课程在一定程度上提升了学生参与医院信息化建设的意愿，如表2所示。

表2　2022年软件技术2班开课前和结课后1周内问卷调查结果对比（样本总量89）

指示	开课前		结果后1周内	
	样本量	占比（%）	样本量	占比（%）
医院信息化对我国卫生事业发展比较重要或非常重要	81	91.01	81	91.01
医院信息化对提高医院经济效益和社会效益帮助较大或很大	79	88.76	82	92.13
医院信息系统发展前景比较好或非常好	76	85.39	76	85.39
医院信息化对缓解"看病贵、看病难"、维护群众健康权益、促进社会公平正义的价值和意义很大或比较大	75	84.27	76	85.39
毕业后比较愿意或非常愿意从事医院信息化建设工作	45	50.56	58	65.17
从事医院信息化方面的工作肯定能或有较大可能实现自己在事业上的理想	38	42.70	64	71.91

（3）课赛并进，技能比赛初显成效。

学生2020—2022年获得全国大学生数学建模竞赛二等奖2项，"一带一路"暨金砖国家技能发展与技术创新大赛国内决赛二等奖2项、三等奖4项，省职院技能大赛学生专业技能竞赛一等奖3项、二等奖5项、三等奖10项，"挑战杯"省级大学生创业计划竞赛铜奖2项。

2. 课程思政教学改革成效

（1）教师成长，课程思政要育人先育己。教师的思想境界全面提升，教师的言传身教、学生的耳濡目染成为课程思政最基本、最见成效的方式，学生对教师的评价全面提升。教师团队获省级以上教学大赛奖项3项，获校级课程思政课题2项。

（2）校企联合构建以中山大学附属一院等30余所医养企业为依托的实习就业兼德育实践基地体系，省级产教融合基地2个，健康信息企业学徒班、订单班4个。

化妆品技术专业 "职业英语（下）"
课程教学设计

依托专业名称：化妆品技术

依托课程名称：职业英语（下）

一、 课程定位

"职业英语（下）"是广东食品药品职业学院除特定班级外学生第二学期的公共基础必修课，具备人文性与工具性，承上启下支撑专业群课程。前置课程是"职业英语（上）"，后续有"跨文化交际"等。课程 4 学分、64 学时，其中理论 40 学时，实践 24 学时。

本课程依据教育部意见和标准，结合广东食品药品职业学院专业群人才培养方案，面向广东大健康产业九大专业群，如中药学、药学等，培养高素质技术技能人才。通过基础和专业模块教学，让学生掌握必要知识，以药剂师等岗位为例，培养其涉外沟通、多元文化交流、语言思维提升和自主学习完善等能力。

二、 课程目标

本课程旨在促进学生英语学科核心素养发展，培养其英语学习与职场应用能力，为未来学习和发展奠定基础，造就具有中国情怀和国际视野，能在日常及职场有效沟通的高素质技术技能人才，达成课程育人目标。具体表现为：

1. 知识目标

（1）基础知识：掌握求职应聘等必要的职场英语基础表达。

（2）专业知识：熟悉健康管理英语等职场英语专业知识。

（3）多元文化知识：了解中国文化、职场文化和企业文化等。

2. 能力目标

（1）职场涉外沟通能力：具备英语听、说、读、写、译技能，能完成日常及职场沟通任务，读懂、写好各种应用文，运用英语处理相关工作。

（2）多元文化交流能力：获取多元文化知识，理解内涵，传播中华文化，完成跨文化沟通。

（3）语言思维提升能力：分析英语话语，了解思维方法，识别英汉思维异同，具备逻辑、思辨和创新思维。

（4）自主学习完善能力：明确学习意义和目标，规划时间和任务，运用策略，能终身学习。

3．思政素质目标

（1）身体素质：践行习近平新时代中国特色社会主义思想，培养健康意识。

（2）心理素质：正确认识自我，调控情绪，健全人格，提高心理健康水平和自我教育能力。

（3）文化素质：弘扬人文精神，培养社会责任感和公德意识，塑造理想人格，增强适应能力。

（4）思想素质：践行社会主义核心价值观，继承优秀文化，增强文化自信，传播中医药文化；提高自我效能感，锤炼思维品格，深化职业教育，培养敬业品质；坚持中国立场，具备国际视野，树立共同体意识，形成正确世界观和价值观。

三、课程思政设计思路

1．设计理念

教学内容职业化、教学做一体化。以认知语言学理论和 CBI 教学理念为基础，开展通用英语结合行业英语的课程，符合学生与社会需求。讲练结合，形成"输入—输出—评价—改进"思路。每个单元依托一个工作岗位设定职场场景，培养学生的实用英语和职场英语能力。完善职场语言、技能和礼仪三方面内容，实现学生在基础英语、职场工作、创新思辨和思想政治敏感性等多维度提升。

2．设计思路

针对高职毕业生英语技能的要求，根据企业的工作流程、典型工作任务或场景设计教学内容，每个单元浓缩一个典型工作环节，学习任务与工作任务相协调。7 个基础单元，加上 3 个具有学生专业特色的专业单元联合教学，以实现教、学、做一体化。通过"任务前—任务中—任务后"的设计主线，进行"视—读—思—听说—学练—讲评"的教学任务。（如图 1）

任务前—任务中—任务后

主题认知—认知体验—任务驱动—价值引领—成果体验

视　　　　读　　　　思

导入　　　阅读　　　职场文化

反馈　　情景操练　　情景式听说

讲评　　　　学练　　　　听说

交互式学习 + 评估：线上投票 + 线下互动

多种形式结合：任务驱动法、角色扮演法、情景交际法 + 小组合作法

图1　课程设计思路

3. 设计转化

课程基于价值素质的课程思政教学任务设计目标体系，以知识为主，由易到难递进且相互支撑。内化于心成为学生价值核心，外化于行在行为和成果上体现。注重任务设计和真实情境，引导学生践行社会主义核心价值观。（如图2）

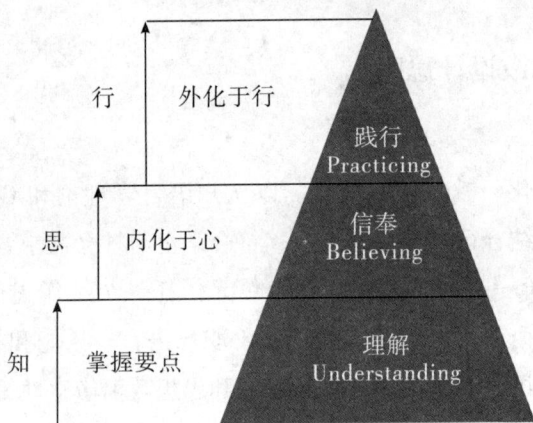

行　外化于行　　践行 Practicing

思　内化于心　　信奉 Believing

知　掌握要点　　理解 Understanding

图2　课程设计转化

4. 教学手段

教学手段多样化，除传统的粉笔黑板教学、多媒体教室以外，还加上丰富多彩的课外活动、社团微信公众号、各级各类比赛、"学习通" App 上知识的构建。在多样化的教学活动中，利用各种弘扬"中国精神"、讲述"中国故事"的方式，提高学生的英语口语、写作能力，同时进一步提升学生的思想政治素养，加强学生思想道德建设。

四、 课程内容

表1　"职业英语（下）"课程内容

章节	主要内容	思政元素及资源	教学组织与实施
Unit 1　Job Interview	1.1.1 Extensive Reading； 1.1.2 Culture Salon； 1.1.3 Writing Practice； 1.2.1 Viewing, Listening & Speaking； 1.2.2 Speaking Practice（I）； 1.3.1 Viewing, Listening & Speaking； 1.3.2 Speaking Practice（I）	思政元素： 谦虚谨慎、诚实守信、创新思维、职业品格、爱岗敬业、礼仪修养。 思政资源： 一、教材 1. Reading：What Should We Pay Attention to in the Job Applications； 2. Culture Salon：Cultural Differences in Job Interviews； 3. Writing：Resumes； 4. Conversation 1：Having a Job Interview； 5. Conversation 2：Having a Job Interview。 二、超星"学习通"2021—2024年版"职业英语（下）"课程网址：https：//mooc1-1.chaoxing.com/course/216461439.html	1. 采用"案例穿插式"和"隐性渗透式"，将"诚实守信"等思政元素融入课程，引导学生自我管理和规划，培养良好职业素养、家国情怀和国际视野。 2. 通过任务驱动教学法等组织课堂，进行面试情景模拟，开展面试着装演示活动、简历大赛活动等完成情境学习。采用线上线下混合教学模式

（续上表）

章节	主要内容	思政元素及资源	教学组织与实施
Unit 2 Working on Telephone	2.1.1 Extensive Reading; 2.1.2 Culture Salon; 2.1.3 Writing Practice; 2.2.1 Viewing, Listening & Speaking; 2.2.2 Speaking Practice（I）; 2.3.1 Viewing, Listening & Speaking; 2.3.2 Speaking Practice（I）	思政元素： 职业规范、爱岗敬业、服务精神、祖国情怀、文化自信 思政资源： 一、教材 1. Reading: Tips and Techniques of Making an Information Telephone Call; 2. Culture Salon: Telephone Etiquette; 3. Writing: Order Letters; 4. Conversation 1: Making a Room Reservation; 5. Conversation 2: Placing and Changing an Order。 二、超星"学习通" 2021—2024年版"职业英语（下）"课程网址：https://mooc1-1.chaoxing.com/course/216461439.html	1. 以"案例穿插式"和"画龙点睛式"，将"职业规范"等思政元素融入课程。培养学生专业知识，增强责任感，坚定文化自信，做好跨文化交流。 2. 利用任务驱动教学法等组织课堂，让学生参与如不同国家打电话礼仪对比、电话接待情景模拟、中英文电话表达差异对比等活动。采用线上线下混合教学模式
Unit 3 Receiving Foreign Guests	3.1.1 Extensive Reading; 3.1.2 Culture Salon; 3.1.3 Writing Practice; 3.2.1 Viewing, Listening & Speaking; 3.2.2 Speaking Practice（I）; 3.3.1 Viewing, Listening & Speaking; 3.3.2 Speaking Practice（I）	思政元素： 爱国主义、祖国情怀、文化自信、文明、思辨能力、中国心、中国味、中国情。 思政资源： 一、教材 1. Reading: Making Greetings and Introductions; 2. Culture Salon: Cultural Differences in Touch; 3. Writing: Invitation Letters; 4. Conversation 1: Meeting Foreign Guests at the Airport; 5. Conversation 2: Seeing Foreign Guests off at the Airport。 二、超星"学习通" 2021—2024年版"职业英语（下）"课程网址：https://mooc1-1.chaoxing.com/course/216461439.html	1. 通过"画龙点睛式"和"隐性渗透式"，将"爱国主义"等思政元素融入课程，培养学生职业规范、爱岗精神和跨文化交流能力。 2. 运用任务驱动教学法等组织课堂，进行不同文化打招呼方式的表演、对比，接机和送机对话情景模拟任务。采用线上线下混合教学模式组织和实施教学，借助"学习通"App等，提升教学效果

（续上表）

章节	主要内容	思政元素及资源	教学组织与实施
Unit 4 Factory & Company Tour	4.1.1 Extensive Reading； 4.1.2 Culture Salon； 4.1.3 Writing Practice； 4.2.1 Viewing, Listening & Speaking； 4.2.2 Speaking Practice（Ⅰ）； 4.3.1 Viewing, Listening & Speaking； 4.3.2 Speaking Practice（Ⅰ）	思政元素： 爱国主义、祖国情怀、文化自信、职业规范、爱岗敬业、工匠精神。 思政资源： 一、教材 1. Reading：Tips of Having a Factory Tour； 2. Culture Salon：Rules of Proper Business Reception Etiquette； 3. Writing：Company Profiles； 4. Conversation 1：A Company Tour； 5. Conversation 2：A Factory Tour。 二、超星"学习通" 2021—2024 年版"职业英语（下）"课程网址： https：//mooc1 - 1. chaoxing. com/course/216461439. html	1. 采用画龙点睛式和隐性渗透式，将"职业规范"等思政元素融入课程，培养学生职业规范、专业素养和工匠精神，帮助学生掌握接待礼仪，坚守行业规范。 2. 通过任务驱动教学法等组织课堂，利用角色扮演模拟工厂和公司的参观情境，进行公司的布置、人员接待模拟教学。采用线上线下混合教学模式，有序组织与实施教学
Unit 5 Running Business Meetings	5.1.1 Extensive Reading； 5.1.2 Culture Salon； 5.1.3 Writing Practice； 5.2.1 Viewing, Listening & Speaking； 5.2.2 Speaking Practice（Ⅰ）； 5.3.1 Viewing, Listening & Speaking； 5.3.2 Speaking Practice（Ⅰ）	思政元素： 谦虚谨慎、诚实守信、法治精神、职业精神、爱岗敬业、职业品格。 思政资源： 一、教材 1. Reading：How to Run an Effective Business Meeting； 2. Culture Salon：Business Meeting Etiquette Tips； 3. Writing：Meeting Agendas； 4. Conversation 1：Making Preparations for a Meeting； 5. Conversation 2：Having a Sales Meeting。 二、超星"学习通" 2021—2024 年版"职业英语（下）"课程网址： https：//mooc1 - 1. chaoxing. com/course/216461439. html	1. 通过"案例穿插式"等方式，将"职业精神"等思政元素融入课程，以达到爱岗敬业、做事有规划懂规矩、提效率的思政育人目标，培养学生统筹规划、精益求精的专业素养和工匠精神。 2. 运用任务驱动教学法等组织学生进行模拟商务会议的举行、会场的布置、人员的接待安排、情景对话等内容的学习。采用线上线下混合教学模式，有序组织与实施教学

（续上表）

章节	主要内容	思政元素及资源	教学组织与实施
Unit 6 English for Exhibition	6.1.1 Extensive Reading； 6.1.2 Culture Salon； 6.1.3 Writing Practice； 6.2.1 Viewing，Listening & Speaking； 6.2.2 Speaking Practice（Ⅰ）； 6.3.1 Viewing，Listening & Speaking； 6.3.2 Speaking Practice（Ⅰ）	思政元素： 爱岗敬业、诚实守信、改革创新、责任担当。 思政资源： 一、教材 1. Reading：History of Trade Show & Exhibitions； 2. Culture Salon：Canton Fair； 3. Writing：Product Introductions； 4. Conversation 1：Preparations for the International Medication Exhibition； 5. Conversation 2：New Product Demonstration。 二、超星"学习通"2021—2024 年版"职业英语（下）"课程网址：https：//mooc1－1.chaoxing.com/course/216461439.html	1. 运用"案例穿插式"等，将"爱岗敬业"等思政元素融入课程，培养学生坚定自信，提高思辨能力，拥有严谨、创新等品质。 2. 运用任务驱动教学法等组织课堂，运用展会的布置、选址，并分组以模拟报告成果的方式进行情境教学。运用线上线下混合教学模式开展教学
Unit 7 Business Negotiations	7.1.1 Extensive Reading； 7.1.2 Culture Salon； 7.1.3 Writing Practice； 7.2.1 Viewing，Listening & Speaking； 7.2.2 Speaking Practice（Ⅰ）； 7.3.1 Viewing，Listening & Speaking； 7.3.2 Speaking Practice（Ⅰ）	思政元素： 爱岗敬业、职业品格、平等、公正诚信、尚和合、求大同。 思政资源： 一、教材 1. Reading：What Is Negotiation？ 2. Culture Salon：Questioning Techniques； 3. Writing：Business Cards； 4. Conversation 1：Price Negotiations； 5. Conversation 2：Agency Agreement。 二、超星"学习通"2021—2024 年版"职业英语（下）"课程网址：https：//mooc1－1.chaoxing.com/course/216461439.html	1. 采用"案例穿插式"等方式，将"公正诚信"等思政元素融入课程，培养学生公正诚信原则，以合作共赢等为目标，提高学生处世和思辨能力，让学生掌握谈判礼仪，增强制度自信。 2. 运用案例分析法等组织课堂，引入"国家医保局灵魂砍价"事件引发思考，学生通过讨论、模拟情境积极参与，发挥能动性。采用线上线下混合教学模式，有序组织与实施教学活动

（续上表）

章节	主要内容	思政元素及资源	教学组织与实施
Unit 8 Marketing	8.1.1 Extensive Reading； 8.1.2 Culture Salon； 8.1.3 Writing Practice； 8.2.1 Viewing, Listening & Speaking； 8.2.2 Speaking Practice（I）； 8.3.1 Viewing, Listening & Speaking； 8.3.2 Speaking Practice（I）	思政元素： 诚实守信、爱岗敬业、职业规范、服务意识、科学素养。 思政资源： 一、教材 1. Reading：An Introduction to Marketing； 2. Culture Salon：Selling Shoes to Islanders； 3. Writing：A Sales Promotion Letter； 4. Conversation 1：Conducting a Market Survey； 5. Conversation 2：Conducting a Door-to-door Promotion。 二、超星"学习通"2021—2024年版"职业英语（下）"课程网址：https://mooc1-1.chaoxing.com/course/216461439.html	1. 采用"案例穿插式"等方式，将"服务意识"等思政元素融入"市场营销英语"主题教学，培养学生"以客户为中心"的服务与责任意识，引导学生形成创新思维、团队合作精神和营销道德。 2. 运用任务驱动教学法等精心安排课堂，让学生在班级就化妆品的使用情况进行问卷调查、对某一产品进行营销策划，让学生深入话题学习。采用线上线下混合教学模式，有序组织与实施教学
Unit 14 Health Management	14.1.1 Extensive Reading； 14.1.2 Culture Salon； 14.1.3 Writing Practice 14.2.1 Viewing, Listening & Speaking； 14.2.2 Speaking Practice（I）； 14.3.1 Viewing, Listening & Speaking； 14.3.2 Speaking Practice（I）；	思政元素： 健康中国、文化素养、爱岗敬业、无私奉献。 思政资源： 一、教材 1. Reading：Health； 2. Culture Salon：The Five Most Popular Massages Worldwide； 3. Writing：Physical Examination Forms； 4. Conversation 1：How to Keep Physical Health； 5. Conversation 2：How to Keep Health Physically and Mentally。 二、超星"学习通"2021—2024年版"职业英语（下）"课程网址：https://mooc1-1.chaoxing.com/course/216461439.html	1. 运用"案例穿插式"等方式，将"健康中国"等思政元素融入"健康管理"主题教学，培养学生健康意识，使学生尊重生命与科学，增强法治意识，促进身体健康与养成良好习惯。 2. 运用任务驱动教学法等精心组织课堂，充分引导，利用"健康管理"的主题进行按摩、养生、健康生活方式概念引导，让学生积极投入情境学习。采用线上线下混合教学模式，有序组织与实施教学

（续上表）

章节	主要内容	思政元素及资源	教学组织与实施
Unit 17 English for Cosmetics	17.1.1 Extensive Reading； 17.1.2 Culture Salon； 17.1.3 Writing Practice； 17.2.1 Viewing, Listening & Speaking； 17.2.2 Speaking Practice（I）； 17.3.1 Viewing, Listening & Speaking； 17.3.2 Speaking Practice（I）	思政元素： 爱国主义、诚实守信、中国情怀、职业品格、爱岗敬业。 思政资源： 一、教材 1. Reading：What Is the Shelf Life of Cosmetics？ 2. Culture Salon：Differences in Choosing Perfume； 3. Writing：Cosmetics Instructions； 4. Conversation 1：At a Beauty Parlor； 5. Conversation 2：At a Cosmetic Store。 二、超星"学习通"2021—2024年版"职业英语（下）"课程网址：https://mooc1 - 1. chaoxing. com/course/216461439. html	1. 以"案例穿插式"等方式引入思政教育，探讨化妆品生产质量把控，融入"爱国主义"等思政元素，提高学生思维包容性，激发其情怀自信。通过讲授实操，培养学生职业素养和责任意识，帮其树立工匠精神。 2. 利用任务驱动教学法等精心组织讲解，通过主题讨论，让学生明确化妆品从业人员的职业道德。通过实物演示，让学生了解国货产品的使用效果，知晓国货的好处。采用线上线下混合教学模式，有序组织与实施教学

五、 教学创新与特色

课程依托"一个中心"、中国特色时代背景与课程标准开课。实现"两个内容"教学，基础英语打基础，行业英语德技并修。做到"三个改革"，优化教师团队、校企合作与教材。做到"四个结合"，渗透思政，培养情怀自信，通过工学结合，师生参与评价考核，提升综合素质，实现知行合一。

"职业英语（下）"每单元教学任务紧扣目标，精心选材，挖掘思政要素，形式多样，涵盖理解、思变、行为型任务，统领学习过程，注重能力提升，服务行业工作。

"职业英语（下）"课程以学生及学习为中心，处理好教与学的关系，实现价值、知识、能力融合。借助多种教学法，依靠信息化手段，采用线上线下混合教学模式，依流程完成单元教学。（如图3）

制药系：制药设备介绍　　药学系：药剂师服务

护理、助产专业：病患模拟

医疗器械系：医疗器械维修　　中药和生物系：中药材鉴别

图3　专业实训场所

课程涵盖多种职场、多种话题，开展多种学习，通过任务培养学生爱国等情怀和敬业等精神，渗透诚信等品质，提升学生英语技能，促进其思政和道德发展。

六、课程成效与评价

本课程采用过程性与终结性考核相结合的方式，结果为百分制。过程性考核包含学习态度等，终结性考核指期末考试，各占50%。课程多年获督导好评、同行认可及学生称赞。教学成果方面，学生在课堂展示等教学活动中展现良好的爱国情怀，坚守道德底线，体现服务精神。写作作业中，学生写作思维具正确爱国观点，认可国家政策和法制。

1. 课程评价

（1）学生评价。

①据超星"学习通"统计，2019—2020学年第二学期和2020—2021学年第二学期"职业英语（下）"课程访问量分别是：21 037 679次、550 328次，课程活动数分别是：4 466 984次、257 528次。学生对课程的评价均是五星，总体评价一是课程内容充实，有价值；二是教学过程有趣，吸引人；三是教师积极参与交流和互动；四是课程设计合理，形式丰富。

②问卷反馈：学生思政收获及对"基于价值塑造与能力提升融合理念的

'职业英语（下）'课程思政教学设计与课堂实施"的问卷调查结果显示：将课程思政元素融入英语课堂对学生树立正确的社会主义核心价值观和提高职场英语语言能力等方面有很大影响。

（2）校内外同行评价。

"职业英语（下）"课程教学团队注重与国内外专家交流学习。广东食品药品职业学院基于混合式教学模式的课程思政创新教学设计，获吉林大学、广东外语外贸大学、长春大学、吉林农业大学等同行一致认可好评。他们指出，该课程思政教学团队积极投身改革，基于"价值塑造"等融合理念及模式的设计，操作性实用性强，思政元素挖掘深，授课方式多样，教学效果佳。

2. 课程思政教学改革成效

（1）课程建设方面。

① 2021—2023 年，教学团队修订了"职业英语（下）"课程标准，增加了思政育人目标、思政元素主题、思政教学融入方式和思政育人教学评价标准等内容。

② 2021—2023 年，教学团队完成 10 个"职业英语（下）"课程思政典型教学案例设计的说课录制。

③ 2021—2023 年，教学团队完成了"职业英语（下）"课程思政资源库的建设。

（2）教材编写方面。

2023 年主编新里程职业英语系列教程——"职场英语"，修订了文化沙龙模块。

（3）示范引领，校内外辐射。

教研室教师多次被聘为广东食品药品职业学院教学观摩公开课主讲教师。2020 年 11 月、12 月分别为专业学院合作学校河源卫校、广东省潮州卫校、汕头卫校、广东食品药品职业学校做教学观摩示范课。

餐饮管理专业 "营养配餐设计与实践" 课程教学设计

依托专业名称：餐饮管理

依托课程名称：营养配餐设计与实践

一、 课程定位

"营养配餐设计与实践"是高职餐饮管理专业职业能力核心课程。它参照公共营养师、营养配餐员、职业点菜师国家职业资格标准的基本工作要求，结合《餐饮业营养配餐技术要求》要点而设计，旨在培养学生公共营养师、营养配餐员的职业能力，以解决餐饮服务涉及的营养指导问题，能根据用餐人员特点和不同要求配制适合不同人群合理营养要求的餐饮产品。

二、 课程目标

课程目标符合学校办学定位和人才培养目标，坚持立德树人。广东食品药品职业学院的办学定位是根据"大健康"产业转型升级和建设"健康广东"的社会发展目标，围绕健康相关产业链的生产、经营、服务各个环节，"为人类健康事业培养高素质技术技能人才"；校训是"明德精业、惟民其康"。食品学院是二级学院，主要培养食品产业链的生产、经营、服务各个环节的高素质技术技能人才。本课程是专业群的核心课，课程的名称"营养配餐设计与实践"中的"营养"，紧扣了学校"大健康""健康广东"的办学定位；"设计与实践"则是立足于食品类专业的人才培养特点而进行设计。因此，本课程以公共营养师、健康管理、公共服务等相关职业岗位及公众日常生活中所需食品营养、健康知识和配餐技能为重点，旨在培养学生的营养指导与营养配餐的职业能力，提升人民健康素养水平。课程目标分解为三个维度：

1. 知识目标

（1）理解食物烹调与营养素的关系，食物搭配的原则。

（2）熟悉个体及集体用餐单位食谱编制的方法。

（3）熟悉不同人群的生理特点和营养需求。

（4）熟悉食谱设计、制作、菜点创新的原则。

2．能力目标

（1）培养学生根据各类人群不同需求正确选择食物的能力。

（2）培养学生各类食谱编制的能力。

（3）培养学生营养配餐操作的实际能力。

（4）能在营养餐制作中进行创新。

3．思政育人目标

（1）落实"健康中国"的战略思想，建立健康生活理念。

（2）遵从敬业爱岗、吃苦耐劳的良好职业道德，有团队协作精神和创新精神。

（3）具有精准营养的工匠精神，培养生态意识、环保意识、规范意识。

（4）筑牢节约、环保意识，培养"大食物观"。

三、 课程思政设计思路

采用线上线下混合教学模式。围绕营养配餐员、公共营养师岗位要求，以企业真实项目任务来组织教学，课前在课程平台自学，预习学习重点；课中教师导学，强化教学重点和教学难点，以学生为中心进行教学模式改良，设计了"引任务、探重点、践设计"等教学环节；课后拓展，在课程的学习平台完成拓展任务和难点小结。结合信息化教学技术，构建多维学习空间。整个教学过程融合中国传统饮食文化内容，围绕"健康中国，实践先行"的理念，以"有知识、有爱心、有技能、有匠心"贯穿其中，融入工匠精神，构建"营养配餐设计与实践"课程知识体系与价值体系有机融合的课程思政教学模式。

四、 课程内容

表 1 "营养配餐设计与实践"课程内容

章节	主要内容	思政元素及资源	教学组织与实施
1. 营养配餐基本知识	营养配餐概述	思政元素：爱国主义精神、制度自信、社会责任感。 思政资源：《中国居民健康素养监测报告（2020）》、新闻报告	课前提前观看视频。 课中引发讨论"20年间，中国发生了什么变化"，启发式教学
	食物的烹调与搭配	思政元素：道路自信、制度自信。 思政资源：《基本医疗卫生与健康促进法》《"健康中国2030"规划纲要》《国民营养计划（2017—2030年）》等相关法规政策	课中启发式教学。 课后研读教学平台上的相关法规政策，发表主题讨论
2. 各类营养素的主要食物来源	食物成分表的应用	思政元素：辩证思维能力、以人为本。 思政资源：《中国居民膳食营养素参考摄入量（2013版）》	启发式教学。 课堂讨论：日常生活中一些常见食物的营养成分
	能量的食物来源	思政元素：爱国热情，民族自豪感，勤俭节约、艰苦奋斗的传统美德。 思政资源：各类食物的图片、中国人粮食产量、食物量图标等；袁隆平的故事；中国粮食产量、反浪费法小动画	启发式教学。 课堂讨论：日常生活中有哪些高能量的食物
	蛋白质的食物来源	思政元素：诚信教育、法治意识。 思政资源：安徽阜阳"大头娃娃"事件、三聚氰胺奶粉事件案例	案例教学。 课堂讨论，"学习通"上发起主题讨论
	矿物质的食物来源	思政元素：民族自豪感、道路自信。 思政资源："神秘的克山病"动画、"傻子屯"等案例	案例教学。 课堂讨论，"学习通"上发起主题讨论
	维生素的食物来源	思政元素：民族自豪感、文化自信。 思政资源：志愿军战士在朝鲜出现夜盲症、郑和下西洋没有发生坏血病的动画	案例教学、启发式教学

（续上表）

章节	主要内容	思政元素及资源	教学组织与实施
3. 个体食谱编制	计算法编制食谱	思政元素：在配餐实践养成适度原则的辩证思维，培养学生的合理膳食意识	翻转课堂，让学生分组找资料进行展示
	食物交换份法编制食谱	思政元素：健康素养、法治意识。 思政资源：课程网络平台上的营养标签解读	以完成"营养标签解读"工作任务为主线，学生课前在线上查找资料、自学相关知识、制订工作计划，课间实施工作计划，课后在线上完成拓展训练
	宝塔法编制食谱	思政元素：民族自豪感、爱国情怀、文化自信、健康素养。 思政资源：动画片《中国居民膳食宝典指南（2016）》、《中国居民膳食指南（2016）》、各国膳食宝塔图片、食物模型等	课中头脑风暴：给学生看各国膳食宝塔图片，以及中国膳食宝塔图片，然后提问："你从宝塔中看到了哪些信息？"全班围绕这个中心问题进行讨论。 实践法：在讲解膳食宝塔时，穿插几个小实践，看一看、画一画、比一比，达到"教、学、做"一体化
4. 集体食谱编制	职工食堂食谱编制	思政元素：合理膳食意识、健康素养。 思政资源：动画片《中国居民膳食宝典指南（2016）》，《中国居民膳食指南（2016）》，新闻发布视频，课程学习平台上的微课、视频	在实践中，让学生深刻认识到技能需要不断苦练，要具有耐心、细心和创新精神
	学生食堂食谱编制	思政元素：健康素养、法治意识。 思政资源：《食品营养强化剂的使用标准》（GB 14880—2012）等国标；视频"如何选购婴儿奶粉""保健食品选购"	启发式教学。 课堂讨论：如何制定学生营养食谱？为什么要食物多样化？为什么要珍惜粮食？为什么要分餐？

（续上表）

章节	主要内容	思政元素及资源	教学组织与实施
5. 不同生理人群的营养配餐	婴幼儿营养设计	思政元素：培养学生关爱特殊人群健康的责任意识；塑造学生敬业爱岗、规范意识、生态环保等良好职业道德；培养学生严谨细致、勇于创新的科学精神	通过启发式教学，使学生理解不同人群特殊的生理特点决定了特殊的营养需求，引导学生积极主动探究，让学生深刻理解并明白特殊人群的需求，对特殊人群要有更多的关爱
	儿童营养配餐与设计	思政元素：健康素养、服务群众、奉献社会的责任意识。 思政资源：《中国公民健康素养——基本知识与技能释义（2024年版）》《健康生活方式核心要点（2023）》等，相关视频、微课	启发式教学。 课堂讨论：你认为健康的生活方式有哪些？
	老年人营养配餐与设计	思政元素：健康素养。 思政资源：《全民健身指南》；视频"关于运动的10条建议"	启发式教学。 课堂讨论：如何给老年人选购保健食品？
	孕妇营养配餐与设计	思政元素：健康素养、"约束"和"规矩"意识。 思政资源：课程学习平台上的微课、视频	案例教学。 "学习通"平台上发起案例学习讨论。 启发式教学。 课堂讨论：为什么孕妇和乳母的营养食谱不一样
	乳母营养配餐与设计	思政元素：健康素养、关系自己和他人健康的意识。 思政资源：《精神卫生法》《中国居民口腔健康指南》；心理健康测试量表；"世界精神卫生日""三减三健之——口腔健康""牙龈出血怎么办"等视频	测一测：抑郁自评量表（SDS）、焦虑自评量表（SAS） 练一练：放松训练

（续上表）

章节	主要内容	思政元素及资源	教学组织与实施
6. 不同疾病人群的营养配餐与设计	高血压人群的营养配餐与设计	思政元素：健康素养、社会责任感。 思政资源：高血压系列科普视频	案例教学。 启发式教学。 课堂讨论：如何帮助高血压病人进行食物选择？ 实践活动：高血压人群营养食谱设计
	高血糖人群营养配餐与设计	思政元素：健康素养、服务群众的责任意识。 思政资源：课程学习平台上的微课、视频	案例教学。 启发式教学。 课堂讨论：如何帮助高血糖病人进行食物选择？ 实践活动：高血糖人群营养食谱设计
	肥胖人群营养配餐与设计	思政元素：培养学生责任意识；敬业爱岗、吃苦耐劳的良好职业道德的塑造；严谨细致、勇于创新的科学精神	实践教学，利用"学习通"发布小测验：对营养和代谢性疾病的认识

五、教学创新与特色

1. 层层递进，构建了适合营养配餐实践教学的新模式

本课程将"5E"探究式教学模型进行了改良，以学生为中心构建了"三阶5E"教学模式，即课前、课中和课后三阶段层层递进，"引、探、析、践、评"5步（5E）开展教学的新模式。该模式强调师生合作探究。教师深入企业，承担企业的委托任务，内化成教学任务。在真实工作岗位任务下，从方法到实践、从一般到特殊，按生命周期的时间顺序，符合学生学习规律，层层递进。在每个任务中，从课前的"初探"，到课中"再探""深探"，再到课后"拓探"，同样层层递进，让学生从"想学"到"会学"，再到"能学"，最后到"坚持学"，不断进行，螺旋式提升学生营养配餐的实践技能水平。

2. "体验式"教学方式让思政教育在学生身临其境中潜移默化

各种体验和实践，是本课程的一大特色。如：测一测自己的健康素养水平的

体验、给自己家人搭配食物的体验、给自己设计一日食谱的体验、在"全民营养周"到社区开展科普活动的体验……"体验式"教学方式让学生身临其境，有效提高教学效果，促进职业素养的提升。在学习和实践过程中，要求学生将学到的健康的饮食理念和营养配餐的实践方法应用到自己和家人身上，日积月累坚持并进行记录。这种"体验式"的教学方法激发学生兴趣，增强了职业的认同感，让学生感受到自身的价值，提升了职业素养。

六、 课程成效与评价

1．课程评价

本课程采用了过程评价和结果评价相结合的方法，积极探索增值性评价。过程评价由课前、课中和课后三部分组成，实现全过程评价，线上与线下评价相结合，过程与总结性评价相结合；设计的营养食谱参照公共营养师（三级）职业技能等级考试和 1＋X 运动营养咨询与指导职业技能等级证书的考核标准进行，制作的营养指导方案由企业真实营养岗位的负责人，即企业导师考核评价。评分从教师评、企业评、自评、互评四个维度进行。课后依据学习平台任务点完成率和拓展任务进行评价。

（1）过程性评价。

课前以在线学习时长和任务点完成率、课前测进行评价；课中依据课程重点内容的掌握度，实践难点营养食谱的实操表现和营养指导方案完成情况进行考核评价。

（2）结果性评价。

课后收集分层巩固的测试结果以及各组挑战任务，根据学生互评、完整的老年人营养指导方案的制订得分，完成结果性评价。

（3）增值性评价。

以小组为单位，不仅关注小组成绩的得分，更关注各组学生在各项步骤的学习中成绩的进步幅度，及时给予赋分形式的鼓励，小组进步幅度最大的组员每人赋分 1 分。

课程评价不仅包括过程性评价（50%）和终结性评价（30%），还增加了课外实践（20%）的维度，降低了终结性评价的比例，着重考核学生在掌握专业知识的同时，围绕学生"创新思维、价值取向、团队协作"等评价指标进行综合评价。过程性评价针对学生在课程学习过程中的"德、能、勤、绩"等多方面表现进行考核。课外实践成绩占 20%，学生在课后参加"日行一膳"、食品健康科普等活动的表现计入成绩。期末考试试题中增加理论联系实际、结合当前热点问题等案例分析试题的比例，提高学生的代入感和社会责任感。

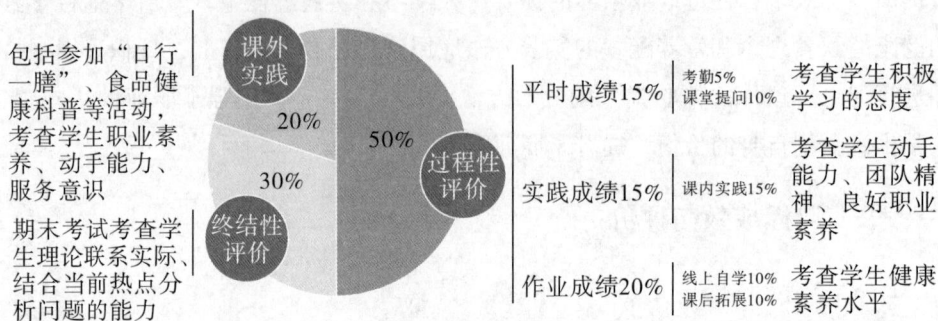

图1 课程的评价

2. 思政目标的达成

在课堂的重点知识学习过程中，学生分组讨论、探究、分析老年人这一特殊群体的生理特点、心理特点和社会适应性特点，以及老年人群的营养需求和心理需求，体现了"老吾老以及人之老"的尊敬爱护之情。在实践练习过程中，小组均能按照《中国老年人膳食指南》等新标准、新工具进行初步实践，完成营养指导方案；小组讨论分析调整，再实践，完善改进营养指导方案，体现了科学严谨、遵守规范的职业道德。营养食谱的设计既能贴合老年人的营养需求，又在食材选择和营养搭配上有一定的创新，获得了企业导师的肯定评价，体现了学生既守正，又勇于创新的精神。制订营养指导方案不能一次成功，要经过多次初步方案—讨论分析—调整验证的过程，最后才能定稿，学生在此过程中体现出了耐心和匠心。课后进阶任务的完成，也让学生更好地体验公共营养师的岗位职责和工作内容，提升了学生职业素养。

（1）学生健康素养水平得到了提升。

本课程的思政教学总体目标是提升学生的健康素养水平，我们用"中国居民健康素养水平测试"对学习本课前、后的学生进行了测试。结果发现，课前学生的健康素养整体水平为68.2%，学完本课后，提高到92.4%，增幅达24.2%。其中，具备基本知识与理念的素养水平由51.1%提高至83.2%，增幅达32.1%；具备健康生活方式与行为的素养水平由75.4%提高到95.1%，增幅达19.7%；具备健康基本技能方面的素养水平增幅最大，达到了35.2%。本课程提升了学生的健康素养水平，确确实实完成了思政教学目标。（如图2）

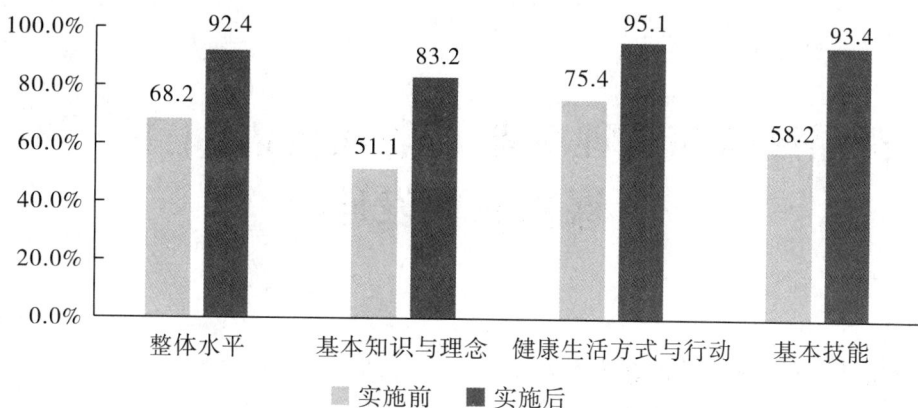

图2　学生健康素养水平的前后对比

（2）学生更有责任感和担当。

通过融入 STS 教育理念，落实"健康中国"的战略思想，学生在学好知识的同时，更加认识到社会责任的重要性，自觉地担起了"为人民健康谋福祉"的责任。在课后的问卷调查和学生访谈中，有92.5%的学生认为本课大大增强了社会责任感、90.5%的学生大大增强了制度自信、95.9%的学生感受到中华民族传统文化有非常多的魅力。课外，学生会更加积极主动跟朋友、家人介绍营养健康的知识，做提升国民健康水平的践行者。（如图3）

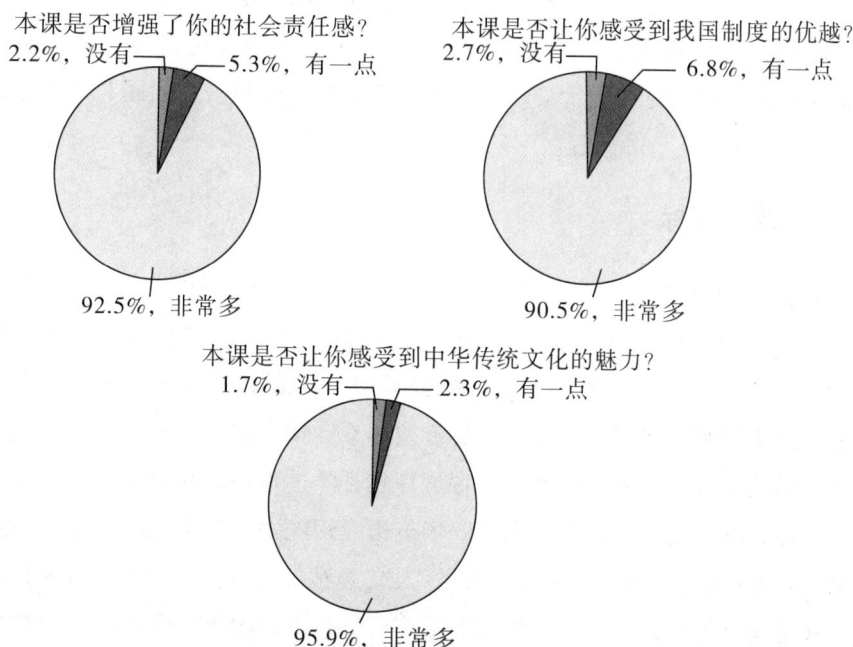

图3　思政教学效果问卷调查结果

药品经营与管理专业"职业英语（下）" 课程教学设计

依托专业名称：药品经营与管理

依托课程名称：职业英语（下）

一、 课程定位

"职业英语（下）"是为广东食品药品职业学院除中外合作办学专业、学徒制和三二分段班之外的各专业学生在第二学期开设的一门公共基础必修课。课程共 4 学分、64 学时，其中理论部分为 40 学时，实践部分为 24 学时。本课程是公共基础平台课程中衔接前后课程、支持各专业的主要课程，兼具人文性和工具性的特点，在整个人才培养方案中起到支撑专业群基础平台课程和专业核心课程的作用。在职业英语课程体系设置上，本课程的前期课程是第一学期基础英语模块"职业英语（上）"课程，后续课程包括第三、四学期专业英语模块和素质拓展英语模块开设的"药学英语""营销英语""文化对比与语言翻译""跨文化交际""中国文化英语"等课程。

二、 课程目标

依据 2020 年 5 月颁布的《高等学校课程思政建设指导纲要》和 2021 年 3 月颁布的《高等职业教育专科英语课程标准（2021 年版)》，本课程全面贯彻党的教育方针，落实立德树人根本任务，结合药品经营与管理专业人才培养方案，培养专业岗位所需的应用型、创新型、复合型高素质技术技能人才。通过挖掘课程中蕴含的思政元素和资源，将思政教育贯穿到教学过程中，使学生熟悉和掌握与职业岗位相关的英语语言技能，提升职场英语应用能力，为未来继续学习和终身发展奠定良好的语言基础，培养具有良好人文素养、人格发展、职业精神和家国情怀，并且能够在日常生活和工作中运用英语进行有效沟通的高素质技术技能人才，进一步促进学生核心素养发展，从而实现知识、能力和素质三维教学目标。

1．知识目标

（1）掌握求职应聘、参观接待、商务谈判等职业基础知识。

（2）掌握健康管理英语、食品英语、药学英语等职场专业知识。

（3）掌握中国传统文化、职场文化和企业文化等多元文化知识。

2．能力目标

培养学生的职场涉外沟通能力、语言思维提升能力、多元文化交流能力、自主学习完善能力。

3．素质目标

提升学生的身体素质、心理素质、文化素质和思政素质，包括人文素养、人格发展、职业精神和家国情怀等。

三、 课程思政设计思路

课程围绕"语言知识—岗位需求—思政要素"的架构，聚焦如何充分发挥课程育人功能的关键问题，实现知识体系、技能体系与思政育人体系深度融合。在课程目标上推进知识习得、实践能力、思政素养的"三维进阶"，在教学内容中促进要素融入、资源整合和体系构建的"三位融合"，在育人过程中推动价值浸润、意义渗透和结果输出的"三相一体"。教学实践中基于 OBE 教育理念，以学生为中心，以药品经营与管理专业核心岗位任务为驱动，以学习成果为导向，以四维思政素质培养为主线，结合课程能力线和岗位技能线，构建"三线合一、多措并举"课程思政育人模式。通过课程教学，在引导学生了解中西方语言体系与文化知识的同时，帮助学生克服跨文化交际中的中国文化失语症，坚定文化自信，讲好中国故事，实现课程四维思政育人目标。课程思政整体设计思路如图 1 所示。

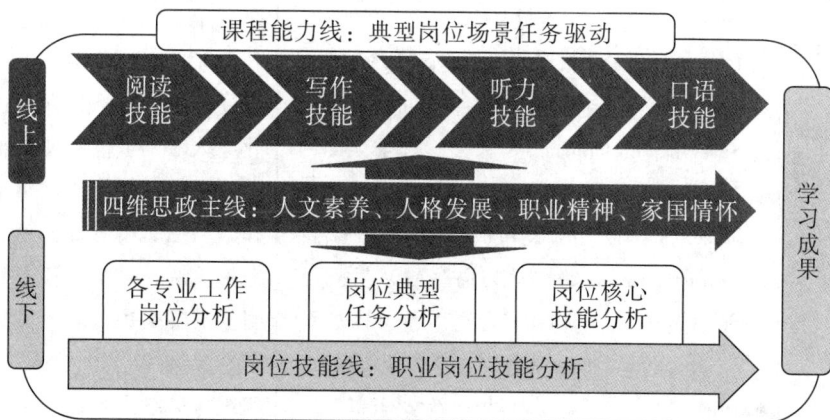

图 1　课程思政整体设计思路

四、 课程内容

表1 "职业英语（下）"课程内容

章节	主要内容	思政元素及资源	教学组织与实施
职业准备：Unit 1 Job Interviews	1.1 Extensive Reading 1.2 Culture Salon 1.3 Writing Practice 2.1 Viewing, Listening & Speaking 2.2 Speaking Practice（1） 3.1 Listening &Speaking 3.2 Speaking Practice（2）	思政元素： 爱岗敬业、礼仪修养、职业素养、诚信友善、奋斗精神、专业素养。 思政资源： 1. 教材 《新里程职业英语职场英语教程》Unit 1 Job Interviews。 2. 线上教学资源 （1）超星尔雅网络教学平台； （2）"学习通"App（教学组织应用平台）； （3）职场英语学习资源库； （4）课程思政教学资源库	通过案例穿插、画龙点睛和隐性渗透的方式将本次课的思政元素融入"工作面试"主题教学。采用线上线下混合式翻转课堂教学模式，满足学生个性化学习需求，以核心岗位工作面试的任务为驱动，教师通过文化导入法、示范讲授法组织课堂教学，学生通过小组合作学习法、情景交际法、角色扮演法完成学习任务和项目。主要运用教材、多媒体信息技术和"学习通"App组织与实施混合式教学
职业准备：Unit 2 Working on Telephone	1.1 Extensive Reading 1.2 Culture Salon 1.3 Writing Practice 2.1 Viewing, Listening & Speaking 2.2 Speaking Practice（1） 3.1 Listening & Speaking 3.2 Speaking Practice（2）	思政元素： 职业规范、爱岗敬业、服务精神、责任意识、职场礼仪、科学精神。 思政资源： 1. 教材 《新里程职业英语职场英语教程》Unit 2 Working on Telephone。 2. 线上教学资源 （1）超星尔雅网络教学平台； （2）"学习通"App（教学组织应用平台）； （3）职场英语学习资源库； （4）课程思政教学资源库	通过案例穿插、画龙点睛和隐性渗透的方式将本次课的思政元素融入"职场沟通"主题教学。采用线上线下混合式翻转课堂教学模式，满足学生个性化学习需求，以核心岗位职场典型沟通的情景任务为驱动，教师通过文化导入法、示范讲授法组织课堂教学，学生通过小组合作学习法、情景交际法、角色扮演法完成学习任务和项目。主要运用教材、多媒体信息技术和"学习通"App组织与实施混合式教学

（续上表）

章节	主要内容	思政元素及资源	教学组织与实施
职场成长：Unit 3 Receiving Foreign Guests	1.1 Extensive Reading 1.2 Culture Salon 1.3 Writing Practice 2.1 Viewing, Listening & Speaking 2.2 Speaking Practice（1） 3.1 Listening & Speaking 3.2 Speaking Practice（2）	思政元素： 中国情怀、文化自信、职场礼仪、爱岗敬业、跨文化交际素养。 思政资源： 1. 教材 《新里程职业英语职场英语教程》Unit 3 Receiving Foreign Guests。 2. 线上教学资源 （1）超星尔雅网络教学平台； （2）"学习通"App（教学组织应用平台）； （3）职场英语学习资源库； （4）课程思政教学资源库	通过案例穿插、画龙点睛和隐性渗透的方式将本次课的思政元素融入"接待外宾"主题教学。采用线上线下混合式翻转课堂教学模式，满足学生个性化学习需求，以核心岗位接待客户的情景任务为驱动，教师通过文化导入法、示范讲授法组织课堂教学，学生通过小组合作学习法、情景交际法、角色扮演法完成学习任务和项目。主要运用教材、多媒体信息技术和"学习通"App组织与实施混合式教学
职场成长：Unit 4 Factory & Company Tours	1.1 Extensive Reading 1.2 Culture Salon 1.3 Writing Practice 2.1 Viewing, Listening & Speaking 2.2 Speaking Practice（1） 3.1 Listening & Speaking 3.2 Speaking Practice（2）	思政元素： 工匠精神、接待礼仪、行业规范、职业操守、爱岗敬业、诚信共赢。 思政资源： 1. 教材 《新里程职业英语职场英语教程》Unit 4 Factory & Company Tours。 2. 线上教学资源 （1）超星尔雅网络教学平台； （2）"学习通"App（教学组织应用平台）； （3）职场英语学习资源库； （4）课程思政教学资源库	通过案例穿插、画龙点睛和隐性渗透的方式将本次课的思政元素融入"公司工厂参观"主题教学。采用线上线下混合式翻转课堂教学模式，满足学生个性化学习需求，以行业企业接待参观的情景任务为驱动，教师通过文化导入法、示范讲授法组织课堂教学，学生通过小组合作学习法、情景交际法、角色扮演法完成学习任务和项目。主要运用教材、多媒体信息技术和"学习通"App组织与实施混合式教学

（续上表）

章节	主要内容	思政元素及资源	教学组织与实施
思维提升： Unit 5 Running Business Meetings	1.1 Extensive Reading 1.2 Culture Salon 1.3 Writing Practice 2.1 Viewing, Listening & Speaking 2.2 Speaking Practice（1） 3.1 Listening & Speaking 3.2 Speaking Practice（2）	思政元素： 职业精神、合作意识、诚信规范、爱岗敬业、团队精神、文明和谐。 思政资源： 1. 教材 《新里程职业英语职场英语教程》Unit 5 Running Business Meetings。 2. 线上教学资源 （1）超星尔雅网络教学平台； （2）"学习通"App（教学组织应用平台）； （3）职场英语学习资源库； （4）课程思政教学资源库	通过案例穿插、画龙点睛和隐性渗透的方式将本次课的思政元素融入"商务会议"主题教学。采用线上线下混合式翻转课堂教学模式，满足学生个性化学习需求，以召开行业企业商务会议的情景任务为驱动，教师通过文化导入法、示范讲授法组织课堂教学，学生通过小组合作学习法、情景交际法、角色扮演法完成学习任务和项目。主要运用教材、多媒体信息技术和"学习通"App组织与实施混合式教学
思维提升： Unit 6 English for Exhibitions	1.1 Extensive Reading 1.2 Culture Salon 1.3 Writing Practice 2.1 Viewing, Listening & Speaking 2.2 Speaking Practice（1） 3.1 Listening & Speaking 3.2 Speaking Practice（2）	思政元素： "四个自信"、时代精神、改革创新、社会责任、担当作为、合作共赢。 思政资源： 1. 教材 《新里程职业英语职场英语教程》Unit 6 English for Exhibitions。 2. 线上教学资源 （1）超星尔雅网络教学平台； （2）"学习通"App（教学组织应用平台）； （3）职场英语学习资源库； （4）课程思政教学资源库	通过案例穿插、画龙点睛和隐性渗透的方式将本次课的思政元素融入"会展英语"主题教学。采用线上线下混合式翻转课堂教学模式，满足学生个性化学习需求，以准备和参加行业展会的情景任务为驱动，教师通过文化导入法、示范讲授法组织课堂教学，学生通过小组合作学习法、情景交际法、角色扮演法完成学习任务和项目。主要运用教材、多媒体信息技术和"学习通"App组织与实施混合式教学

（续上表）

章节	主要内容	思政元素及资源	教学组织与实施
思维提升：Unit 7 Business Negotiations	1.1 Extensive Reading 1.2 Culture Salon 1.3 Writing Practice 2.1 Viewing, Listening & Speaking 2.2 Speaking Practice（1） 3.1 Listening & Speaking 3.2 Speaking Practice（2）	思政元素： 公正诚信、合作共赢、"尚和合、求大同"、友好协商、制度自信。 思政资源： 1. 教材 《新里程职业英语职场英语教程》Unit 7 Business Negotiations。 2. 线上教学资源 （1）超星尔雅网络教学平台； （2）"学习通"App（教学组织应用平台）； （3）职场英语学习资源库； （4）课程思政教学资源库	通过案例穿插、画龙点睛和隐性渗透的方式将本次课的思政元素融入"商务谈判"主题教学。采用线上线下混合式翻转课堂教学模式，满足学生个性化学习需求，以行业企业开展商务谈判的情景任务为驱动，教师通过文化导入法、示范讲授法组织课堂教学，学生通过小组合作学习法、情景交际法、角色扮演法完成学习任务和项目。主要运用教材、多媒体信息技术和"学习通"App组织与实施混合式教学
素养跃迁：Unit 8 Marketing	1.1 Extensive Reading 1.2 Culture Salon 1.3 Writing Practice 2.1 Viewing, Listening & Speaking 2.2 Speaking Practice（1） 3.1 Listening & Speaking 3.2 Speaking Practice（2）	思政元素： 服务意识、创新思维、责任意识、合作精神、职业道德、诚信敬业。 思政资源： 1. 教材 《新里程职业英语职场英语教程》Unit 8 Marketing。 2. 线上教学资源 （1）超星尔雅网络教学平台； （2）"学习通"App（教学组织应用平台）； （3）职场英语学习资源库； （4）课程思政教学资源库	通过案例穿插、画龙点睛和隐性渗透的方式将本次课的思政元素融入"市场营销"主题教学。采用线上线下混合式翻转课堂教学模式，满足学生个性化学习需求，以药品营销的情景任务为驱动，教师通过文化导入法、示范讲授法组织课堂教学，学生通过小组合作学习法、情景交际法、角色扮演法完成学习任务和项目。主要运用教材、多媒体信息技术和"学习通"App组织与实施混合式教学

（续上表）

章节	主要内容	思政元素及资源	教学组织与实施
素养跃迁：Unit 9 English for Pharmaceutical Engineering	1.1 Extensive Reading 1.2 Culture Salon 1.3 Writing Practice 2.1 Viewing, Listening & Speaking 2.2 Speaking Practice（1） 3.1 Listening & Speaking 3.2 Speaking Practice（2）	思政元素： 核心价值、思辨意识、爱国情怀、工匠精神、健康意识、责任担当。 思政资源： 1. 教材 《新里程职业英语职场英语教程》Unit 9 English for Pharmaceutical Engineering。 2. 线上教学资源 （1）超星尔雅网络教学平台； （2）"学习通"App（教学组织应用平台）； （3）职场英语学习资源库； （4）课程思政教学资源库	通过案例穿插、画龙点睛和隐性渗透的方式将本次课的思政元素融入"制药英语"主题教学。采用线上线下混合式翻转课堂教学模式，满足学生个性化学习需求，以药物制剂与生产的情景任务为驱动，教师通过文化导入法、示范讲授法组织课堂教学，学生通过小组合作学习法、情景交际法、角色扮演法完成学习任务和项目。主要运用教材、多媒体信息技术和"学习通"App组织与实施混合式教学
素养跃迁：Unit 10 English for Pharmaceutics	1.1 Extensive Reading 1.2 Culture Salon 1.3 Writing Practice 2.1 Viewing, Listening & Speaking 2.2 Speaking Practice（1） 3.1 Listening & Speaking 3.2 Speaking Practice（2）	思政元素： 行业规范、职业道德、专业素养、人文关怀、关爱生命、医者仁心。 思政资源： 1. 教材 《新里程职业英语职场英语教程》Unit 10 English for Pharmaceutics。 2. 线上教学资源 （1）超星尔雅网络教学平台； （2）"学习通"App（教学组织应用平台）； （3）职场英语学习资源库； （4）课程思政教学资源库	通过案例穿插、画龙点睛和隐性渗透的方式将本次课的思政元素融入"药学英语"主题教学。采用线上线下混合式翻转课堂教学模式，满足学生个性化学习需求，以提供药学服务的情景任务为驱动，教师通过文化导入法、示范讲授法组织课堂教学，学生通过小组合作学习法、情景交际法、角色扮演法完成学习任务和项目。主要运用教材、多媒体信息技术和"学习通"App组织与实施混合式教学

五、 教学创新与特色

1．教学创新

（1）深挖思政元素实现教学内容的重构。深挖各内容模块的逻辑内涵和思政元素，将教学内容重构为"职业准备—职场成长—思维提升—素养跃迁"进阶式教学模块体系。（如图2）

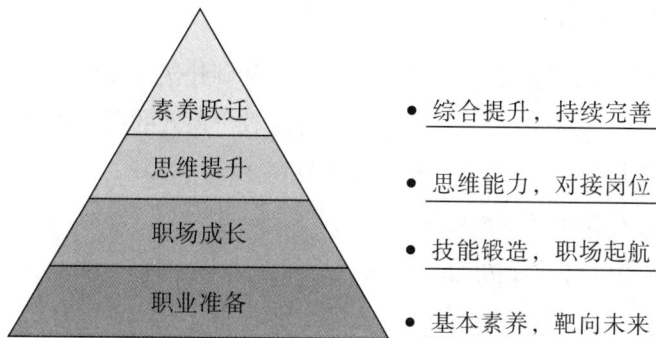

图2　进阶式教学模块体系

（2）应用数字信息技术实现教学形式多样化。应用数字信息技术，采用多样化教学方法及教学手段，扩展教学空间和学习场域，实现思政元素的有效融入。

（3）通过以赛促学实现学习成果赛制化。通过各项教学技能大赛检验学生知识技能与思政素养情况，做到以赛促教、以赛促学、以赛促思。

（4）注重价值塑造实现评价体系多维化。依托数字信息技术，采用"多元主体、强调过程、结合考核、注重增值"的多维评价体系，实现思政素养的蜕变。

2．教学特色

（1）课程思政教学内容模块化。基于价值塑造理念，重塑教学内容，以 4P（profession，职业；position，岗位；procedure，流程；point，要求）为知识载体提升学生的语言应用能力和思政素养。

（2）课程思政教学手段信息化。基于信息化技术，组建 SPOC（Small Private Online Course，小规模限制性在线课程）开展网络教学，真正体现"知""思""行"的教学设计原则。

（3）课程思政方式潜移默化。教学中践行思政浸润，增加文化与名言翻译模块内容，将教学内容与思政教育有机结合，提高学生的思辨能力和跨文化交际能力。

六、 课程成效与评价

1. 学生评价

学生认为教师在教学中注重学思结合、知行合一，把课程教学内容转化为思政教育案例，通过课程学习，知识、能力、素质、思政水平均得到了较大提升。

2. 校内外同行评价

校内外同行及企业代表认为学校学生语言基础扎实，创新意识强，具备良好的思想道德品质。课程教学采用的基于混合式教学模式的课程思政创新教学设计的研究与实践得到了同行们的一致认可和好评。

3. 课程思政教学改革成效

（1）课程与教材建设方面。本课程思政示范课、课程思政示范团队获得校级立项，在教材编写过程中增加、融入了思政与文化内容，完成了课程思政典型教学案例和课程思政资源库的建设。

（2）参加教学比赛方面。团队教师在学校课程思政示范课堂大赛、课程思政教学设计比赛中均获得了优异成绩，同时该教学设计方案获得校级课程思政典型案例认定。

（3）指导学生竞赛方面。教学团队历年指导学生在职场英语挑战赛演讲大赛（广东赛区）、职场英语挑战赛写作大赛、广东省"岭南杯"英语写作技能大赛、广东省"高教社杯"大学生"用英语讲大湾区文化"优秀短视频比赛中均获得优异成绩。

生物制药（中外合作）专业
"Healthcare English"（大健康英语）
课程教学设计

依托专业名称：生物制药（中外合作）

依托课程名称：Healthcare English（大健康英语）

一、 课程定位

"Healthcare English"（大健康英语）为公共基础必修课，适用于中外合作办学各专业，即健康管理（中外合作）、药品经营与管理（中外合作）、生物制药（中外合作）、智能医疗（中外合作）专业，课程共计 66 学时、4 学分，其中理论部分为 32 学时，实践部分为 34 学时。本课程开课学期为大一学年，前期课程为"高中英语"，后续课程为合作院校开设的专业核心课程及"专业英语"。

"Healthcare English"（大健康英语）以慢病管理为主要教学内容，教师通过分析高职大健康产业相关专业学生的职业需求及学情，优化整合内容体系结构，选取五种慢病的健康管理知识作为课程内容。课程涵盖行业英语阅读、听力、写作、口语四大训练模块，讲授与大健康产业相关的知识，在训练语言综合能力的同时，着力培养学生的行业技能，助力国家大健康产业人才培养。

二、 课程目标

结合广东食品药品职业学院办学定位、生物制药（中外合作）专业特色及"Healthcare English"（大健康英语）课程特点，依据各项课程思政政策要求及时代背景，以坚实理论为支撑，基于学情分析，该课程建设牢记"立德树人"的根本任务，确定"厚品德、强技能"的教学目标，将价值观引领、知识传授和语言应用能力培养有机结合。

"Healthcare English"（大健康英语）课程目标包括知识目标、能力目标、素质目标三个方面：

1．知识目标

（1）通过学习，学生能够掌握大健康产业常用英语词汇（要求学生总词汇量为 3 500 个左右，其中行业词汇量为 1 000 个左右），掌握基本的英语语法。

（2）掌握行业范围口语交际的常用表达。

（3）掌握与大健康产业行业相关的英语实用写作文体、格式、语言表达。

2．能力目标

（1）能够基本听懂大健康产业相关的基本对话。

（2）能够就大健康产业相关话题进行交流。

（3）能够读懂行业相关主题的英文资料。

（4）能够以行业知识为主题撰写常见的英语应用文及逻辑思维严谨、表达自己观点的议论文。

3．素质目标

（1）具有"珍爱生命，守护健康"的思想意识，树立"健康第一责任人"观念，养成按时作息、健康规律的生活习惯，养成积极锻炼身体、珍视健康的思想意识。

（2）具有抗挫抗压能力；养成不畏艰难、直面挑战的积极心态。

（3）具有思辨能力，坚定文化自信；学习大健康产业东西方多元知识与文化时，既秉持开放包容的态度，又能弘扬中华优秀传统文化。

（4）具有人文精神，养成"以人为本"的健康管理行业服务理念、认真负责的工作作风及一丝不苟的工作态度。

（5）具有家国情怀及社会责任感；时刻践行"爱于心，践于行"的价值观。

三、 课程思政设计思路

本课程对标《高等职业教育专科英语课程标准（2021 年版）》和广东食品药品职业学院人才培养方案，对应省级健康管理师职业技能大赛，对照中外合作办学雅思英语学术类考试 5.5 分标准、健康管理师职业资格证书（三级）和全国医护英语证书（二级），以新课标三大主题为依据，参照原版引进教材《护理英语》，自编活页式教材 Healthcare English（《大健康英语》），通过对大健康产业人才培养需求进行问卷调查，将常见的五种慢病管理作为五个教学项目，辅以一个课程综合检验模块，重构"五项一检"岗课赛证融通教学内容。每一章节先以简单易懂的英文解释慢病的概念、产生的原因、症状，再介绍慢病的并发症、预防及治疗（聚焦于讲解饮食习惯与生活方式的调整），并浸润"健康第一责任人"课程思政。结合多样化的教学手段，强化学生对重要知识点、技能点的学习与理解，同时注重素质目标的达成。通过教师知识点讲授，学生情景模拟训练，与小组协作完成任务，精练语言知识，提升职业能力，弘扬"健康第一责任人"和人本理念，激发家国情怀，增强社会责任感，达成"厚品德、强技能"的教学目标。（如图1）

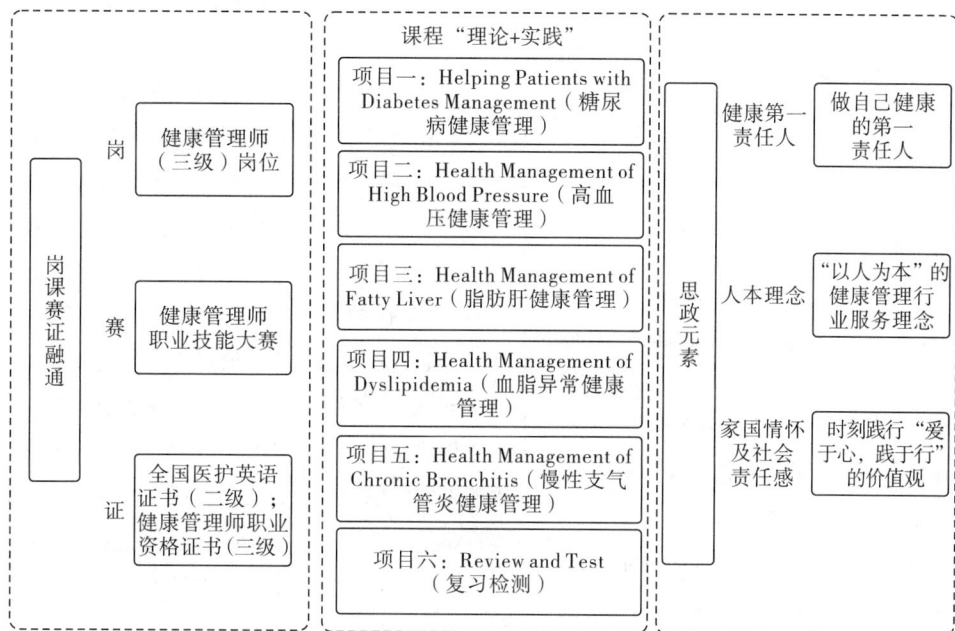

图1 课程思政设计思路

四、课程内容

表1 "Healthcare English"（大健康英语）课程内容

章节	主要内容	思政元素及资源	教学组织与实施
项目一：Helping Patients with Diabetes Management（糖尿病健康管理）	第1节 Doing a Blood Sugar Test and Asking a Patient for Consent（血糖测试及征求患者同意）；第2节 Medical Focus：Blood Glucose Levels；Charting and Documentation；Personal Diabetes Care Plan（血糖指数及案例分析；糖尿病个人管理方案）；	1.《IDF 2021 全球糖尿病地图（第10版）》。激发学生的学习动力及社会责任感。	首先，教师布置课前预习作业，学生在在线课程平台自学与课程相关的词汇、讲解视频等资源，教师在课堂发布题库测试题目，测试学生预习效果。

205

（续上表）

章节	主要内容	思政元素及资源	教学组织与实施
项目一：Helping Patients with Diabetes Management（糖尿病健康管理）	第3节 Talking about Lifestyle and Diabetes；Explaining How to Use an Insulin Pen（谈论健康生活方式和糖尿病；如何使用胰岛素笔）； 第4节 New Findings Relevant to Type 2 Diabetes；Email Writing：How to Keep Down the Glucose Level（2型糖尿病的相关新发现；邮件写作：如何降低血糖指数）	2. 教师提供医护人员与患者的对话。学生体验到医护人员关心患者、耐心热情、认真负责的工作作风，培养行业服务理念。 3. 非健康生活方式成为2型糖尿病的诱因。激励学生形成健康的生活方式，培养学生"关爱生命，守护健康"的人文关怀精神	其次，教师讲解课程重难点内容，采用师生互动的方式提高学生课堂的注意力，保证学生学习效果。讲解之后，教师再次发布线上课程题库题目，测试学生知识掌握程度，针对学生出错率高的题目，教师进行补充强调。接下来，教师组织学生活动，学生通过小组讨论、小组演示等一系列活动将上一环节中所学知识应用于模拟实践，强化学习效果。在小组活动过程中，教师做适当少量干预，解答学生小组活动中遇到的问题，推动小组活动进程。小组活动结束后，教师组织学生互评，鼓励学生发现问题，改正问题，点评优缺点，肯定长处，分析出现的问题，鼓励学生的同时使学生意识到在学习课程模块中的不足，勉励学生加以改进，取得进步。最后，教师进行课堂小结及答疑，师生互动，理清课程所学知识点、重难点，布置课后作业

（续上表）

章节	主要内容	思政元素及资源	教学组织与实施
项目二：Health Management of High Blood Pressure（高血压健康管理）	第 1 节 Introduction of High Blood Pressure and Causes of High Blood Pressure（高血压概念；患高血压的原因）； 第 2 节 Signs and Symptoms of High Blood Pressure（高血压体征及症状）； 第 3 节 Complications of High Blood Pressure（高血压并发症）； 第 4 节 How Do You Check Your Own High Blood Pressure（如何测量高血压）； 第 5 节 Natural Ways to Control High Blood Pressure（控制高血压的自然方式）	1.《"健康中国2030"规划纲要》提出健康优先，以提高人民健康水平为核心，培养预防为主的健康意识。 2. 国家通过社区建设加强高血压预防。相关资料使学生认识到自身的生活水平与国家命运、国家富强息息相关，激发爱国主义情怀	首先，教师布置课前预习作业，学生在在线课程平台自学与课程相关的词汇、讲解视频等资源，教师在课堂发布题库测试题目，测试学生的预习效果。其次，教师讲解课程重难点内容，采用师生互动的方式提高学生课堂的注意力，保证学生学习效果。讲解之后，教师再次发布线上课程题库题目，测试学生知识掌握程度，针对学生出错率高的题目进行补充强调。接下来，教师组织学生活动，学生通过小组讨论、小组演示等一系列活动将上一环节中所学知识应用于模拟实践，强化学习效果。在小组活动过程中，教师做适当少量干预，解答学生小组活动中遇到的问题，推动小组活动进程。小组活动结束后，教师组织学生互评，鼓励学生发现问题，改正问题，点评优缺点，肯定长处，分析出现的问题，鼓励学生的同时使学生意识到在学习课程模块中的不足，勉励学生加以改进，取得进步。最后，教师进行课堂小结及答疑，师生互动，理清课程所学知识点、重难点，布置课后作业

（续上表）

章节	主要内容	思政元素及资源	教学组织与实施
项目三：Health Management of Fatty Liver（脂肪肝健康管理）	第1节 What Is Fatty Liver and Symptoms of Fatty Liver Disease（脂肪肝概念及症状）；第2节 Causes of Fatty Liver Disease（患脂肪肝原因）；第3节 Fatty Liver Treatment（脂肪肝的治疗）；第4节 Foods to Eat with Fatty Liver；Foods to Avoid with Fatty Liver（控制脂肪肝病情的健康饮食）	1.《中国居民膳食指南（2016）》大纲的核心是倡导平衡膳食和合理营养以达到促进健康的目的。培养学生的健康生活习惯，为成为祖国的接班人打下坚实的身体基础。2. 带领学生了解我国政府和老一辈科学家在提高我国居民营养健康状况、减少相关疾病的发生方面做出的伟大贡献。增强学生的社会责任感，引导学生发奋图强，为祖国建设做出贡献	首先，教师布置课前预习作业，学生在在线课程平台自学与课程相关的词汇、讲解视频等资源，教师在课堂发布题库测试题目，测试学生的预习效果。其次，教师讲解课程重难点内容，采用师生互动的方式提高学生课堂的注意力，保证学生学习效果。讲解之后，教师再次发布线上课程题库题目，测试学生知识掌握程度，针对学生出错率高的题目进行补充强调。接下来，教师组织学生活动，学生通过小组讨论、小组演示等一系列活动将上一环节中所学知识应用于模拟实践，强化学习效果。在小组活动过程中，教师做适当少量干预，解答学生小组活动中遇到的问题，推动小组活动进程。小组活动结束后，教师组织学生互评，鼓励学生发现问题，改正问题，点评优缺点，肯定长处，分析出现的问题，鼓励学生的同时使学生意识到在学习课程模块中的不足，勉励学生加以改进，取得进步。最后，教师进行课堂小结及答疑，师生互动，理清课程所学知识点、重难点，布置课后作业

（续上表）

章节	主要内容	思政元素及资源	教学组织与实施
项目四：Health Management of Dyslipidemia（血脂异常健康管理）	第1节 What Is Dyslipidemia?（血脂异常的概念）； 第2节 Symptoms of Dyslipidemia（血脂异常的症状）； 第3节 Types and Causes of Dyslipidemia（血脂异常的类型与原因）； 第4节 Risk Factors of Dyslipidemia（导致血脂异常的风险因素）； 第5节 Treatment of Dyslipidemia（血脂异常的治疗）	1.《"健康中国2030"规划纲要》提出健康优先，以提高人民健康水平为核心，培养预防为主的健康意识。 2. 国家通过社区建设加强高血压预防。相关资料使学生认识到自身的生活水平与国家命运、国家富强息息相关，激发爱国主义情怀	首先，教师布置课前预习作业，学生在在线课程平台自学与课程相关的词汇、讲解视频等资源，教师在课堂发布题库测试题目，测试学生的预习效果。其次，教师讲解课程重难点内容，采用师生互动的方式提高学生课堂的注意力，保证学生学习效果。讲解之后，教师再次发布线上课程题库题目，测试学生知识掌握程度，针对学生出错率高的题目进行补充强调。接下来，教师组织学生活动，学生通过小组讨论、小组演示等一系列活动将上一环节中所学知识应用于模拟实践，强化学习效果。在小组活动过程中，教师做适当少量干预，解答学生小组活动中遇到的问题，推动小组活动进程。小组活动结束后，教师组织学生互评，鼓励学生发现问题，改正问题，点评优缺点，肯定长处，分析出现的问题，鼓励学生的同时使学生意识到在学习课程模块中的不足，勉励学生加以改进，取得进步。最后，教师进行课堂小结及答疑，师生互动，理清课程所学知识点、重难点，布置课后作业

（续上表）

章节	主要内容	思政元素及资源	教学组织与实施
项目五：Health Management of Chronic Bronchitis（慢性支气管炎健康管理）	第1节 What Is Chronic Bronchitis?（慢性支气管炎的概念）； 第2节 What Are the Symptoms of Chronic Bronchitis?（慢性支气管炎的症状）； 第3节 What Causes Chronic Bronchitis?（慢性支气管炎的病因）； 第4节 Is Chronic Bronchitis Contagious?（慢性支气管炎是否有传染性?）； 第5节 How Do Doctors Diagnose Chronic Bronchitis?（慢性支气管炎的诊断）； 第6节 What Are Home Remedies for Chronic Bronchitis?（慢性支气管炎的家庭护理）； 第7节 What Is the Prognosis for Chronic Bronchitis?（慢性支气管炎的预后）	1.《"健康中国2030"规划纲要》提出健康优先，以提高人民健康水平为核心，培养预防为主的健康意识。 2. 国家通过社区建设加强高血压预防。相关资料使学生认识到自身的生活水平与国家命运、国家富强息息相关，激发爱国主义情怀	首先，教师布置课前预习作业，学生在在线课程平台自学与课程相关的词汇、讲解视频等资源，教师在课堂发布题库测试题目，测试学生的预习效果。其次，教师讲解课程重难点内容，采用师生互动的方式提高学生课堂的注意力，保证学生学习效果。讲解之后，教师再次发布线上课程题库题目，测试学生知识掌握程度，针对学生出错率高的题目进行补充强调。接下来，教师组织学生活动，学生通过小组讨论、小组演示等一系列活动将上一环节中所学知识应用于模拟实践，强化学习效果。在小组活动过程中，教师做适当少量干预，解答学生小组活动中遇到的问题，推动小组活动进程。小组活动结束后，教师组织学生互评，鼓励学生发现问题，改正问题，点评优缺点，肯定长处，分析出现的问题，鼓励学生的同时使学生意识到在学习课程模块中的不足，勉励学生加以改进，取得进步。最后，教师进行课堂小结及答疑，师生互动，理清课程所学知识点、重难点，布置课后作业

五、 教学创新与特色

1. 教学目标方面

"大健康英语"课程思政与思想政治理论课"同向同行"，确定"厚品德、强技能"教学目标，将价值观引领、知识传授和语言应用能力培养有机结合。

2. 教学内容方面

整合"大健康英语"课程思政资源库，优化"大健康英语"线上课程，建立"大健康英语"课程思政育人的实践载体。

3. 教学方法方面

分析学情，着力激发学生内驱力，充分利用丰富的线上课程资源、先进的教学实践基地以及鼓励思辨的课堂环境进行隐性思政教育。

4. 教学评价方面

建立多元化的评估体系，评价主体包括教师、学生、专家三方。考核内容包括学生的价值观、创新实践能力及其对知识的系统掌握三方面。过程性评价与结果性评价相结合的同时，注重过程性评价。

六、 课程成效与评价

1. 学生培养目标的实现

学生能够完成知识巩固复习和英语综合技能练习，按时完成平台自主学习任务，说明其学习兴趣得到提高，养成了良好的学习习惯。2022—2023学年，平台综合测评通过率100%，优良率达到72.3%，达成知识目标；"Healthcare English"（大健康英语）课程知识技能点覆盖全国医护英语（二级）及健康管理师职业资格（三级）考试约70%的考核点，报名参加两种证书考试的学生的通过率分别为63%和92%，在校级及以上技能大赛中获奖学生数占60%，达成能力目标；学生积极参加公益活动，服务社会，提升职业素养，达成素养目标。

2. 对本课程的教学评价

学生普遍认为：教师业务素质高，责任心强，教学认真负责，师生互动多，关系融洽；课堂教学中教师积极提高学生个人素质，锻炼其团队合作能力，教学方法灵活多样；教师善于利用各类资源，激发学生的学习积极性，学生学习效果好。

3．受益面

（1）社会受益面。

①"Healthcare English"（大健康英语）在智慧职教平台上线。课程截至 2023 年 6 月，已辐射全国 25 个省市 9 所职业院校，互动总量超过 20 万次，累计选课人数达到 3 417 人，企业用户、社会学习者、教师用户分别占平台总用户数的 24.9%、25.0%、24.7%，完成 1 期大健康产业留学生培训项目、2 期校级双语教师培训项目、3 期慕课，累计学习人数 666 人。

② 2022 年"大健康英语"精品在线开放课程获"广东省教育厅继续教育精品课程"立项，服务于社会人员的继续教育学习。

③学生利用所学知识积极参加志愿者活动，先后 3 年服务于广州市天河区龙洞社区、汕尾市等地区。

（2）本校受益面。

①基于"大健康英语"课程，广东食品药品职业学院于 2019 年申报成为医护英语证书考点，2022 年校内参与医护英语证书考试达 151 人。

②基于"大健康英语"课程建设，教师获得广东省职业院校技能大赛教学能力比赛二等奖 1 次，三等奖 2 次；指导学生参加广东省职业院校技能大赛学生专业技能竞赛英语口语赛项获得三等奖。

餐饮智能管理和烹饪工艺与营养专业 "面点制作工艺" 课程教学设计

依托专业名称：餐饮智能管理；烹饪工艺与营养

依托课程名称：面点制作工艺

一、 课程定位

"面点制作工艺"是餐饮智能管理专业和烹饪工艺与营养专业的核心课程，是以工作过程为导向的课程体系的重要组成部分，本教学设计方案按照 64 学时、4 学分的课程标准进行设计，以"理论 22 学时 + 实践 42 学时"的教学形式开展。课程对接 1 + X "粤点制作"职业技能等级证书（中级），针对各色面点制作工艺，介绍它们在餐饮领域中的大量应用实例，使学生具备面点师应有的职业技能、职业素养、工匠精神。

本课程采取模块化教学，主要分为四大模块：模块一为"基础知识"，模块二为"基本工艺"，模块三为"创新工艺"，模块四为"拓展应用"。本课程围绕中西式面点师岗位要求，以模拟企业真实项目任务来组织教学，以学生为中心设计"情景导入、重点讲解、示范与练习、产品创作、优秀作品鉴赏、任务评分"六个教学环节，结合信息化教学技术，构建"虚实结合、理实结合"的多维学习空间。整个教学过程有机融合中国饮食文化和地方面食文化内容，考核评价贯穿课前、课中和课后全过程，培养学生严谨的岗位规范意识和职业尊崇感。

本课程被餐饮智能管理专业安排在第二学期，被烹饪工艺与营养专业安排在第三学期。前期课程主要包括"面点基本功""饮食文化""食品微生物基础""劳动教育"等；同步课程主要是专业课程，包括"食品营养与健康""烹饪工艺技术""创业模拟"等；后期课程主要是应用型课程，包括"食品添加剂""食品市场营销""餐饮服务与管理""烹饪原料学""餐饮食品安全""餐饮企业会计与财务管理""餐饮食品安全管理实训""中西面点制作综合实训""营养配餐综合实训""食品原料管理实训"等。

二、 课程目标

结合学校办学定位、专业特色和课程特点，准确把握本课程的课程思政建设方向和重点，科学设计本课程的课程思政建设目标，体现融价值塑造、知识传授和能力培养为一体的课程目标。

学校基于大健康背景，秉持健康至上的理念，根据"大卫生"产业转型升级和建设"健康广东"的社会发展目标，围绕健康相关产业链的生产、经营、服务各个环节，以"为人类健康事业培养高素质技术技能人才"为办学宗旨，以"明德精业、惟民其康"为校训，不断开发设置新的专业。

餐饮智能管理专业属于广东食品药品职业学院的特色专业，结合"粤菜师傅工程"，根据课程体系安排，"面点制作工艺"属于核心课程，有很强的技能点，结合"健康元素"，该课程经过改造，符合时代发展的要求，以健康至上为基本理念设置相关的实践项目。

课程对接1+X"粤点制作"职业技能等级证书（中级），把职业技能等级证书考证内容直接融入"面点制作工艺"课程中，让学生学完课内相关内容即可参加职业技能等级证书考证，并获得对应证书，根据行业岗位（中、西面点师）需求，在课程中设置岗位需求技能点、专业教学标准和国家规划教材中的知识技能点，响应习近平主席"工匠精神对国家和民族的发展至关重要，需要做到专注、刻苦和细致"的号召，依据《高等职业学校专业教学标准》中餐饮管理专业的人才培养方案，整合教材的相关内容，确定了专业人才培养目标。（如图1）

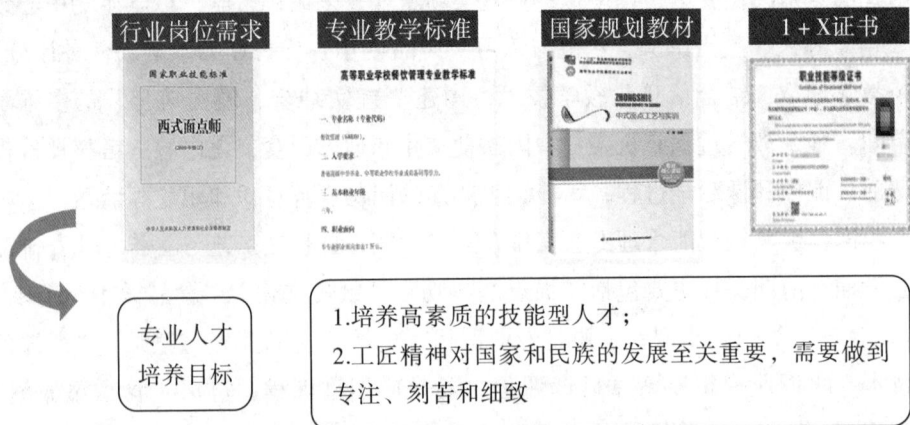

图1 "面点制作工艺"课程专业人才培养目标

三、 课程思政设计思路

（1）围绕精品在线开放课程"面点制作工艺"进行，线上线下思政元素贯穿其中，融入爱国主义精神，培养学生爱劳动、团结合作、互帮互助的品质。

（2）在专业类课程中融入思政相关元素，允许学生自主发挥，培养其自主学习的能力，并且在讨论与演讲中加深学生对思政内容的理解，提高学生的思考、表达和交流的能力。

（3）把相关的课程思政类比赛融入专业教学中，鼓励学生参与，增强思政意识，培养学生的爱国情怀，激发学生的责任心、学习动力和成就感，锻炼学生的社交能力，全面提高学生的综合素质。

四、 课程内容

表1 "面点制作工艺"课程内容

章节	主要内容	思政元素及资源	教学组织与实施
第一章	面点的起源与发展	思政元素：引入"面点"的文化源远流长，启发学生：（1）树立民族意识，中华文化源远流长，引导其对传统文化的尊崇、继承。（2）弘扬中华民族尊老爱幼的传统美德，坚定文化自信，尊重和传承非物质文化遗产。引入端午节人们常吃的"粽子"，其来源于人们对爱国英雄"屈原"的纪念等。思政资源：多媒体教学、"学习通"App	课前：发布小测和相关历史名人故事，案例中引入相关点心，吸引学生兴趣，简单对名人进行了解，并观看相关非遗产品视频，激发学生学习兴趣。课中：教师通过回顾课前内容，引进课程内容，学生通过观看相关精美点心图片和视频，了解点心发展史和点心与名人的联系，并引入大师视频，激发学生对精美点心的学习激情。教师以发布小测、抢答、抽人回答、问卷等形式，让学生对课堂内容有深入浅出的理解。课后：通过发布小测和引入行业相关的技能大赛作品，让学生对专业有更多的了解

（续上表）

章节	主要内容	思政元素及资源	教学组织与实施
第二章	面点工具和使用安全规范	思政元素： (1) 树立食品安全和卫生意识，尊崇古人的智慧。 (2) 激发学生的创新精神，学会把创新理念——"食疗、药膳"引入面点制作中。 思政资源："学习通"App中大量的视频（包括工具不断发展变化的相关视频、融入创新元素的作品视频）、闯关游戏	课前：学生先提前在"学习通"App观看视频，学习面点基本工具、大型设备的使用方法及安全注意事项。引入相关视频，展示工具的不断演变，说明人类历史源远流长，古人有古人的智慧。激发学生对新型工具的关注，提高学生的学习兴趣，并对当下"纯手工"食品产生敬佩，深入了解非遗面塑、糖人等，激发爱国情怀。 课中：深入了解各式工具及其历史演变，由此体现人类的智慧，并剖析视频中某些小细节的制作需要借助面点小工具，完成一个精美绝伦的作品并不难，让学生有想学的冲动，为后期的实践做铺垫。课中有抽人回答、抢答等环节，吸引学生的兴趣，并把食疗、药膳等流行元素引入面点的教学中。 课后：让学生观看现下流行的工具等相关视频，把时代前沿信息灌输在学生脑海里，为后期实践做铺垫。发布问卷完成对本节课的课程评价和课后测试，了解学生对本节课知识点的基本把握情况，巩固知识点

（续上表）

章节	主要内容	思政元素及资源	教学组织与实施
第三章	水调面团对应的实践项目：象形饺子＋象形包子	思政元素： （1）饮食文化源远流长，在一些传统节日中，有些地方有吃饺子的习惯，因为这代表团圆，由此激发学生对国家、对家庭的责任感，树立民族意识，培养其爱国情怀。 （2）培养学生保持对学科的探索精神，在实践中不断学习并检验真知。 （3）培养学生的团队合作能力、对工匠精神的追求与向往。 思政资源：大师视频（烧卖皮的擀制）、微课（汤圆、面条、烧卖的制作）	课前：发布小测，让学生提前了解饺子在中国饮食文化中的重要性。中国家庭比较注重家庭团结文化，家庭和睦、团团圆圆很重要。引导学生观看节假日传统文化的视频，让学生对面点在人们生活中的重要性有深入了解。 课中：剖析饺子的来源、重要性，还有现在象形饺子的多样性，询问学生：能否在学成后为家人制作一顿可口的饺子呢？现在各种多样好看的饺子是怎么制作的呢？激发学生想学的欲望，并在课中和学生强调弘扬中华民族传统文化的重要性。 课后：发布相关技能大赛的视频，拓展学生的基本技能
第四章	物理膨松面团应用——戚风蛋糕的制作和韩式裱花	思政元素： （1）培养学生的团结合作能力和欣赏美的能力，提高食品安全和卫生意识，为家人制作蛋糕，感受动手所带来的快乐，快乐可传染给更多亲朋好友，教会学生学会分享。	课前：学生通过"学习通"App线上学习如何制作戚风蛋糕，并学习韩式裱花的基本手法和装饰技巧，尝试用工具和家人制作一款简单的蛋糕，体验制作的乐趣，并拍照上传到"学习通"平台，让其余学生欣赏并进行简单的评价。以小组为单位调研市面上的蛋糕产品，了解其特点和基本装饰技巧（主要采取线上线下融合的方式，结合线上平台资源，小组合作完成）

（续上表）

章节	主要内容	思政元素及资源	教学组织与实施
第四章	物理膨松面团应用——戚风蛋糕的制作和韩式裱花	（2）学会创新，韩式裱花来源于韩国，体会这种来源国外的美，美是需要包容与创新的，戚风蛋糕也是属于国外产品，结合国内糕类涨发原理，理解创新和传统结合的重要性，也让学生深深体会饮食文化源远流长。学会感恩，学会分享。在动手制作的过程中，体会合作的乐趣，学会小组分工，学会利用网络资源，提高品鉴能力，并在制作蛋糕的过程中提高卫生意识。学会精益求精的工匠精神，不断融合传统与创新。 （3）学会分享，学以致用，培养学生"技能报国、工匠强国"的精神，培养学生的爱国情怀和民族自豪感。 思政资源： 微课（蛋糕的制作、韩式裱花的制作）、动画（淀粉的老化、膨松面团的成型原理）	课中：教师通过播放简短的微课视频，让学生了解其基本制作过程，接着教师示范制作蛋糕和裱花的基本过程，指导学生进行小组内的比拼，让学生感受动手的快乐，体验自己的劳动成果，激发学生的学习激情。教师对蛋糕的韩式裱花的来源进行阐述，让学生知道韩式裱花和传统的奶油裱花的区别，现场进行鉴别，包括口感、特色、造型、逼真度、象形度，让学生进行"找茬"，提高学习兴趣。然后以小组为单位进行描摹演练，小组合作完成一个和教师一样的作品，增强动手能力。接着通过"识花君"微信小程序来识别花朵，看谁裱的花最像，识别率最高。最后进行组内互评、组间互评和教师点评，让学生掌握真正好吃又好看的蛋糕的评判标准，提高欣赏美和品鉴美的能力。注意在制作的过程中卫生和安全的重要性。（整个过程主要是教师示范引导，学生实操演练，结合课前线上资源，课中进行巩固和反复实践，增强技能，并开展小组合作） 课后：教师引导学生线上发布实践报告，观看往届世界烘焙技能大赛中国选手获奖视频，激励学生课后和家人按照课中所学完成一款蛋糕的制作，或给家人制作一款生日蛋糕（主要是线上资源巩固，还有对课中内容深化、升华，了解产品在比赛和生活中的应用）

（续上表）

章节	主要内容	思政元素及资源	教学组织与实施
第五章	生物膨松类面团对应的品种：软欧包＋吐司的制作	思政元素： （1）融入"世界面包技能大赛"，凸显中国文化的博大精深和包容性，激发学生多走出国门，多看国外的世界。 （2）举例"高职院校学生代表国人参加世界面包技能大赛，拿下团体金奖"，这不但是国人的骄傲，更是作为高职生更高的责任和担当，有一门技能也可为国争光，响应习近平总书记"技能强国"的号召。 思政资源： 技能大赛视频、技能大师视频、微课（软欧包的制作）、动画（生物膨松面团的发酵原理）	课前：发布小测，让学生提前了解软欧包的制作原理和基本品种。并发布相关软欧包视频，如省技能大赛相关比赛作品、世界面包大赛和技能大赛相关比赛链接，激发学生想学的欲望，响应习近平总书记"技能强国"的号召，为后面实践打基础，埋伏笔。 课中：讲解小测部分，明确学生对面包的了解情况，然后讲解面包的基本发酵原理和基本制作工序，在了解基本制作工序的基础上，了解其新工艺、新材料、新方法带来的变化，了解现下流行软欧包的营养健康，再次呼应"营养、健康"在面点中的重要性。过程中有互动、抢答和抽人，让学生有被关注的感觉，激发学生的学习激情。 课后：小测巩固，使学生掌握面包发酵原理，发布其余的高端软硬欧包制作视频，让学生深刻了解面包虽造型多样，但万变不离其宗，基本的工艺最关键
第六章	油酥类面团对应的实践品种：月饼＋蛋黄酥＋老婆饼	思政元素： （1）团团圆圆是每个中国家庭的愿望，引入国人的爱情神话故事——七夕"牛郎织女"的爱情传说，引入相关美食："月饼""老婆饼""老公饼"等，激发学生对美好爱情、美好生活的向往。 （2）激发学生的上进心和对幸福美满生活的向往。	课前：发布月饼制作的相关视频，让大家了解中国的传统文化，八月十五属于团圆的日子，还有很美好的爱情传说，激发大家对美好生活的向往。这种家国情怀的引入，吸引学生的学习兴趣。 课中：引入动画、微课相关视频，阐述油酥类产品制作原理。然后引入月饼、蛋黄酥、老婆饼等经典中式点心。

（续上表）

章节	主要内容	思政元素及资源	教学组织与实施
第六章	油酥类面团对应的实践品种：月饼＋蛋黄酥＋老婆饼	（3）鼓励学生在面点制作上打破传统，学会创新，学会中西融合，有包容的思想。 思政资源： 大师视频（各种象形酥的制作）、技能大赛视频（全国烹饪技能大赛）、微课（月饼的制作、蛋黄酥的制作）、动画（大开酥、小开酥、油酥面团的成型原理）	此类点心多是中西融合的创新产品，鼓励学生多创新，找出新时代中西融合的产品。 课后：发布小测，让学生找出不同的酥类产品，对知识点进行巩固。并发布相关省技能大赛中的"明酥"类产品，酥层非常明显，其原理一致，做法稍不一样，激发学生学习的兴趣
第七章	创新类产品制作	思政元素： （1）弘扬中华民族尊老、敬老、爱老的传统美德，坚定文化自信。 （2）传承传统文化，并有一定的创新精神。 （3）培养学生节约粮食和反对浪费的意识。 （4）培养学生保持对学科的探索精神，在实践中不断学习并检验真知。 思政资源： 大师视频（各种创新产品的制作）、技能大赛视频（全国烹饪技能大赛）、多样化的微课、动画、AI美图美文软件应用、思维导图软件、微信小程序、微博视频等	课前：发布小测，让学生掌握本门课程的基本知识。同时，布置制作创新产品的课堂作业，要求学生以小组形式分工、合作，并说明产品创新之处。 课中：学生以小组合作的形式在指定时间内，利用指定食材，完成创新产品制作，并在最后进行答辩，论述作品制作的宗旨和主题是什么，并亮出主题牌，主题要突出。 课后：学生把创新品种以报告的形式提交，并把作品拍照上传到"学习通"App，其中融合了拍照技巧，拍照技巧也有很重要的分数占比

五、 教学创新与特色

课程融合时代发展进行目标和内容重构，设置传统与创新的产品，融入家国情怀，让每样点心都带有感情色彩。同时开展线上线下教学，有各种教学资源支撑，融入活页教材和多样的考核方式，让学生变成学习的主人。评价方式有组内点评、组间互评、教师点评和企业点评，有课前、课中、课后的评分标准，多样化的考核，各种积极参与的奖励，激发学生结合线上课程进行学习，学会关注社会热点，关注健康，关注时下流行产品。课程目前主要有三大特色与创新：

（1）课岗结合，课证结合，课赛结合，整体实现岗、证、赛、课融合。时代发展下，岗位需要什么样的人才，我们就培养什么样的学生，课程中对应设置相关的内容；在刚刚兴起的 1＋X "粤点制作"职业技能等级证书基础上，我们设置对应的品种，融合到课程中，达到课证融合；在各种烹饪技能比赛中，我们把参赛的产品融入教学，形成我们的课程特色，不脱离岗位，不脱离实际。

（2）专创融合。现时代注重学生的创新意识，教师课中不断激发学生的创新思维，研发属于自己的产品，然后给作品申请外观专利，授权他人，这既是对学生的肯定，也是对教师的肯定。

（3）教师始终把匠心精神贯穿于教学过程中，让学生学会合作，培养团队精神和探究精神。提高学生的卫生、安全意识，使其有一定的责任担当，懂得吃苦耐劳，有细心、耐心、恒心，学会欣赏美，学会分享，懂得多劳多得，培养"我劳动我光荣"的意识。要有一定的包容心，不断创新，做事情要持之以恒，培养学生有一定的家国情怀，学会奉献的同时，也学会感恩父母、回报父母。

六、 课程成效与评价

（1）综合成绩得到了有效提升，课前和课后对比，课后的正确率得到了很大的提升，由 50.0% 升到 92.0% 以上，证明学生对知识点掌握得更加透彻了。实操项目大部分在 70 分以上，90 分以上的占 22.0% 以上，很好地反映了小组的合作和动手能力的提升。

（2）在教学过程中，教师采用线上和线下的方式，融合多种资源，结合微课、动画、小游戏、VR 等，让学生很好地突破了重难点。

（3）学生制作的作品非常精美，创新能力得到很大提升，部分作品成功申请外观专利，授权给他人使用，这是对学生的极大认可，反过来也很好地验证了这种模式下的教学方式得到了学生的认可。

移动应用开发专业 "Java 高级程序设计" 课程教学设计

依托专业名称：移动应用开发

依托课程名称：Java 高级程序设计

一、 课程定位

"Java 高级程序设计"课程是面向软件学院相关专业开设的专业核心课，课程总课时为 64 学时，其中实践学时占 50％，总计 4 学分。

本课程教学将采取"案例引导、三层递进"的教学模式，以软件项目开发为引导，以典型工作任务为中心组织课程内容，让学生在具体任务中学会完成相应工作任务，掌握相关理论知识，培养软件开发的职业能力。在掌握计算机前沿开发技能的同时，培养学生热爱科学、崇尚创新的浓厚气氛。通过剖析专业技术应用中的使命担当，培养学生对计算机软件自主知识产权的保护意识，激发学生的爱国情、强国志和报国行，引导学生成为身心健康、人格健全、德才兼备的时代新人，进一步落实"专业成才、精神成人、勇于进取、尊重创新"的课程育人目标。

本课程开课时间为第二学期，作为"Android 程序设计""Java 框架应用技术"等开发类课程的前导课程，其衔接了第一学期的"Java 程序设计基础"专业基础课与后续核心课程，起到了承前启后的重要作用。

二、 课程目标

紧密结合移动互联网行业特色，对接健康医疗卫生信息产业，适应智慧医疗与智慧养老的飞速发展要求，深入发掘课程的思政资源，将知识、能力、价值塑造有效融于专业课程中。在专业课程教学中，思想政治教育也应该贯穿始终，使学生在学习 Java 语言专业知识的过程中，不仅仅掌握技术知识，还能够具备正确的价值观和思维方式。具体的课程教学目标包括：

（1）培养学生的创新意识。移动互联网技术的快速发展使得创新成了信息技术领域的核心。在信息技术类课程思政目标的指导下，学生应该具备敢于挑战和创新的精神，能够从不同的角度思考问题，提出新的解决方案。这种创新意识的培养对于学生未来的发展至关重要，也符合社会对于计算机人才的需求。

（2）塑造学生的责任意识。移动互联网技术的应用范围广泛，涉及许多社会和个人利益问题。在学习信息技术的过程中，学生应该明白自己所掌握的技术对于社会的影响，并且要对自己的行为负责。例如，在网络安全方面，学生应该意识到自己的行为可能会对他人造成危害，因此要遵循合法合规的原则，不进行网络攻击和侵权行为。这样的责任意识培养不仅可以维持社会秩序，也能够让学生树立正确的道德观念。

（3）培养学生的团队合作精神。移动互联网的发展需要多个领域的专业人才共同合作，形成一个高效的团队。在信息技术类课程思政目标的引导下，学生应该具备良好的沟通能力和团队意识，能够与他人合作，共同解决问题。通过团队合作，学生可以学会倾听他人的观点，尊重他人的意见，从而形成更加综合和完整的解决方案。这种团队合作精神的培养对于学生未来的工作和生活都具有重要意义。

（4）培养学生的社会责任感。移动互联网技术的发展对于社会的进步起到了积极的推动作用，但同时也带来了一些负面影响。在信息技术类课程思政目标的指导下，学生应该意识到自己所从事的计算机工作对于社会的影响，并且要积极参与到社会问题的解决中去。例如，在人工智能领域，学生应该关注人工智能的伦理和道德问题，积极参与相关的讨论和决策。这样的社会责任感培养不仅可以提高学生的社会影响力，也能够让学生更好地为社会做出贡献。

（5）培养学生的爱国奉献精神。将习近平新时代中国特色社会主义理论、社会主义核心价值观和中华优秀传统文化教育内容融入课程中，有利于激发学生对祖国和人民的深厚感情，增强他们对中华文化和中华民族的自豪感和自信心，培养他们对中国特色社会主义和中国共产党的坚定信仰和忠诚拥护，引导他们将个人理想融入国家和民族事业中，积极投身改革开放和社会主义现代化建设，注重"术道结合"。（如图 1）

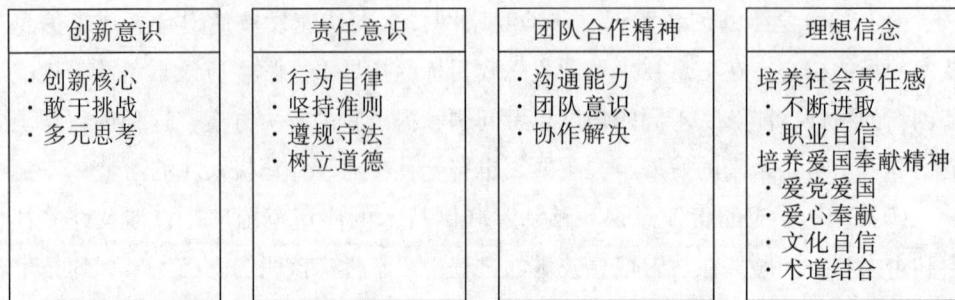

图 1　课程思政建设目标

三、 课程思政设计思路

课程紧扣为软件产业高质量发展培养软件开发行业所需的高素质人才的目标，依据移动应用开发专业的国家专业教学标准、学校人才培养方案、课程标准，选用国规教材，对接 Java 软件开发工程师岗位典型工作任务与核心职业能力，对照移动互联网应用开发 1＋X 职业技能等级证书的职业能力评价要求，以及对应技能大赛软件测试赛项的赛点，以典型项目案例为载体，重构教学内容及展开思政内容教学。（如图 2）

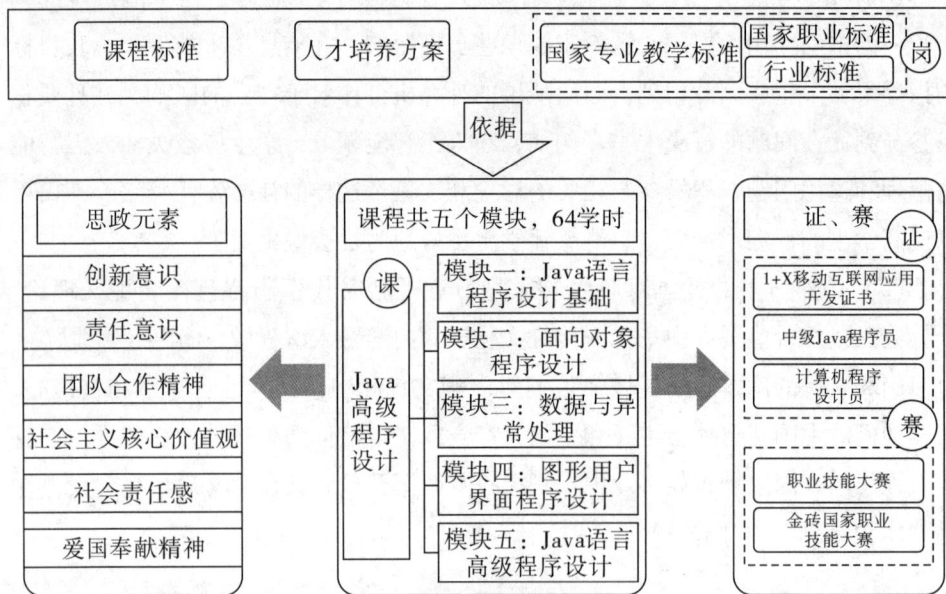

图 2　课程思政设计思路

本课程在理论与实践教学中，积极探索将案例式教学、思政教育与系统课程内容相结合，课程思政设计思路如下：

首先，在 OBE 理念的指导下，明确学生培养目标，系统梳理、重组和衔接课程知识，明确思政素材方向，筛选并整理与课程知识体系相匹配的思政素材内容和形式。

其次，建设教学案例库，以案例自然切入思政元素。以 OBE 理念为指导，通过发布案例导读和理论知识点提纲，结合翻转课堂，引导学生寻找问题、分析问题、解决问题，并以分组讨论的方式进行讲解，实现理论知识的抽象性与案例的实践性相结合，激发学生对理论知识实用性的强烈热情，全程培养学生严谨的科研精神、踏实的研究态度。

再次，分析学生思想动向，持续更新补充思政素材，与时俱进，实现与新时代大学生的思想同步成为其价值引领。每周汇总收集学生关注的热点与话题，作为增补思政素材的内容方向，并通过问卷和开放性问题，了解并分析学生目前的认知水平和思想动态，有利于在课程教学中自然有效地寻找思政元素的切入点，深入渗透思政教育内涵。

最后，定期举行与课程知识密切关联的社会热点专题讨论，以教师引导为主，学生通过分组讨论、个人陈述等，拓展思维认识的广度和深度，并逐步培养大局意识、全局思想，实现理论知识与价值体系的同步提升。（如图3）

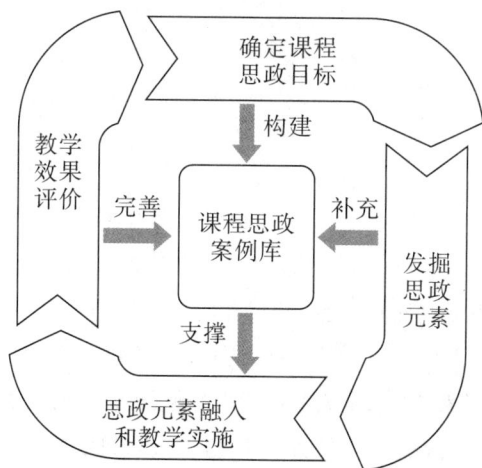

图3　课程思政设计理念和模式

结合本门课程的知识特点和人才培养目标，本课程采用线上线下教学相结合的方式，线上教学平台完成预习任务发布、作业布置、课堂互动、课后答疑等内容。利用丰富的教学方式和手段，引导学生通过信息化手段，充分利用各种优秀教学资源，完成课程知识的掌握和拓展，并在课程教学中融入思政素材，选取切入点，使思政教育不突兀、不生硬、不晦涩地与专业知识融合，让学生在学习专业知识的同时自然而然、潜移默化地接受思想政治教育，既润物无声又能让学生内化于心。

四、 课程内容

表 1　 "Java 高级程序设计" 课程内容

章节	主要内容	思政元素及资源	教学组织与实施
一、Java 语言程序设计基础	Java 基础语法知识	通过介绍软件行业发展前景，向学生描绘未来的职业愿景，激发学生对社会主义核心价值观的认同感。 具体案例如下： 1. Java 的发展历程——引出工匠精神； 2. 工匠精神，敬业求精	通过教师讲解思政教学素材和问题讨论的方式，结合 Java 基础语法知识点的传授，培养学生职业道德规范、工匠精神和民族认同感。充分利用网络教学资源，结合多媒体教学演示＋上机实践操作对知识点进行讲解
二、面向对象程序设计	1. 类和对象的概念与特征、属性和方法； 2. 类与对象的关系； 3. 变量作用域； 4. 定义包和导入包； 5. 对属性的封装；	1. 结合 2020 年各行各业（包括医护人员、人民警察、基层工作者、志愿者）抗击疫情的无私奉献，让学生理解理论知识的同时，激发对国家的热爱和对社会的责任感；向学生传递《民法典》的部分内容，提高学生的法律意识；同时借助继往开来的历史使命，增强学生的使命感，热爱祖国。	通过教师讲解思政教学素材和问题讨论的方式，结合类与对象的概念，培养学生正确的技能观

（续上表）

章节	主要内容	思政元素及资源	教学组织与实施
二、面向对象程序设计	6. 构造方法的特点及实现对象成员变量初始化； 7. 继承的概念和用途； 8. 多态的概念和实现； 9. 最终类和抽象类； 10. 接口的概念和实现	2. 通过讲解职业素养、行为合规，培养学生的软件工匠精神，让他们在潜移默化中培育社会主义核心价值观，提高综合职业素养，树立社会主义职业精神。 具体案例如下： 以近期公安部"打击黑客犯罪十大典型案例"为例，让学生了解计算机犯罪的危害性和应承担的法律责任，同时培养职业道德意识和合规的行为规范。 3. 通过介绍移动互联网行业发展前景，向学生描绘未来的职业愿景，激发学生对社会主义核心价值观的认同感。 具体案例如下： 美国的芯片垄断——引出民族认同感	
三、数据与异常处理	1. 字符串类的应用； 2. Java常用类应用； 3. Set、List、Map接口； 4. ArrayList、HashSet、HashMap集合 5. 泛型； 6. 异常处理	1. 通过讲述Java程序开发规范的重要性，培养学生的职业素质和道德规范。 具体案例如下： 通过介绍软件公司Java开发工程师的招聘条件，让学生了解Java程序开发规范的重要性，培养学生的职业素质和道德规范。 2. 软件行业规划解析，培养学生的软件工匠精神。 3. 通过讲述我国互联网代表人物及全球年度电子商务创新领袖人物雷军不管是作为一名程序员还是创业者都不畏艰苦、勇于开拓的事迹，引导学生联系实际，形成情绪体验，加深感受，激发学生勇于克服学习困难的勇气，充分认识到学习不是个人私事，而是关系到祖国社会主义建设的大事	通过教师讲解思政教学素材和问题讨论的方式，结合布局的创建及类型知识点的传授，培养学生正确的技能观

（续上表）

章节	主要内容	思政元素及资源	教学组织与实施
四、图形用户界面程序设计	1. 掌握布局管理器的概念和类型； 2. 掌握按钮事件处理步骤和监听器接口的应用； 3. 掌握常用 Swing 组件的分类和创建过程； 4. 掌握菜单及对话框的创建和事件响应方法	1. 软件行业领军人物的奋斗故事分享。 具体案例如下： 2019 年中国软件和信息服务业十大领军人物——王坚。 2. 省赛获奖者分享经验，提高学生自我学习和持续学习的意识和能力	教师通过讲解思政教学素材和播放视频，结合 Java 图形组件及布局管理器知识点的传授，培养学生诚实守信、坚韧不拔的性格
五、Java 语言高级程序设计	1. Java 的文件管理机制； 2. 多线程开发； 3. 网络编程； 4. JDBC 开发	1. 软件开发设计的人员组成及分工——引出：团结协作精神。 具体案例如下： 大国品牌企业项目开发流程。 2. 掌握基本的编程方法和调试技术，锻炼理论联系实际的能力；了解软件开发的重要性，树立辩证的工程科学观，树立社会主义核心价值观。 3. 服务与协议让网络有条不紊地运行。每层各司其职，做好本职工作的同时也为上级提供优质的服务。对等实体间通过协议即规则进行通信。没有规矩不成方圆，规则与制度是保障网络与社会正常秩序的基本条件。由此培养学生的人文社会科学素养、社会责任感，有健康的身体和良好的心理素质，树立正确的世界观、人生观和价值观。 4. 通过对国产数据库发展现状的分析，引导学生践行社会主义核心价值观	教师通过讲解思政教学素材和播放视频，结合 Java 语言高级程序设计的知识点的传授，培养学生团结协作精神，引导学生践行社会主义核心价值观，树立法律意识，抵制不良风气，培养文化自信、公民人格，弘扬科学精神，提升职业素养

五、 教学创新与特色

（1）坚持党建引领教学，厚德载物。以课堂教学为立足点，以课程思政为抓手，"春风化雨、润物无声"地将思政教育融入课程中。

（2）采用基于学习成果导向（OBE）的教育模式的教学理念制订人才培养方案，构建以学生为中心、产业需求为导向、项目式学习方式为主的创新教学体系，科学实施专业教育；根据专业发展和实践反馈，适时调整培养方案，教导学生注重将个人发展与社会发展、国家发展相结合，树立社会主义核心价值观。

（3）深度融合人工智能、物联网、大数据等前沿技术，精巧设计教学内容，改变传统工科机械式的教学困境，采用情景案例、教具演示、合作互动等方法增强学生学习兴趣，提高课程的高阶性、创新性和挑战度，激发爱国热情、民族自豪感和使命感。

（4）以讲故事的形式融入思政元素，分享行业和身边的优秀人物事迹、时事新闻，运用校园内外优秀校友的先进事迹及行业中有影响力的人物创业奋斗故事来引导和激励学生，增强其自我认同感，培养积极向上的精神品质，引导学生建立健康的目标追求与正确的价值观。

六、 课程成效与评价

本课程从思政育人目标、教学元素挖掘与融合、教学评价等方面构建了课程思政教学体系，建设了针对理论教学和实验教学的课程思政案例库一个，每章至少设计一个思政案例。

本课程构建了课程思政的线上资源与线下资源，两种资源互为补充，产生了积极的教学效果。课程思政建设中，学生课前通过线上学习，完成知识预习和思政导学；随后参加线下课堂学习，实现知识吸收和思政内化；课后通过线上复习进行知识巩固和思政强化。线上线下课程思政教学互为补充、互相支撑，充分体现了"以学生为中心"的教学理念，有利于知识传授与思政教育的"线上线下"双重强化和无缝对接。

通过实施课程思政的教学方法，学生期末考试的卷面和综评的及格率均有所好转，说明学生整体的学习积极性和学习效果获得明显提升，两极分化问题得到较好缓解。课程的学评教成绩名列前茅，广受学生好评。

同时，本课程思政教学创新方法积极拓展实践环节，指导学生参加各类程序设计或科技创新类竞赛，如在广东省职业院校学生专业技能大赛移动应用设计与开发赛项、"一带一路"暨金砖国家技能发展与技术创新大赛等赛项中获得多项省级以上奖项，并成功立项校级质量工程项目多项，包括思政类专项。

此外，本课程组在习近平新时代中国特色社会主义思想指导下，积极与企业展开密切的产学融合、校企合作，共同建设程序设计和人工智能等相关课程内容，不断推进与深化实践项目建设成果，探索校企融合的适应新时代发展的人才培养创新发展模式，将教育教学成果直接书写在祖国发展建设的大地上。

中药学专业 "职业发展与就业指导" 课程教学设计

依托专业名称：中药学

依托课程名称：职业发展与就业指导

一、 课程定位

为贯彻落实《国务院关于进一步做好普通高等学校毕业生就业工作的通知》（国发〔2011〕16 号）、教育部历年关于"做好全国普通高校毕业生就业创业工作的通知"等文件精神，进一步提高大学生就业能力，将"就业是最大的民生"正确论述用于实践，开设"职业发展与就业指导"一课，是融思想性、政治性、科学性、理论性、实践性于一体的课程。

"职业发展与就业指导"作为公共必修课，纳入所有专业人才培养方案。旨在结合健康医疗特色与思政教育，帮助学生提升职业生涯规划能力与求职就业能力，为中国健康产业持续发展提供人才支撑。

课程面向全体高职学生开设，共 32 学时，1 学分，其中理论课为 18 学时，实践课为 14 学时，于第一学期和第四学期开设，每年面向约 4 500 人授课。

二、 课程目标

课程旨在引导学生以习近平新时代中国特色社会主义思想为指导规划职业发展，做到知行合一，有理想、有担当。让学生进一步提高职业素养，树立正确的就业择业观，培养中医工匠精神，掌握就业基本技能，成为一名健康的中医药职业人。

1. 知识目标

（1）了解职业生涯发展理论，掌握职业生涯规划的技能。

（2）使学生清晰地认知自我及职业环境。

（3）了解就业形势，熟悉相关就业政策与法规。

2．能力目标

（1）能够掌握职业核心能力，并用于职业实践。

（2）能熟练运用自我认识与职业环境认知工具，培养职业发展规划的能力。

（3）能有效搜集求职信息的方法，掌握简历制作、面试技巧等求职技能。

3．素质目标

（1）树立职业生涯发展自主意识，提前调适就业心理。

（2）促使学生树立正确的人生观、职业价值观和职业发展观。

（3）提升学生的职业素养，尽快适应职场。增强学生的社会责任感，个人发展与社会同向，与国家同行。

三、 课程思政设计思路

1．把"知行合一"融入就业指导教育

在课程内容上多以行业榜样与中医经典相融合，引导大学生在职业生涯发展的道路上树立社会责任感，把思政教育、素质培养与技能训练统一起来，实现"立德树人"的最终目标。

2．坚定学生中医药文化自信

中医药文化是中华优秀传统文化，讲好中医药故事，便是讲好中国故事。本课程在章节设置中体现中医药文化特点，在教学过程中加入中医药文化案例与故事，使中医药学子对自己的专业有底气、有自信。

3．促使学生养成中医工匠精神

在中医产业现代化过程中，本课程须肩负起培养高素质中医人才的责任，培养学生凡事精益求精、对技艺不断改进的中医工匠精神。除了强调技能提升以外，还加入师徒之敬、术业之敬和自我之敬等教学内容，更好地帮助学生培养工匠精神。

课程思政设计思路如图 1 所示。

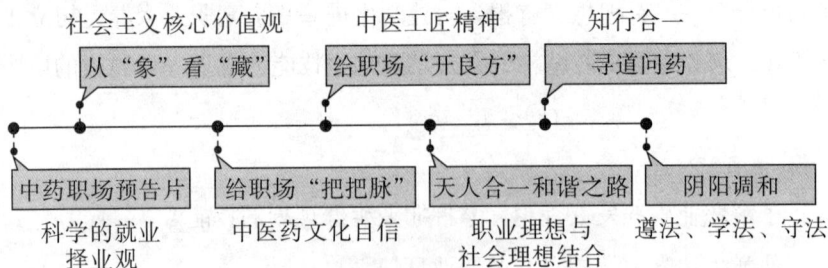

图1　课程思政设计思路

四、 课程内容

表1　"职业发展与就业指导"课程内容

章节	主要内容	思政元素及资源	教学组织与实施
第一章 健康职业人预告片	国家当前的就业形势与就业政策，专业与国家政策的衔接	思政元素：正确把握国家就业现状与就业政策，个人职业发展与社会同向，与国家同行。 思政资源： （1）文件资源：《"健康中国2030"规划纲要》《"十四五"中医药文化弘扬工程实施方案》《健康中国行动（2019—2030年）》等。 （2）视频资源：电视剧《觉醒年代》片段——"南陈北李相约建党"。 （3）线上资源：学校和全省本专业上届毕业生的就业情况	课前：学生找三则与自己专业相关的新闻内容。 课中： 1. 学生分享课前作业，说说这三则新闻反映了什么社会现状。 2. 教师总结，介绍国家就业现状与就业政策。 3. 学生观看视频"南陈北李相约建党"，讨论并思考职业目标的确立有哪些影响因素。 4. 学生根据讨论结果，结合国家就业状况与相关政策思考专业有哪些部分应与社会、与人民、与国家接轨，并写出三个关键词。 课后：根据讨论结果，把三个关键词对应自己理想的三种职业，完成作业
第二章 中医职场和谐之路	职业生涯唤醒：职业生涯发展理论学习，养成职业生涯规划意识	思政元素：辩证看待中西方国家职业生涯发展理论，明确职业生涯与人生之间的关系，树立科学的职业发展观念。 思政资源： （1）视频资源："感动中国2020年度人物"张桂梅。 （2）活动资源："我的角色清单"；舒伯生涯彩虹图	课前：学习相关慕课。 课中： 1. 学生根据课前学习进行演讲：我眼中的职业生涯。 2. 教师补充完善学生演讲内容，结合视频案例讲解中西方国家职业生涯发展理论。 3. 学生绘制"我的角色清单"，并根据舒伯的生涯彩虹理论把人生各阶段角色画出来。 4. 教师总结。 课后：让学生把生涯想象成一列不知终点的火车，思考它会停靠在哪些站。要求用时间轴绘制出来

（续上表）

章节	主要内容	思政元素及资源	教学组织与实施
第三章 从"象"看"藏"	自我认知与探索：了解自己的职业、兴趣、性格，厘清职业价值观	思政元素：完善自我认知，感悟劳动精神，理解知行合一的重要性，树立正确的职业价值观。 思政资源： （1）网课资源：霍兰德职业兴趣测试与报告分析。 （2）活动资源：探索兴趣岛；职业价值拍卖游戏。 （3）文字资源：青年马克思的择业观；李开复换专业。 （4）图片资源：天安门观礼的两位劳模	课前：学生按照教师给的"兴趣岛"关键词自行分组，课前按小组坐好并准备自己设计"岛旗"。 课中： 1. 学生分组讨论：同一岛屿的学生交流一下选择这个岛的原因。 2. 教师揭秘各岛屿的特点，结合霍兰德职业兴趣理论，指导学生完成《职业性格自测问卷》及解读报告。 3. 针对案例"李开复换专业"，学生头脑风暴：兴趣对职业有什么影响？如何让兴趣成为职业？"我"为自己的职业兴趣做了什么？ 4. 教师引导学生进一步理解职业兴趣只有付诸实践才能化为职业现实。 5. 学生结合案例："天安门观礼的两位劳模"与"青年马克思的择业观"，思考：万一无法实现职业兴趣，还有什么能提升职业满足感？小结：劳动精神和职业价值观。 6. 学生分组进行活动：职业价值拍卖游戏。思考经过职业价值拍卖有何启示。 7. 教师总结兴趣、性格、价值观与职业之间的关系。 课后：结合"劳动教育"课中的实践项目进行劳动精神与职业价值观的演讲，录制视频

（续上表）

章节	主要内容	思政元素及资源	教学组织与实施
第四章 给职场"把把脉"	职业环境分析：职业环境分析的必要性；职业环境分析的主要内容及方法；以专业链接未来	思政元素：了解新时代中医药学子的使命担当，强调职业社会责任感，提升学生的文化自信与专业自豪感。 思政资源： （1）视频资源：华佗发明麻沸散；历届优秀学子榜样案例。 （2）图片资源：宋代中医药行业因腐败的社会环境而没落。 （3）场景资源：校园义诊。 （4）活动资源："家族职业树"、"专业行业对对碰"、生涯人物角色扮演提问。	课前：通过线上平台进行主题讨论。 课中： 1. 以讨论结果为基础，结合视频"华佗发明麻沸散"，引导学生思考职业幸福感，引出职业环境分析的重要性。 2. 学生讨论：宋朝如此繁荣，为何中医药行业没落？ 3. 教师结合讨论结果讲授：社会环境也是职业环境的要素之一，了解专业和行业，匹配国家需求。 4. 结合校园义诊场景出现的情况，启发学生要通过职业环境分析现有资源并有效运用，切身体会中医药学子的社会责任感。 5. 通过互动游戏理解行业专业的独特性，进一步提升中医药文化自信与专业自豪感。 6. 课堂活动：通过"画出你的家族树"与生涯人物提问练习，学习职业环境分析的方法。 课后： 1. 个人作业：打一个电话给家人（访问职业信息）、看一个行业网站、观摩一次招聘会或宣讲会。 2. 小组作业：完成一次职业生涯人物访谈，形成书面总结报告

（续上表）

章节	主要内容	思政元素及资源	教学组织与实施
第五章 尚德 尚药	提升职业素养：职业道德与职业理想的形成与发展，培养学生职业通用核心能力	思政元素：突显新时代背景下需要新的中医工匠精神，结合诚信、敬业等社会主义核心价值观的内容，进一步提高中医药学子的职业修养。 思政资源： （1）图片资源：第一位加入中国共产党的外国人——最美奋斗者马海德的职业轨迹。 （2）活动资源：畅想职业理想。 （3）视频资源：百年广陈皮如何做成？古法柴烧九蒸九晒何首乌；大医精诚——记药王孙思邈	课前：线上教学平台参与讨论：如何理解孔子"不患无位，患所以立"？ 课中： 1. 结合线上教学平台讨论结果，引导学生靠能力和态度实现职业价值，培养中医工匠精神。 2. 学生体验活动：畅想职业理想，把职业理想的关键词具象化，并在旁注明该职业理想需要哪些道德要求。 3. 根据视频资源分组讨论：新时代背景下的中医工匠精神体现在哪些方面？ 4. 教师结合传统文化中的"兼济天下"以及科学家欧阳自远的事迹，讲解新时代背景下的工匠精神，需要不断赋能，内修品德，外修能力。 5. 学生完成练习：列出你的技能清单。 6. 教师根据"冰山模型"分析能力种类。 7. 教师总结。 课后：学生于第二课堂"岭南中药园"完成职业体验任务，总结并制订提升职业素养的实施计划

（续上表）

章节	主要内容	思政元素及资源	教学组织与实施
第六章 给职场 "开良方"	职业生涯规划：职业生涯规划的基本步骤与方法；合理设定职业生涯目标并设计职业生涯规划方案	思政元素：合理进行职业生涯规划，以社会理想为指引，制定切实可行的职业目标，在实现中国梦的实践中放飞青春梦想。 思政资源： （1）文字资源：李大钊、习近平关于青年"奋斗"的职业发展观；新时代人才强国战略（来源：《中共中央关于党的百年奋斗重大成就和历史经验的决议》）。 （2）图片资源：费孝通弃医从文；中国第一个力学系的缔造者——钱伟长的选择与规划。 （3）视频资源：张艺谋的导演之路。 （4）活动资源："我的'七份工作'会在哪里？"思维导图；"愿景九宫格"	课前：思考毕业后的多元选择。 课中： 1. 阅读材料"李大钊、习近平关于青年'奋斗'的职业发展观"，完成职业生涯探索阶段性回顾： （1）罗盘：价值观、性格、兴趣、能力。 （2）地图：生涯人物访谈、了解岗位胜任力、能力提升。 2. 思考除了专业对口职业外，对照新时代人才强国战略填写自己的"愿景九宫格"，合理设定职业生涯目标。 3. 结合视频资源"张艺谋的导演之路"，探讨职业生涯规划的基本步骤与方法及如何调整就业心态。 4. 结合课前讨论制作"我的'七份工作'会在哪里？"思维导图。 5. 结合钱伟长案例，学生对自己制作的"愿景九宫格"和思维导图进行修改。 课后： 撰写职业生涯规划书

（续上表）

章节	主要内容	思政元素及资源	教学组织与实施
第七章 寻道问药	就业能力拓展：做好求职准备，熟练掌握撰写简历的方法与原则；不同类别面试的技巧和礼仪	思政元素：青年当立长志，提高自身就业能力，体现新时代背景下大学生的卓越风姿。 思政资源： （1）视频资源：年轻人不要总是待在"舒适区"；"初入职场的我们"之实习生面试。 （2）活动资源：简历互评；模拟面试。 （3）文字资源：感动中国2021年度人物——失聪女孩江梦南	课前：学生准备好面试服装及简历。 课中： 1. 学生分组进行简历互评。 2. 教师根据简历示例讲授简历制作的方法与注意事项，结合招聘中的"痛点"，强调简历制作应遵循诚信原则。 3. 学生观看视频案例的面试片段，总结出面试者的特点。 4. 学生在教师的指导下进行模拟面试，总结出好的面试的几个共通特点：遵循诚信原则，突出自身优势，贴合社会需求。 5. 学生根据视频开展辩论赛，辩论"年轻人应不应该待在'舒适区'"。 6. 教师总结。 课后： 1. 根据学习内容修改自己的简历，进行小组模拟面试。 2. 结合"感动中国2021年度人物——失聪女孩江梦南"，让学生谈谈突破"舒适区"的计划
第八章 阴阳调和	劳动者权益保障：了解离校就业流程与手续；熟悉与就业相关的法律法规；清楚认知劳动者的法定权利与义务	思政元素：职业人应有的法律素养，遵法守法，同时懂得使用法律武器维护劳动者权益。 思政资源： （1）文献资源：《中华人民共和国宪法》《中华人民共和国劳动法》《中华人民共和国劳动合同法》等法律文件。 （2）网站资源：北大法宝；中国庭审网	课前：提出一个你感兴趣的职场法律问题。 课中： 1. 教师根据学生线上所提问题一对一答疑。 2. 教师结合法律文书案例讲解职业相关法律条文及要点。 3. 学生分组，通过抽签方式获得相关案例材料，讨论案例中发生的情形该如何解决。 4. 教师总结。 课后：搜集更多劳动者权利与义务的案例并做分析

五、 教学创新与特色

中药学专业学生从事的职业与人类健康密不可分，其职业修养与职业技能相较于其他专业的学生有更高的要求。因此，课程深入挖掘相关主题单元的思政核心要素，提升就业指导课的育人质量。

1. 探索课程思政建设与就业指导服务融合模式

课程内容与行业榜样、中医经典案例融合，引导大学生在职业生涯发展的道路上树立社会责任感；在教学队伍上，以思政教师牵头的课程思政建设队伍与以辅导员为主体的就业指导服务教师队伍相融合；在教学目标上，把思政教育、素质培养与技能训练统一起来，实现"立德树人"的最终目标。

2. 把中药学专业融入职业教育过程

本课程在章节命名、内容、案例、互动情景中体现中医药文化特点，着重培养学生的文化自信感与专业自豪感，使学生在就业过程中发挥中药学专业优势。

3. 把素质评价融入课程评价体系中

构建有效的考核评价制度，强化过程性评价，同时突出思想政治教育在课程中的作用和成效，把素质评价融入课程考核评价中，完善学校"三全育人"体系。

六、 课程成效与评价

1. 课程思政目标达成

学生的职业道德感增强，职业素养得到用人单位认可。根据学校就业办回访数据得知，顶岗实习学生或毕业就业学生获用人单位认可度较高，满意率达90%以上。据受访用人单位反映，该专业实习或就业学生普遍具有动手能力强、职业道德感高、细致耐心、沟通能力强的职业特点。

学生将专业自豪感和社会责任感付诸实践，获得社会认可。2021—2023届中药学专业毕业生主要从事卫生专业技术人员工作，2023届的毕业生平均薪酬对比以往有显著提高。

学生的职业理想更加深化，与国家同向，与社会同行。从学生的学习态度提升、比赛获奖、职业生涯困惑解决情况等均可体现。学生的就业能力有所提高，带动本专业就业率上升。

2. 学生收获评价

大部分学生对课程的教学效果反应良好，本课程2021—2023年评教分数均在 91 分以上；学校教学督导组对本课程教学给予较高的评价。调查显示，该专业有 80% 以上的毕业生认为通过课程学习，"职业道德"方面得到较大提升，"职业技能"方面有较大进步。

3. 课程示范辐射效果

在教学累积过程中，教师与学生形成教学相长的良好态势。结合课后反馈、学生期中座谈会及期末评教等方面，教师不断改善课程内容，取得一定的科研和教学成果。